Todo sobre el baby-led weaning

Todo sobre el baby-led weaning

La mejor guía sobre el método de alimentación infantil más efectivo

Leslie Schilling y Wendy Jo Peterson

Traducción de
Aida Candelario

Plataforma
Editorial

Título original: *Born to Eat. Whole, Healthy Foods from Baby's First Bite,*
originalmente publicado en inglés, en 2017,
por Skyhorse Publishing, Nueva York

Primera edición en esta colección: octubre de 2017

Plataforma Editorial
c/ Muntaner, 269, entlo. 1.ª – 08021 Barcelona
Tel.: (+34) 93 494 79 99 – Fax: (+34) 93 419 23 14
www.plataformaeditorial.com
info@plataformaeditorial.com

Depósito legal: B. 23.835-2017
ISBN: 978-84-17114-12-1
IBIC: JMC
Printed in Spain – Impreso en España

Diseño y realización de cubierta:
Grafime

Fotocomposición:
gama, sl

El papel que se ha utilizado para imprimir este libro proviene
de explotaciones forestales controladas, donde se respetan
los valores ecológicos y sociales, y el desarrollo sostenible del bosque.

Impresión:
Romanyà Valls
Capellades (Barcelona)

Advertencia

Este libro contiene sugerencias y consejos para comenzar a introducir alimentos sólidos en la dieta de tu hijo. No sustituye la atención ni el consejo médicos. Todos los niños y todas las familias son diferentes, así que te pedimos que comentes este proceso con tu pediatra y otros miembros de tu equipo de apoyo.

Para CC y Anya:

Gracias a vosotras hemos aprendido a sentirnos bien con nosotras mismas con la certeza de que es el mejor modo de que vosotras hagáis lo mismo. Nunca olvidéis que sois maravillosas y que os queremos. *Todo sobre el baby-led weaning* vio la luz gracias a vosotras, y rogamos que disfrutéis con confianza de cada bocado que os ofrezca la vida.

Y

para B y B:

Sois los copilotos más comprensivos y cariñosos que dos mujeres antisistema podrían pedir. Gracias no solo por confiar en nosotras para embarcar a las niñas de vuestros ojos en este viaje, sino también por demostrarle al mundo que también existen papás *baby-led weaning.*

Índice

Introducción 13

PARTE 1:
La base del *baby-led weaning*

1. Todos hemos nacido para comer. 23
2. Beneficios del método de alimentación autónoma. . . 37
3. Los pilares del *baby-led weaning* 51
4. Apoyo y compromiso en el *baby-led weaning*. 63

PARTE 2:
Los bebés y niños del *baby-led weaning*

5. Llegó la hora (6 meses: el principiante observador) . . 77
6. Exploración (de 7 a 8 meses: el principiante). 103
7. Esto está rico (de 9 a 12 meses: el novato) 121
8. En marcha (de 12 a 24 meses: el comedor preavanzado). 135
9. Eso no me gusta... hoy (de 24 a 36 meses: el comedor avanzado) 147

Parte 3:
La familia *baby-led weaning*

10. Es un asunto de familia. 165
11. Tú decides qué comer: elegir alimentos para tu familia 179
12. Comidas familiares y planificación de menús 195
13. El plato de aprendizaje 215

Parte 4:
La cocina *baby-led weaning*

14. Nuestros primeros alimentos favoritos 231
15. Interrumpir el ayuno 253
16. Comida para llevar 269
17. Cenas en familia 287

Conclusión 311
Agradecimientos 313
Tablas de conversión 317
Folleto: Puntos básicos del *baby-led weaning* 321
Índice temático 323

Introducción

Algo tan sencillo como comer se ha vuelto demasiado complicado. Intentar alimentarnos adecuadamente puede resultar muy estresante, más aún cuando se trata de nuestros hijos. Pero no tiene por qué serlo.

Los padres y las madres derrochan talento, abnegación y preocupación. ¡Somos madres: lo sabemos perfectamente! Todos los papás, las mamás o los cuidadores querríamos reducir la ansiedad que implica la alimentación e incrementar nuestra confianza a la hora de alimentar a nuestros hijos. Como expertas en nutrición (y madres) que han trabajado en el campo de la dietética, desde la pediatría al deporte profesional, nos hemos propuesto desentrañar exageraciones y modas para lograr que la alimentación sea un proceso más beneficioso para los bebés y, con suerte, menos estresante para los padres. Creemos que los niños (y los adultos) son comedores natos.

En nuestra opinión, la filosofía en la que se basa *Todo sobre el baby-led weaning* fomenta una relación saludable y de por vida con la comida y el cuerpo que comienza en la infancia, lo que propicia que los niños aprendan a comer solos. Nosotras empleamos este método con nuestras propias hijas, no solo porque tiene sentido y existe desde los albores de la humanidad, sino también porque cada vez hay más estudios que lo apoyan. Los niños criados siguiendo este sistema comen alimentos saludables y tienen muchas posibilidades de convertirse en comedores intuitivos dotados de gran confianza y habilidades de autorregulación en cuanto a la alimentación. Estamos convencidas de que comer alimentos naturales de forma autónoma es el método más adecuado. Nuestra especie no existiría de otro modo.

En nuestra sociedad, nos bombardean constantemente con mensajes confusos y contradictorios procedentes de las redes sociales, Internet, amigos con buenas intenciones o incluso profesionales sanitarios. Nosotras, Wendy Jo y Leslie, hemos partido de la investigación existente y la hemos combinado con nuestra experiencia profesional y personal con el fin de esclarecer el galimatías nutricional que puede llevarnos a analizar en exceso la comida y la alimentación y así lograr confiar en nuestros cuerpos de por vida. Esta es una de las principales razones por las que decidimos escribir *Todo sobre el baby-led weaning*. Eso, y el hecho de que nosotras también somos comedoras natas.

Nuestros viajes hacia la alimentación autónoma

La hija de Leslie tenía cinco días cuando unos amigos vinieron de visita. Y no vinieron con las manos vacías: trajeron comida, comida muy buena, y el libro *El niño ya come solo*, de Gill Rapley y Tracey Murkett. Cuando le contaron que estaban aplicando el método del *baby-led weaning* con su hijo, Leslie se interesó de inmediato: en parte porque la idea de elaborar comida para bebés le resultaba absolutamente desalentadora y en parte porque comer comida real (en la medida de lo posible, pero sin obsesionarse) era su lema. Como buenos empollones, Leslie y su marido estudiaron las investigaciones recientes acerca del *baby-led weaning* y se entrevistaron con profesionales experimentados antes de ofrecerle a su hija, CC, su primer bocado de carne, huevo, aguacate, etcétera. Tenía sentido: nada de caras batidoras ni bandejas de purés congelados mientras el bebé descubre los sabores y las texturas y desarrolla sus habilidades motoras al comer alimentos naturales... ¿Dónde había que apuntarse?

Aunque no es fácil: aprender una habilidad nueva nunca lo es. A la familia de Leslie le gusta cocinar la mayoría de las comidas y sentarse a comer juntos. Un hábito muy útil que ellos ya practicaban. Además, conlleva tiempo y ensucia, pero vale la pena. Hoy en día (y aunque cueste creerlo), cuando la hija de Leslie come un *brownie* o un dónut, suele dejar un poco en el plato. Sus padres no tienen ninguna duda de que permitirle desarrollar sus habilidades innatas para alimentarse y confiar en su cuerpo mediante un enfoque basado en la alimentación autónoma desempeñó un papel muy importante en ello.

Leslie y su marido se sintieron muy agradecidos de que sus amigos les trajeran aquel libro: despertó el interés de Leslie porque ella era consciente de que no se trataba únicamente de la comida, sino que la actitud y la conducta de la familia en dicho ámbito pueden moldear a un niño de por vida. Y ese moldeado tiene lugar principalmente en casa, en el entorno familiar, a muy temprana edad. Leslie ha pasado más de quince años trabajando con niños y adultos que nunca llegaron a desarrollar (o han perdido) la confianza en sus propios cuerpos. En nuestra opinión, este método puede ayudar a cambiar ese hecho. Aprender a comer solos es el comienzo, pero el enfoque de *Todo sobre el baby-led weaning* implica mucho más.

Después de ver a Leslie embarcarse en este viaje con CC y también a nuestra amiga y colega dietista Rebecca Scritchfield con sus dos hijos, Wendy Jo se convenció de que también era lo adecuado para ella. Como muchos padres, estaba ansiosa por ponerse manos a la obra, aguardando con impaciencia indicios de que había llegado el momento. Cuando su hija cumplió cinco meses y medio, su marido y ella comenzaron a ofrecerle alimentos naturales que podría comer de forma autónoma. Sin desvelar demasiado todavía, Wendy Jo admite que, para su familia, esta ha sido la parte más gratificante de ser padres. Como experta en nutrición, la comida es un tema de suma importancia en su hogar, y les encanta comer en familia. Ahora la hija de Wendy Jo, la pequeña A, comparte el placer de comer con el resto de la familia; ya toque cenar comida tailandesa, india, mexicana o italiana (su favorita), ella se apunta. Con este método, los padres pueden estar mucho más relajados y los bebés pueden llevar la iniciativa a la hora de comer. A Wendy Jo y a su marido les resultó evidente que la pequeña A también era una comedora nata.

Perfectamente imperfecto

En primer lugar, dejemos algo claro: esto no es un libro perfecto para padres. Ni es un libro perfecto de nutrición. No somos madres perfectas y, aunque somos expertas en nutrición, no comemos de una forma perfecta. Al igual que tú, solo somos unas madres que lo hacen lo mejor que pueden. Lo que sí podemos prometerte es compartir la mejor información de la que disponemos (por suerte, no siempre de carácter tradicional), apoyo, consejos sobre nutrición, historias y nuestras propias experiencias. Queremos que tu familia disfrute comiendo junta sin obsesionarse con la comida. Recorre con nosotras este camino perfectamente imperfecto hacia la paternidad en medio de un mundo muy confuso en el ámbito nutricional. Comenzaremos con una guía práctica sobre la alimentación autónoma a partir de los seis meses de edad aproximadamente y, a continuación, trataremos las diferentes etapas de crecimiento. Partiendo de los principios del *baby-led weaning* y la alimentación autónoma, te ofreceremos orientación sobre la alimentación de tu hijo. Esperamos que este proceso no solo suponga una experiencia liberadora para ti y tu familia, sino que también te ayude a fomentar que tu hijo se sienta cómodo con su propio cuerpo (y esperamos que tú también). De paso, puede que consigas que la familia se siente a comer junta con más frecuencia. No será un proceso perfecto, pero será real.

Es duro ser padre. Vivimos en una cultura de desinformación y vergüenza: nos avergüenza lo que comemos, nuestros cuerpos, nuestras habilidades como padres... ¡La lista es interminable! Cuando no se trata de «debes comer esto para estar sano» es «así se logra un cuerpo perfecto» (aunque, en realidad, no sea más que una ilusión creada con Photoshop). Incluso oímos comentarios como que deberíamos avergonzarnos si no comemos cierta cosa (dependiendo de lo que esté de moda esa semana) o hacemos determinada dieta. Asumámoslo: vivimos en una cultura que opina que es divertido humillar a otros (lo cual es triste y repulsivo). Si no haces lo mismo que los demás, estás equivocado, eres un *hippie*, un vago o simplemente estás loco. Nos oponemos rotundamente a que cualquier tipo de humillación forme parte de esta filosofía. Por este motivo, creemos que es importante compartir nuestras definiciones de ciertas palabras y expresiones que aparecerán a lo largo del libro. De este modo, cuando empleemos alguno de estos términos, sabrás a qué nos referimos. Y recuerda esta frase en todo momento: «¡Tú decides qué comer!».

Terminología básica del baby-led weaning

Alimento procesado: A menos que lo hayas cogido directamente de su origen, ha sido procesado de algún modo hasta llegar a ti. Si compras una manzana en el supermercado, ya ha sido procesada (es decir, que alguien la recolectó y la llevó hasta allí). Los frutos rojos congelados son procesados para meterlos en la bolsa y en el congelador. Un bistec de solomillo ha sido procesado y colocado en la sección de cárnicos aunque solo contiene un ingrediente: ternera. Los alimentos procesados son normales, todos los usamos y muchos se consideran alimentos naturales.

Alimento excesivamente procesado: En nuestra opinión, los alimentos excesivamente procesados no tienen nada en común con su estado normal o natural. Han sido refinados, enormemente alterados o procesados químicamente. Puede tratarse de un alimento (o producto similar) elaborado con harinas refinadas, con edulcorantes, colorantes o saborizantes artificiales, al que se le han añadido espesantes, al que le han eliminado las grasas presentes de forma natural, etcétera. Los que menos nos gustan son los que se disfrazan como buenos para el consumidor y se venden con un halo de producto saludable (eso nos cabrea mucho). Por ejemplo, un paquete de queso fundido o una barrita rica en fibra y sin azúcar son lo que consideraríamos alimentos excesivamente procesados.

Alimento natural: Alimento cercano a su estado natural o con pocos ingredientes. Como, por ejemplo, un bistec, cuyo ingrediente es la ternera. Como ya hemos mencionado, no comemos alimentos perfectamente naturales todo el tiempo. La mayoría de las veces, intentamos comer principalmente alimentos naturales o con pocos ingredientes, pero no nos agobiamos si en una fiesta de cumpleaños hay una tarta comprada en una tienda. ¡Nos comemos un trozo sin dudarlo!

Alimento real: Similar al natural en el sentido de que se trata de un alimento a la vieja usanza: no lo han abarrotado de cosas artificiales ni lo han procesado de manera exagerada y, por supuesto, no es un producto de dieta. A veces, empleamos los términos «alimento natural» y «alimento real» indistintamente y existen productos con más de un ingrediente a los que aun así consideramos alimentos naturales o reales. Por ejemplo, si se puede comprar un producto en su versión normal o sin desnatar, lo preferimos a algo que ha sido excesivamente procesado para eliminar o reducir la grasa que contiene. Necesitamos grasa (al igual que los bebés) y, además, sabe muy bien.

Alimento para bebés: Alimento en puré, y normalmente en un tarro, que ya no conserva su forma ni textura naturales.

Dieta: Conjunto de alimentos que solemos consumir.

Hacer dieta: El acto de manipular las necesidades energéticas del cuerpo por medio de una restricción en el aporte de calorías, grasas o de otro tipo o ignorando las señales naturales de hambre y saciedad con el único propósito de perder peso. Hacer dieta es contrario al *baby-led weaning*. Si como padre te has subido al tren de la dieta, tenemos noticias estupendas para ti en el capítulo 10.

Introducción de sólidos: El proceso durante el cual un bebé pasa de una dieta basada únicamente en leche materna o preparada a la incorporación de alimentos sólidos con el fin de obtener placer, nutrición, crecimiento y desarrollo.

Alimentación autónoma: El proceso que permite al bebé emplear sus propias manos para ingerir alimentos naturales similares a los que consumen sus cuidadores al mismo tiempo que regula la demanda de leche materna o preparada.

Comida familiar: Una comida en cualquier momento del día en la que estén presentes al menos un niño y un adulto comiendo juntos a la mesa.

Cómo usar este libro

Todo sobre el baby-led weaning se divide en cuatro partes. En la parte uno explicaremos el origen de nuestro enfoque, incluyendo el trasfondo de los alimentos para bebés, los estudios que respaldan el método de la alimentación autónoma o *baby-led weaning* y las herramientas que necesitarás para embarcarte en este proceso. La parte dos consta de cinco capítulos, cada uno de los cuales está dedicado a una de las fases en las que se puede dividir a los comedores (desde el principiante precomedor al comedor avanzado). Da igual que tu niño tenga seis meses o dieciséis, ¡hay sitio para todos! La parte tres redondea por completo el enfoque. No se trata únicamente de alimentar a tu bebé, sino de crear un entorno saludable para toda la familia que fomente confiar en tu propio cuerpo y sentirte bien con él. Te guiaremos para que los adultos de la casa adopten una mentalidad en sintonía con el *baby-led weaning,* te ayudaremos a planear menús y te enseñaremos a disfrutar de los sabores y las texturas en familia. En la parte cuatro, compartimos nuestros primeros alimentos sólidos favoritos, cómo cocinarlos y servirlos, junto con nuestros desayunos, almuerzos y cenas favoritos. ¡Nos entusiasma que hayas decidido acompañarnos en este viaje!

> No existe el padre perfecto. Así que preocúpate únicamente por ser un padre de verdad.
>
> SUE ATKINS

Parte i

La base del *baby led-weaning*

1. Todos hemos nacido para comer

> Es muy sencillo opinar sobre la crianza de los hijos, pero muy complejo llevarla a cabo.
>
> MATT WALSH

Leslie y su marido entraron nerviosos en la consulta de su pediatra. La última vez que habían acudido, su pequeña, CC, tenía cuatro meses e iban a revisarle el frenillo labial superior. Sin embargo, en esta visita, se esperaban un sermón sobre prácticas alimenticias habituales. Estaban rompiendo moldes, iban a contracorriente, no seguían las normas convencionales sobre la introducción de sólidos en la alimentación de su bebé. Su hija tenía unos siete meses y participaba en las comidas familiares, durante las cuales ingería alimentos sólidos. Probaba y comía lo mismo que comían Leslie y su marido. Ambos se esperaban una regañina mientras aguardaban para contarle al médico cómo estaban alimentando a CC sin purés ni comida para bebés. En lugar de un sermón sobre purés y texturas, el pediatra les dijo: «¿Por qué iba a oponerme? Así es como la mayoría de la gente alimenta a sus hijos». Leslie y su marido se miraron con incredulidad y entusiasmo.

Nada en este mundo nos ha parecido más sensato. Los seres

humanos existen desde hace miles de años. Y en este tiempo no solo hemos progresado, sino que hemos prosperado. Y sin comida para bebés. Piensa en ello: la raza humana ha conseguido llegar hasta aquí consumiendo en su mayor parte alimentos naturales. Ha sido en las últimas décadas cuando hemos empezado a planificar y procesar en exceso la comida, lo que nos ha conducido a ponernos constantemente a dieta, padecer enfermedades crónicas y sumirnos en una monumental confusión sobre cuál es el mejor modo de alimentarnos a nosotros mismos y a nuestras familias. Los humanos comemos por naturaleza. Se trata de una habilidad innata que hemos complicado en exceso y no hemos sabido valorar. Nos parece que lo más natural es empezar por el principio: con nuestros bebés. La mayoría de ellos, cuando se han desarrollado lo suficiente, pueden comer lo mismo que nosotros y acabar convirtiéndose en comedores sanos y felices, disfrutando en el proceso de comer alimentos naturales.

Ha sido en las últimas décadas cuando hemos empezado a planificar y procesar en exceso la comida, lo que nos ha conducido a ponernos constantemente a dieta, padecer enfermedades crónicas y sumirnos en una monumental confusión sobre cuál es el mejor modo de alimentarnos a nosotros mismos y a nuestras familias.

En muchos países, aparte de Estados Unidos, se alimenta a los bebés de este modo en cuanto están listos en el plano físico y de desarrollo. Y los padres siguen sin temor un sistema basado en la ingesta de alimentos naturales o en el *baby-led weaning*. Desde que nacen, a los bebés repartidos por el planeta se los alimenta de diferentes maneras, ya sea con leche materna, biberón, comida masticada previamente o comida que un cuidador sostiene con las manos o usando una cuchara. En muchas culturas se alimenta a los bebés con la misma comida que consume el resto de la familia y preparada del mismo modo. También existen lugares del mundo en los que las familias no elaboran o no tienen acceso a alimentos para bebés y, sin embargo, sus hijos están nutridos y se desarrollan correctamente.

El uso y la fabricación (o invención) de alimentos comerciales para bebés se hizo popular a finales de la década de 1920. Hasta entonces, no habían hecho demasiada falta alimentos especiales para bebés, puesto que en aquella época no se recomendaba introducir sólidos hasta que el niño cumplía aproximadamente un año. No obstante, a medida que las mujeres se incorporaron al mercado laboral, la demanda de un modo práctico de alimentar a sus hijos fue cada vez mayor. La edad a la que se recomendaba empezar a introducir sólidos se fue reduciendo, en algunos casos incluso a unas semanas después del nacimiento. En los años cincuenta, los alimentos comerciales para bebés ya eran lo convencional y se promocionaban como un modo más moderno de alimentación. A menudo se comercializaban como alimentos de mayor calidad que los que los padres podían elaborar en casa. A la larga, los alimentos comerciales para bebés se convirtieron en un artículo práctico dirigido a la mujer moderna. ¿Quién no querría hacer lo mejor para su bebé? La creación y la existencia de alimentos para bebés hoy en día nos parece algo lógico y comprendemos por qué hay personas que deciden emplear algunos de estos productos. Los padres y los cuidadores están ocupados y quieren lo mejor para sus niños.

Pero ¿y si volviéramos atrás? ¿Y si regresáramos a una época sin alimentos para bebés, en la que la comida que consumieran nuestros niños fuera la misma que compusiera la dieta de toda la familia? ¿Y si los padres pudiéramos proporcionar alimentos a la familia sin tener que preocuparnos de congelar bandejas ni de comprar caras batidoras? ¿Y si esto significara la posibilidad de desarrollar mayor confianza en el propio cuerpo y una relación saludable y de por vida con la comida? Ese momento ha llegado. Este es el enfoque de *Todo sobre el baby-led weaning*. Opinamos que es menos confuso, probablemente más nutritivo e incluso (¡sorpresa!) más sencillo a la larga que las actuales recomendaciones convencionales.

No insinuamos que la gente que ha empleado alimentos para bebés se equivocara. Solo planteamos que existe otro modo.

Consideramos que en realidad no existen los alimentos para bebés; ni para niños, de hecho. Hábiles campañas de *marketing* y menús de restaurantes hacen todo lo posible por convencernos a los padres de que ciertos alimentos envasados y, en la mayoría de los casos, excesivamente procesados son lo mejor para nuestros hijos. También nos han convencido de que a los niños no les gusta la denominada comida de adultos o normal. Muchas personas creen que es habitual que los niños se limiten a comer palitos de pollo rebozado, patatas fritas y hamburguesas, puesto que no les gustan las verduras. Aunque este tipo de alimentos nos parecen apetecibles para todas las edades en determinados momentos, esa noción anda muy desencaminada, y nos entusiasma poder corregirla. No nos malinterpretes: existen estupendos alimentos preparados adecuados para bebés que utilizamos cuando estamos muy ocupadas o salimos de viaje, pero, en la mayoría de las comidas diarias, nuestras niñas comen lo mismo que nosotras. Esa es la filosofía del *baby-led weaning*. En algunos casos, hemos modificado la forma de preparar nuestra comida para hacerla más adecuada para bebés, como descartar alimentos con demasiada sal o azúcar añadido y preparar o dividir el plato del bebé de forma diferente al nuestro. Pero, en general, lo que preparamos para cenar es lo que come toda la familia. Y a nuestros pacientes les alegra mucho saber que en los hogares que practican el *baby-led weaning* hay auténticos chefs.

Me di cuenta de que este sistema les resultó muy natural a mis dos hijas. Creo que era ideal para mi familia porque supone un ahorro de tiempo y dinero y te hace implicarte más en la alimentación de tu bebé; decir: «Esta es la ensalada de atún de la abuela» significaba más para mí que: «Aquí tienes pollo triturado».

REBECCA SCRITCHFIELD, dietista, experta en alimentación y preparación física y autora de *Body Kindness*

En resumen, en cuanto se ha desarrollado lo suficiente, el bebé puede consumir de forma autónoma los mismos alimentos que el resto de la familia a la vez que recibe tomas de leche materna o preparada a demanda. Esto elimina por completo del proceso la necesidad de administrarle purés a cucharadas, ya que el bebé se alimenta solo. Nosotras, Leslie y Wendy Jo, empleamos a menudo de forma intercambiable los términos «*baby-led weaning*» y «alimentación autónoma». Existe cierto debate acerca de la terminología, pero no nos obsesionemos con eso. El enfoque de este libro se basa en fomentar que el bebé coma de forma autónoma, incluyendo precauciones y consejos nutricionales. Aunque la alimentación autónoma no se considera un método tradicional, no es algo nuevo. Lleva empleándose miles de años.

El término «*baby-led weaning*» (BLW) fue acuñado por Gill Rapley y Tracey Murkett en su libro *El niño ya come solo: consiga que su bebé disfrute de la buena comida*. Este libro nos resultó muy útil a ambas y agradecimos poder contar con él. La doctora Rapley ha sentado las bases de un enfoque natural de la alimentación que se centra en los alimentos que consume toda la familia. Además, su libro también ha propiciado la aparición de un floreciente número de estudios. Como amantes de la buena comida y terapeutas nutricionales, deseábamos profundizar en este estupendo material y demostrar que un sistema de alimentación puede influir no solo en lo que comen los bebés, sino también en su relación de por vida con la comida y su propio cuerpo.

Como ya hemos mencionado, nuestro sistema no es solo un método de alimentación que emplea el *baby-led weaning* o técnicas de alimentación autónoma: es una filosofía. Como ya habrás deducido, opinamos que los humanos hemos nacido para comer. En cuanto nace, un bebé siente el impulso de comer. Fíjate en cómo un recién nacido mueve la cabeza buscando el pecho o el biberón a los minutos de llegar al mundo. Nacemos con habilidades innatas que guían nuestro deseo de alimentarnos. En los primeros años de vida, podemos tomar algo que la naturaleza ha diseñado con tanta belleza y respaldarlo por medio de la crianza, lo que es muy probable que nos conduzca a una relación saludable y de por vida con la comida y nuestros cuerpos.

La filosofía *baby-led weaning* comienza con un bebé que aprende a comer solo, pero abarca mucho más. Opinamos que cualquier padre, adulto o niño puede adoptar los valores fundamentales del método:

1. Comer alimentos naturales siempre que sea posible, desde que el bebé se ha desarrollado lo suficiente hasta la edad adulta.
2. Respetar y apoyar la autorregulación de las necesidades alimenticias del cuerpo.
3. Cuando sea posible, comer en familia.
4. Implicarse y mostrarse proactivo con la comida.
5. Fomentar la salud de nuestro cuerpo demostrándole fe, confianza y gratitud.

Desglosemos un poco estos puntos...

Comer alimentos naturales siempre que sea posible

Con frecuencia empleamos los términos «natural» y «real» de manera intercambiable, pero intentamos ceñirnos al término «natural». En nuestros respectivos empleos, solemos tener que explicar lo que significa para nosotras. Estamos programados para comer alimentos reales y naturales, pero los alimentos reales no siempre resultan evidentes. Nos bombardean con mensajes sobre salud y productos que apenas se asemejan al alimento natural que fue en su origen. Las palabras de moda más comunes, y engañosas, podrían ser «saludable», «integral» y «perder peso». Es como si se pudiera colocar cualquiera de esos tres términos en una caja para vender prácticamente lo que sea. A primera vista, nos inclinamos a creer que lo que oímos y leemos es cierto, sobre todo cuando respetamos la fuente de la que procede. ¿Por qué iban a engañarnos los fabricantes, los profesionales sanitarios o los medios? La respuesta corta es: para vender un producto. No nos malinterpretes (existen muchísimos profesionales solícitos y versados en las técnicas más actuales, así como productos de gran calidad en el mercado), pero, en última instancia, opinamos que tú decides qué comer (vas a encontrarte esa frase muy a menudo). Podríamos seguir explayándonos, pero estas son nuestras pautas generales para un estilo de alimentación basado en más alimentos naturales.

Nuestra definición esencial para un alimento natural (o real) es «un alimento que no haya sido excesivamente procesado ni elaborado específicamente como un producto de dieta o cuyo aporte de grasas haya sido alterado». Hoy en día, todos los alimentos han sido procesados de algún modo hasta llegar al supermercado, pero cuando hablamos de alimentos excesivamente procesados, nos referimos a algo que incluya gran cantidad de aditivos e ingredientes refinados. Un buen ejemplo es una barrita de cereales: un producto considerado saludable, con una ingente cantidad de fibra que es probable que te haga pasarte el resto de la tarde escondiéndote o en el baño. Si quieres ingerir más fibra, te aconsejamos que comas más frutas y verduras, no algo elaborado para contener fibra y que se venda con un halo de producto saludable.

Cuando sea posible, recomendamos elegir siempre alimentos naturales o con un único ingrediente (muchos de ellos ni siquiera incluyen una etiqueta con la información nutricional). Unos cuantos ejemplos son: tomates (ingrediente: tomates), bistec (ingrediente: ternera), huevos (ingrediente: huevos) o almendras (ingrediente: almendras). Ya te haces una idea. Plantéate recorrer el perímetro del supermercado en busca de alimentos frescos y naturales como frutas y verduras, carne, lácteos, artículos a granel como frutos secos, avena, quinua, etcétera. Aunque hay muchos alimentos naturales repartidos por todo el supermercado, como en las secciones de enlatados y congelados, a nosotras nos gusta empezar por el perímetro.

A continuación, intentamos comprar productos con pocos ingredientes que no elaboremos o no podamos elaborar por nuestra cuenta. Por ejemplo, no preparamos mantequilla, pero comemos muchísima. Sí, has leído bien. Mantequilla. Ingredientes: nata y sal. ¡Aprobado! Unos cuantos ejemplos más serían queso, yogur, crema de cacahuetes, galletas con pocos ingredientes, etcétera.

También nos gusta elegir alimentos cuyo aporte en grasas no haya sido modificado. No estamos seguras de si el debate de la grasa acabará algún día: rico en grasa contra reducido en grasa contra sin grasa. El equipo de *Todo sobre el baby-led weaning* elige leche entera y yogures y quesos elaborados con leche entera. No compramos crema de cacahuetes con menos grasa, queso sin grasa (brilla, ¡qué asco!) ni panes reducidos en grasa. La grasa es fundamental para el desarrollo, la producción de hormonas e incluso favorece la capacidad natural de nuestro cuerpo para regular el hambre y la saciedad. Por lo general, los productos bajos en grasa y sin grasa están llenos de cosas como azúcar añadido y otros espesantes para compensar el sabor de la grasa que falta. Esto suele tener como resultado más procesado y aditivos y posiblemente que acabemos comiendo mucho más porque no nos sentimos saciados. Nosotras usamos la versión real cuando podemos y opinamos que, aunque las recomendaciones tradicionales se han quedado obsoletas (y existen múltiples posibles razones para ello), los estudios apoyan el uso de alimentos normales, sin reducción de grasa.[1] David Ludwig, profesor de Pediatría en la Escuela de Medicina de Harvard y el Hospital Infantil de Boston, escribió lo siguiente en un artículo publicado en CNN.com: «Como respuesta a las nuevas evidencias, las pautas alimentarias publicadas por el Gobierno estadounidense en 2015 aumentaron el límite en la ingesta de grasa, poniéndole fin extraoficialmente a la era de la dieta baja en grasa. Pero nadie lo diría, porque no se ha llevado a cabo un balance completo de este experimento fallido».[2] Así que, siempre que sea posible, nosotras vamos a ceñirnos a productos normales y con su aporte de grasa natural.

No consumimos comida de dieta.

Nos encanta decir: ¡come comida real, pero no te obsesiones! Se trata de una estrategia aplicable la mayor parte del tiempo, o un enfoque al 80/20. Esto quiere decir que la mayoría de las veces planeamos y consumimos alimentos naturales de gran calidad. Así que si en una fiesta de cumpleaños nos comemos un pastelito o un trozo de *pizza* que no hayamos preparado personalmente, no pasa nada. ¡Nos sentamos y también disfrutamos del pastelito! No obstante, si uno acaba rebuscando en la basura de dicha fiesta el envoltorio de los pasteles para inspeccionar los ingredientes... a eso nos referimos con obsesionarse. Claro que esto no es aplicable a los padres de niños con alergias. Ten por seguro que si estuviéramos en esa fiesta, ¡rebuscaríamos en la basura contigo!

Respetar y apoyar la autorregulación de las necesidades alimenticias del cuerpo

Todos hemos experimentado hambre física. Nuestro estómago gruñe, nos sentimos un poco decaídos o puede que notemos una ligera sensación de vacío en el estómago. También se puede decir sin temor a equivocarse que la mayoría de la gente ha experimentado la sensación de estar satisfecha o de comer lo suficiente y necesitar más comida un par de horas después. Por otro lado, muchos, si no todos nosotros, probablemente hemos tenido la sensación de estar demasiado llenos, casi con ganas de vomitar: como en Nochebuena después del postre. Ver a un bebé darle la espalda a la comida, apartarla o apretar los labios para negarse a comer supone un indicio visual de esta asombrosa e innata habilidad de autorregulación. Este es nuestro «no» favorito porque así demuestran que están en sintonía con sus cuerpos, y respetamos su sensación de saciedad. Apoyar a un niño mientras aprende a comer solo o permitirle respetar las señales de hambre y saciedad que le envía su cuerpo se denomina «alimentación perceptiva». Opinamos que así se puede cimentar una confianza de por vida en el propio cuerpo junto con habilidades para comer solo.

En la sociedad acelerada y, por desgracia, obsesionada con las dietas en la que vivimos, solemos ignorar y desconfiar de las señales intuitivas que nos envía nuestro propio cuerpo para alimentarnos. Nosotras somos partidarias de promover la autorregulación en nuestros hijos y también en los adultos, aunque tengamos que volver a aprenderlo. No hay sitio para dietas ni hábitos restrictivos en los hogares que siguen el método.

No nos gustan las dietas ni las recomendamos. Hacer dieta predice trastornos alimentarios y sobrepeso. Comemos por naturaleza, no estamos hechos para privar a nuestros cuerpos de alimento.

Cuando sea posible, comer en familia

En este ajetreado mundo nuestro, todos debemos esforzarnos para encontrar el momento de sentarnos, bajar el ritmo para tomar un respiro o incluso saborear una comida. Pero necesitamos hacerlo. Debemos hacerlo. Nuestra salud, y la de nuestra familia, depende de ello. Las comidas familiares les sirven de ejemplo a nuestros hijos sobre cómo comer, cómo comportarse en la mesa y cómo probar nuevos alimentos. A una edad muy temprana, los bebés observan a sus padres sujetar los cubiertos, masticar la comida y saborear (y rechazar) lo que comen. Es importante que los bebés vean a sus cuidadores masticar, beber de un vaso, usar un tenedor, disfrutar de los sabores y escucharlos describir lo que comen. Comprendemos lo que es llevar una vida atareada, sobre todo si tienes varios hijos; sin embargo, cuando sea posible, siéntate a la mesa, haz una pausa entre cada bocado, descríbeles a tus hijos lo que estás saboreando y disfruta de las alegrías de una comida en familia.

Y son muchas. Existen múltiples razones para convertir las comidas familiares en una prioridad, y muchas de ellas implican mucho más que simplemente comer. Hablaremos de ello con más detalle en el capítulo 10.

Implicarse y mostrarse proactivo con la comida

Creemos que la comida que elegimos consumir merece toda nuestra atención. Cuando nos implicamos con nuestra comida, podemos apreciar cómo nos hace sentir. Puede hacernos experimentar placer por medio del sabor o la textura y luego hacernos sentir satisfechos cuando hemos comido lo suficiente. Implicarnos (lo que significa eliminar las distracciones: como la televisión, el correo electrónico, las redes sociales, los juegos, etcétera) nos permite disfrutar realmente de la comida, tanto fisiológica como psicológicamente. También opinamos que parte del componente de satisfacción de comer consiste en experimentar placer, ya sea al satisfacer el hambre o al estimular nuestras papilas gustativas. Mostrarse proactivo con la comida significa pasar cierto tiempo planeando experiencias relacionadas con ello, como almuerzos y meriendas. No hace falta tener un plan detallado minuciosamente, pero es buena idea saber qué hay de cena, ya que puede afectar a las elecciones alimenticias que se tomen a lo largo del día.

Cierta planificación puede permitirte aprender acerca de numerosas cuestiones relacionadas con la comida, como el valor nutritivo que aportan determinados alimentos, además de apreciar y aceptar una variedad de sabores. ¿La comida es picante, dulce, ahumada, amarga o agria? Con frecuencia, nos terminamos un plato sin pararnos a pensar ni un instante en qué estamos saboreando... no solo comiendo, sino saboreando de verdad la comida que tenemos delante. Esto es implicarse con la comida. Constantemente debemos instruir a nuestros pacientes para que desconecten de sus empleos siempre que puedan y tomen un almuerzo de verdad. Solemos recomendar evitar el televisor o la pantalla del ordenador para poder conectar con la comida y así experimentar y saborear los alimentos que tenemos delante. Por otro lado, es igual de importante permitirnos abandonar una comida si no es del todo satisfactoria. Esto solo puede lograrse si nos implicamos con nuestra comida y la experiencia de comer.

Nos entusiasma poder compartir nuestro método de exploración de la comida en tres bocados en el capítulo 13, donde te detallaremos cómo conectar con la comida para que puedas compartirlo con tus hijos. Cuanto antes empiecen los bebés a experimentar con los sabores y las texturas, mayor será la probabilidad de que prueben nuevos alimentos en el futuro. Y no creemos que «asqueroso» y «espantoso» sirvan para describir la comida. Implicarnos y mostrarnos proactivos con los alimentos ayuda a moldear a nuestros hijos y les proporciona las herramientas necesarias para confiar en sus propias habilidades de autorregulación y buscar el placer de la comida para satisfacer el hambre fisiológica.

Fomentar la salud de nuestro cuerpo demostrándole fe, confianza y gratitud

Es difícil llegar a sentir que se lleva un estilo de vida saludable si uno cree que su cuerpo no funciona bien. Como hemos mencionado anteriormente, nacemos con las habilidades necesarias para regular nuestros cuerpos. No sentirnos capaces de autorregularnos, ya sea como resultado de hacer dieta o simplemente por no prestar atención a lo que comemos, puede acabar minando la fe en nuestro cuerpo. Esto sienta las bases para una relación muy poco saludable con la comida y nuestros cuerpos. Deseamos ayudar a erradicar este escenario de la alimentación, tanto de bebés como de adultos, y por ello creemos que el enfoque *baby-led weaning*, que incluye a toda la familia, puede tener tanto impacto. Cuando tenemos fe en que nuestro cuerpo está preparado para autorregular factores como la necesidad de comida (hambre), la señal para dejar de comer (saciedad) o la necesidad de dormir (cansancio), no buscamos modos externos de controlarlo. Experimentar este tipo de fe en el cuerpo a edad temprana cimenta nuestra confianza en él. Si confiamos en que nuestros cuerpos pueden guiarnos, es menos probable que busquemos medios externos de control (como dietas o hábitos de restricción de alimentos) porque dispondremos de años de experiencia durante los cuales nuestros cuerpos habrán hecho justamente aquello para lo que están diseñados: autorregularse.

Como padres y cuidadores, es importante fomentar esa confianza interna en los bebés y los niños, ya signifique permitirles dejar de comer tras apenas un par de bocados o ser francos acerca de lo que tienen delante. También seguimos la norma de ser sinceros acerca de la comida. La confianza es fundamental en cualquier relación, y eso incluye a las que tenemos con la comida y nuestros cuerpos. No vamos a sugerirte que escondas ciertos alimentos o que mientas sobre lo que pones en el plato; así no se establece una relación de confianza con la comida y, con el tiempo, puede sabotear la relación niño-cuidador. Ahora bien, no pretendemos decir que debas detallarle a tu bebé de seis meses cada uno de los ingredientes de la comida. Pero, a medida que nuestros niños crecen, no tiene nada de malo describirles qué están comiendo y todos los beneficios que tiene para sus cuerpos. No debemos asumir que no va a gustarles algo (como las verduras) y añadir una cantidad minúscula a una receta. Eso no es lo que consideraríamos una victoria ni los llevará a confiar en la comida.

La confianza es fundamental en cualquier relación, y eso incluye a las que tenemos con la comida y nuestros cuerpos.

Cuando empezamos a entender lo que los alimentos que tenemos delante pueden hacer por nuestros cuerpos, disponemos de la oportunidad de enseñar y expresar gratitud. La gratitud por lo que tenemos ante nosotros (como una comida caliente, familia y amigos, una mesa en la que comer o variedad de alimentos) puede proporcionarnos a nosotros y a nuestros hijos una perspectiva positiva acerca de la comida. La gratitud no se acaba en la mesa del comedor, pero es un lugar magnífico en el que empezar. Practicar la gratitud nos ayuda a apreciar nuestros maravillosos cuerpos y cómo digerimos y utilizamos los nutrientes de cada bocado que comemos. La energía que obtenemos de los alimentos es el combustible de nuestras vidas. Nos permite jugar, bajar por un tobogán, saltar, ayudar a otros, aprender, leer un cuento antes de dormir o dar un abrazo enorme. Practicar la gratitud forma parte del método.

Las dos estamos agradecidas. Muy agradecidas. Estamos agradecidas de haber empleado, recopilado y cosechado los beneficios de este método en nuestras propias vidas. Y estamos agradecidas de que sostengas este libro en tus manos ahora mismo. Deseamos compartir contigo las alegrías del *baby-led weaning*.

Referencias del capítulo 1

1. Siri-Tarino, P. W.; Sun, Q.; Hu, F. B., y Krauss, R. M., «Meta-analysis of prospective cohort studies evaluating the association of saturated fat with cardiovascular disease», *The American Journal of Clinical Nutrition*, marzo de 2010, vol. 91, n.º 3, págs. 535-546, DOI: 10.3945/ajcn. 2009.27725.
2. Ludwig, David, «Doctor: Low-fat Diets Stuffed with Misconceptions», CNN.com, 6 de octubre de 2016. Fecha de acceso: 6 de octubre de 2016, <http://www.cnn.com/2016/10/05/opinions/debate-low-fat-diet-ludwig/index.html>.

2.
Beneficios del método de alimentación autónoma

Nos enfrentamos a una crisis de alimentación infantil, no a una crisis de «obesidad».

KATJA ROWELL,
doctora y especialista en alimentación infantil,
coautora de *Helping Your Child with Extreme Picky Eating* y autora de *Love Me, Feed Me*

Wendy Jo observó cómo su hijita, con la cara cubierta de yogur, masticaba, tragaba y tenía una arcada con un trozo de pera cocida. ¡Qué situación tan estresante! La pequeña A emitió unos ruiditos (gracias a Dios), regurgitó la pera, la escupió y luego procedió a agarrar el siguiente trozo. Mientras tanto, Wendy Jo se mantuvo al margen, sin quitarle los ojos de encima a su pequeña, intentando instruirla: «Mastica, mastica, mastica». A pesar de ser una cualificada experta en alimentación y nutrición, Wendy Jo tuvo que calmarse, esconder su propio miedo y darle a su hija la oportunidad de aprender sola. Esta no sería la última vez en la vida en la que tendría que ver cómo su hija le hacía frente a algún reto por su cuenta, así que tal vez a Wendy Jo no le vendría mal empezar a prepararse desde ya. La buena noticia es que con cada comida y cada bocado la pequeña A fue adquiriendo confianza y habilidad, al igual que su mamá.

Alimentarnos puede resultar complicado a veces. Alimentar a nuestros hijos con la comida adecuada, en el momento adecuado, con la textura adecuada..., eso puede ser francamente abrumador. Mentiríamos si dijéramos que no nos dio miedo, incluso con nuestra formación en el campo de la nutrición. Son nuestras pequeñas: nuestras preciosas y maravillosas hijas. Queremos que estén sanas, seguras y a salvo. Por ese motivo ambas decidimos estudiar y emplear el método del *baby-led weaning* o alimentación autónoma con nuestros bebés. Durante nuestra investigación, no solo descubrimos que este sistema puede ser un método de alimentación apropiado para la mayoría de los bebés, sino que también puede estar asociado con una menor ansiedad materna en cuanto al proceso de alimentación.[1] ¿Menos ansiedad? ¡Sí, por favor! ¡Las dos nos apuntamos sin dudarlo!

Los bebés hacen las cosas a su ritmo. Te observan comer y aprenden con cada bocado. Que una persona siempre lo haga todo a la carrera o esté distraída durante las comidas podría augurar problemas a la larga. Si se te eriza la piel con cada salpicadura o si te sobresaltas cada vez que se cae al suelo un trozo de comida, tal vez deberías adoptar un perro (las mejores aspiradoras de comida del mundo) o quizá elegir un sistema de alimentación diferente. Es broma, por supuesto, pero lo cierto es con que este método al principio las cosas se ensucian. Según nuestra propia experiencia, hemos descubierto que los niños que han usado este sistema utilizan y controlan mejor la cuchara y el tenedor a una edad temprana. La suciedad es enorme, pero dura poco, y nuestros perros disfrutan de los tentempiés que les lanzan sus hermanos de dos patas.

Aparte de la posible suciedad, se puede encontrar por ahí cierta información que asusta a los padres y los disuade de iniciar el proceso de alimentación autónoma. Lo descubrimos mientras respaldábamos este sistema con nuestras propias hijas y como profesionales en activo y con experiencia. Así que procuramos recordar que los cambios no tienen que ser necesariamente malos, pero casi siempre dan miedo.

Las investigaciones sugieren que la mayoría de los bebés sanos nacidos a término no necesitan alimentos complementarios hasta aproximadamente los seis meses de edad.[2] Cuando se han desarrollado lo suficiente, la mayor parte de los bebés parecen estar preparados para abordar la alimentación autónoma o el *baby-led weaning*.

Ya estemos hablando con padres o profesionales o leyendo estudios, los principales temores a la hora de aplicar este sistema son atragantamiento, una posible carencia de hierro (que es un nutriente básico) y ralentizar los patrones de crecimiento.[3] Afrontémoslo, el *baby-led weaning* supone ciertos retos, como cualquier otro método. En nuestra opinión, los beneficios superan con creces los riesgos, o las inquietudes, potenciales y vamos a tratar cada una de esas inquietudes empleando los estudios que están surgiendo sobre este método de alimentación. También cabe señalar que estas investigaciones no les han dado validez a los posibles riesgos. Estas inquietudes o temores (legítimos, por supuesto), que abordaremos más adelante, son infundados.

Los beneficios potenciales no se limitan a la alimentación de la familia (y la mascota). Opinamos que el uso de este sistema es más económico e incluso también podría tener un impacto social positivo. Si eres como nosotras, probablemente te gusta ahorrar dinero, quieres comprar alimentos nutritivos para toda la familia (no solo el bebé), te opones rotundamente a limitarte a preparar platos básicos y deseas fomentar que tu hijo desarrolle habilidades para comer y confianza en su propio cuerpo. Y si eres como nosotras, el *baby-led weaning* o un enfoque basado en la alimentación autónoma puede ser el método perfecto para ti y tu familia.

No se trata únicamente de que un enfoque basado en la alimentación autónoma o el *baby-led weaning* tenga muchísimo sentido para nosotras, sino que cada vez van apareciendo más estudios que sugieren que un método como este promete beneficios de por vida relacionados con la forma de comer y la aceptación de la comida.[4]

Al principio, algunos de los beneficios parecen superficiales: pasar menos tiempo en la cocina, no tener que gastar dinero en alimentos comerciales para bebés o que nuestro hijo sea menos selectivo, o maniático, a la hora de comer. No obstante, los bebés que aprenden a comer solos pueden llegar a obtener beneficios aún mayores en cuanto a salud y bienestar. Que un niño se muestre dispuesto a probar nuevos alimentos y texturas o esté en mejor sintonía con las señales de hambre y saciedad significa que es menos probable que coma en exceso. En nuestra opinión, este método apoya al comedor que se autorregula al permitirle confiar en su propio cuerpo por medio de la alimentación perceptiva. Debido a ello, es probable que en el futuro surjan menos preocupaciones por el cuerpo y el peso. A continuación, analizaremos en detalle los beneficios del método y, de paso, abordaremos las inquietudes relacionadas con él.

Mayores habilidades y confianza para comer

El método de la alimentación autónoma puede potenciar el aprender a masticar antes de tragar. Desde el principio, los bebés que aprenden a comer solos mastican primero la comida con los dientes o las encías y luego tragan. Al hacerlo, aprenden a reconocer el reflejo de arcada y continúan masticando antes de tragar. Un bebé al que le dan de comer con cuchara y comienza con purés es muy probable que aprenda a tragar primero sin tener la oportunidad de practicar cómo manipular los alimentos o las texturas a su propio ritmo. Además, el proceso de alimentación con cuchara no le permite explorar el reflejo de arcada (un mecanismo normal y en desarrollo), sobre todo si el cuidador es quien controla la cuchara.

> No existen razones lógicas ni científicas que apoyen alimentar con purés o a cucharadas a un bebé sano y normal de seis meses. A esta edad, desean ser independientes y emplear las habilidades que están desarrollando. Los bebés de seis meses que se resisten a que les den de comer con cuchara están demostrando un comportamiento normal y siguiendo sus instintos, no están siendo problemáticos.
>
> GILL RAPLEY, «Baby-led weaning: transitioning to solid foods at the baby's own pace», *Community Practitioner*, junio de 2011, vol. 84, n.º 6

La doctora Gill Rapley, coautora del libro *El niño ya come solo*, sugiere que la fase crítica para el desarrollo del proceso de masticación va de los seis a los nueve meses.[5] A esta edad, muchos bebés siguen comiendo alimentos completamente triturados. Si a un bebé no se le permite familiarizarse con texturas más sólidas durante esa fase crítica de desarrollo de la masticación, es probable que al ir creciendo sea más difícil darle de comer. También entrevistamos a Jacqueline Henry, logopeda infantil y especialista en alimentación, acerca de este método. Jacqueline no solo emplea aspectos del *baby-led weaning* con sus pacientes, sobre todo la alimentación autónoma y la exploración de alimentos, sino que también lo aplicó con su propia hija. Ella sugiere que usar este sistema ofrece muchos beneficios cuando el bebé está desarrollando la función oral-motora, como mayor contacto con diversas texturas y la capacidad de manejar por su cuenta dichas texturas para tragarlas de forma más eficiente y segura en el futuro. También propone que este método de alimentación permite una progresión y maduración más natural del reflejo de arcada, que normalmente se desplaza de la parte delantera de la lengua hacia la parte posterior. Jacqueline ha utilizado la alimentación autónoma y el *baby-led weaning* con muchos bebés, incluso con aquellos con algún tipo de dificultad para alimentarse y retrasos en el desarrollo. En su opinión, que nosotras compartimos, es importante mantener una actitud abierta acerca del método adecuado para cada niño, aunque implique utilizar estrategias de alimentación autónoma, alimentación a cuchara o una combinación de ambas para satisfacer las necesidades del niño.

Una de las principales inquietudes que surgen con el método del *baby-led weaning* (o con cualquier otro método de alimentación, en realidad) es que el bebé se atragante. Atragantarse no es algo que nosotras (como todo profesional del campo de la salud) nos tomemos a la ligera. Y, en general, este es el temor más común que nos plantean otros padres y profesionales. Merece la pena señalar que muchos padres no están seguros de cuál es la diferencia entre un reflejo de arcada normal y un atragantamiento. Comprendemos el miedo que puede dar ver cómo tu hijo tiene arcadas las primeras veces. Nosotras también tuvimos que mantenernos al margen mientras nuestras hijas aprendían a superar una arcada. Sin embargo, es fundamental que los padres de todo recién nacido, bebé o niño aprendan a diferenciar entre atragantamiento y arcada. Aclararemos estas diferencias en el siguiente capítulo. En los casos en los que se informó de algún atragantamiento, independientemente de la estrategia de alimentación, este casi siempre estuvo relacionado con ciertos alimentos en concreto. En el capítulo 5 incluiremos una lista de alimentos que aumentan el riesgo de atragantamiento y texturas que podrían plantear problemas. A medida que vayamos progresando, también te sugeriremos cuándo introducirlos. Alimentar a nuestros pequeños requiere tiempo y dedicación, sea cual sea el método escogido.

Los padres no son los únicos que se muestran prudentes con este método. En un estudio que evaluaba las actitudes de madres y profesionales del campo de la asistencia sanitaria hacia el *baby-led weaning*, los investigadores descubrieron que algunos profesionales creían que este método podía suponer beneficios, como fomentar la autorregulación, pero aun así les inquietaba la posibilidad de un mayor riesgo de atragantamiento, deficiencia de hierro y menor ingesta de alimentos.[6] No obstante, pocos de estos profesionales tenían siquiera relación o experiencia con el *baby-led weaning*. Por otro lado, los padres que habían empleado este método con éxito no señalaron ningún problema de importancia y sugirieron que se lo recomendarían sin dudarlo a otros padres. Una actitud negativa hacia este método, o inexperiencia a la hora de ponerlo en práctica, no lo convierte en una opción menos válida. Al igual que los padres del estudio, nosotras consideramos que valía la pena examinarlo y emplearlo con nuestras propias hijas. Afortunadamente, todos los pediatras y especialistas en pediatría con los que nos encontramos durante el proceso opinaban igual.

Las investigaciones que han ido apareciendo están ayudando a disipar algunos de estos temores. Un nuevo estudio publicado en *Pediatrics*, la revista oficial de la Academia Estadounidense de Pediatría, sugiere que los bebés que empleaban el *baby-led weaning* asistido no eran más propensos a atragantarse que los que seguían métodos de alimentación más tradicionales.[7] Se pueden producir atragantamientos con cualquier método de alimentación, pero también se puede educar a los padres para ayudar a reducir este riesgo. Como madres y profesionales del campo de la nutrición, somos conscientes de que cada niño es diferente en cuanto a temperamento y desarrollo y que cada uno aprende y crece a su propio ritmo. Como progenitor, te corresponde a ti y a quienes forman parte de tu círculo de confianza tomar esta decisión en nombre de tu hijo. Nosotras empezamos con alimentos naturales que nuestras hijas podían ingerir por su cuenta, aunque también les permitimos comer solas ciertos alimentos similares al puré como yogur, crema de trigo, avena y compota de manzana. También presenciamos cómo nuestros bebés tenían arcadas (por suerte, sin producirse atragantamientos) mientras empleaban este método de alimentación.

La posibilidad de tener que preocuparse menos por el peso

Como ya hemos mencionado antes, una de las preocupaciones relacionadas con el *baby-led weaning* o la alimentación autónoma es una reducción en el patrón de crecimiento o menor progresión en el incremento de peso. No nos sentimos en la obligación de considerar que esto sea necesariamente algo malo o bueno. Opinamos que mientras que a un bebé se le permite autorregular la ingesta y aprender a comer, el patrón de crecimiento puede ser justo el adecuado para ese niño en concreto (siempre y cuando se haya desarrollado lo suficiente como para seguir este método). Al igual que ocurre con los adultos, hay bebés de todas las formas y tamaños, y eso es algo normal. Así que este tema en particular no nos preocupa.

Aunque no creemos que el peso sea un buen indicador de salud o de hábitos saludables en adultos o niños, comprendemos la necesidad de emplearlo como punto de referencia para medir el crecimiento y el desarrollo en bebés y niños. Un estudio que aludía a la preocupación por el hecho de que los bebés que seguían el estilo de alimentación del *baby-led weaning* ganaran peso más despacio o tuvieran menor índice de masa corporal (IMC) también informaba de que los bebés a los que se alimentaba con cuchara ganaban peso a un ritmo superior a la media.[8] Al igual que no nos gusta usar la cifra que marca el peso para adivinar si una persona está sana, tampoco consideramos que el IMC sea una herramienta útil para ello. Simplemente establece una relación entre la altura de alguien y su peso, sin tener en cuenta la complexión propiamente dicha de esa persona. El IMC puede resultar una herramienta útil para estudiar poblaciones enteras, pero no necesariamente para hacer recomendaciones individuales, ya sea para un adulto, un niño o un bebé.

Todos los estudios que revisamos coincidían en que, independientemente de cómo se alimente a un bebé, ya sea con cuchara o siguiendo un estilo de alimentación autónomo, introducir sólidos o alimentos complementarios en la dieta demasiado pronto (a los cuatro meses o antes) puede tener como resultado mayor riesgo de sufrir problemas de peso en la infancia. La Academia Estadounidense de Pediatría y la Organización Mundial de la Salud recomiendan iniciar la alimentación complementaria alrededor de los seis meses de edad, cuando el bebé ya se haya desarrollado y el intestino haya madurado lo suficiente como para aceptar sólidos. Nosotras recomendamos comenzar un enfoque basado en la alimentación autónoma a la misma edad, usando los mismos indicadores de desarrollo que repasaremos en el capítulo 5.

Según el estudio *Feeding Infants and Toddlers Study* (FITS, 2002), los bebés con el desarrollo adecuado a los que se les da la oportunidad de autorregular la ingesta de energía logran hacerlo.[9] En nuestra opinión, por lo general los bebés que siguen este método no solo destacan por la variedad de alimentos que componen su dieta, la confianza que demuestran en sus habilidades para comer y la autorregulación que ponen en práctica,[10] sino que también es probable que tengan menos problemas de peso a lo largo de su vida. Como terapeutas nutricionales y dietistas, hemos presenciado lo que carecer de la capacidad de autorregularte o confiar en tu cuerpo puede ocasionarle a una persona. Estamos convencidas de que emplear este enfoque puede ayudar a promover una confianza de por vida en el propio cuerpo: un valor fundamental del *baby-led weaning*.

La posibilidad de obtener mayor calidad nutricional

Poner en práctica otro valor fundamental como lo es comer alimentos naturales siempre que sea posible, desde que el bebé se ha desarrollado lo suficiente hasta la edad adulta, puede proporcionar mayor calidad nutricional en general. Aunque algunos alimentos preparados tienen cabida en nuestras dietas y hogares, los productos excesivamente procesados no son lo más adecuado para el consumo diario. Si bien es cierto que empleamos este tipo de alimentos de vez en cuando, consideramos que es mejor reservarlos para las ocasiones en las que necesitamos una alternativa muy rápida y cómoda; no suelen ser nuestra primera opción. No nos malinterpretes: estamos seguras de que existen estupendos productos preparados que aun así siguen siendo alimentos reales, naturales y con pocos ingredientes. Como, por ejemplo, verduras congeladas, verduras en conserva, verduras precortadas, masa precocinada, pollo asado, etcétera. También nos gusta elaborar o comprar muchas salsas divertidas. Te aseguramos que comer más alimentos naturales no significa tener que mudarte a una granja ni cultivarlo todo tú mismo. Nosotras también vivimos en el mundo real. Por ese motivo recomendamos y utilizamos algunos productos magníficos que pueden ayudarnos a servir la comida en la mesa en lugar de salir a comer fuera o usar platos completamente empaquetados o precocinados. Además, resulta que el lema de Leslie es «*Eat real food, feel real good*®» («Come comida real y te sentirás realmente bien»)... pero sin obsesionarte.

Te aseguramos que comer más alimentos reales y naturales no significa tener que mudarte a una granja ni cultivarlo todo tú mismo. Nosotras también vivimos en el mundo real.

Una de las principales inquietudes acerca del método del *baby-led weaning* es la posible carencia de hierro al comenzar a introducir los alimentos complementarios. Según la página web oficial de la OMS: «La transición de la lactancia exclusivamente materna a la alimentación complementaria abarca generalmente el período que va de los 6 a los 24 meses de edad».[11] Por lo general, se calcula que es aproximadamente a los seis meses cuando un lactante habrá agotado las reservas de hierro disponibles depositadas durante el último trimestre de embarazo y deberá añadir alimentos ricos en hierro a su dieta. La cantidad de tomas de leche no debe disminuir cuando se introducen los sólidos en torno a esa edad. Por eso se denomina alimentación complementaria. Mientras que los bebés que toman leche preparada siguen recibiendo hierro a través del biberón, introducir alimentos complementarios con opciones ricas en hierro también les proporciona otros nutrientes fundamentales. Independientemente del origen de la leche, consideramos que este es el siguiente paso. Pero ¡no te inquietes! Te proporcionaremos un listado de alimentos en el capítulo 5 junto con recetas sencillas que te ayudarán a servirle alimentos ricos en hierro a toda la familia.

Durante años, muchas personas han recomendado darles a los bebés cereales infantiles enriquecidos con hierro como primer alimento. Esta idea se basa en la tradición en lugar de en evidencias médicas. Muchas de estas recomendaciones han perdurado a partir de pautas anteriores que incluían empezar a introducir alimentos complementarios a partir de los cuatro meses, por lo que era necesario recurrir a los purés (que no son un alimento sólido) debido a la falta de habilidades para masticar y alimentarse. Dado que los bebés de seis meses que se han desarrollado lo suficiente pueden aceptar alimentos sólidos preparados, no hay ningún motivo para que no puedan tomar alimentos naturalmente ricos en hierro, como ternera y yemas de huevo. Los padres que adoptan este método pueden incorporar estos alimentos como opciones diarias.

La calidad de los nutrientes no afecta solo al hierro. Por ejemplo, si a una familia le cuesta consumir abundantes proteínas o seguir una dieta rica en nutrientes, es probable que las vitaminas y los minerales que proporcionan los alimentos que faltan tampoco formen parte de la dieta del bebé. Si una familia no planea las comidas, es posible que los productos preparados acaben siendo la opción más habitual. Sin embargo, al planear usar un sistema basado en la alimentación autónoma podemos asegurarnos de que el bebé reciba los nutrientes necesarios; el simple hecho de planificar y realizar los preparativos necesarios para añadir estos alimentos complementarios puede favorecer que toda la familia coma mejor gracias a menús más equilibrados.

Como madres y expertas en nutrición, queremos lo mejor para nuestros hijos y pacientes. Opinamos que el enfoque *baby-led weaning* permite desarrollar con mayor rapidez las habilidades necesarias para comer que comenzar con una fase basada únicamente en purés y que es probable que los bebés que se alimentan de forma autónoma adquieran mayor seguridad y confianza a la hora de comer. Al guiarse por sus propios sistemas de regulación interna, aprenden a comer solo lo que sus cuerpos necesitan. En general, creemos que este enfoque puede ayudar a prevenir hábitos de restricción de alimentos en toda la familia, lo que a su vez puede ayudar a prevenir desconfianza en el propio cuerpo y problemas de peso de por vida. Al respetar la autorregulación, que es una habilidad innata, y centrarnos en los alimentos naturales desde que el bebé se ha desarrollado lo suficiente hasta la edad adulta, podemos fomentar que haya niños y familias más sanos.

Esto es lo que el equipo de *Todo sobre el baby-led weaning* desea para tu bebé, tu familia y nuestras propias familias. Es lo que deseamos para nuestra sociedad. La fe y la confianza en el cuerpo no deberían ser algo poco frecuente. Por este motivo, el *baby-led weaning* no trata solo de la alimentación autónoma, sino que consiste en un movimiento hacia un futuro más saludable poblado de adultos y niños que confían en sus cuerpos.

Referencias del capítulo 2

1. Townsend, E., y Pitchford, N. J., «Baby knows best? The impact of weaning style on food preferences and body mass index in early childhood in a case-controlled sample», *BMJ Open*, 2012, vol. 2, n.º 1, pág. e000298, DOI: 10.1136/bmjopen-2011-000298.
2. Cameron, S. L.; Heath, A. M., y Taylor, R. W., «How Feasible Is Baby-Led Weaning as an Approach to Infant Feeding? A Review of the Evidence», *Nutrients*, 2012, vol. 4, n.º 11, págs. 1.575-1.609, DOI: 10.3390/nu4111575.

3. Daniels, L.; Heath, A. M.; Williams, S. M.; Cameron, S. L.; Fleming, E. A.; Taylor, B. J.; Wheeler, B. J.; Gibson, R. S., y Taylor, R. W., «Baby-Led Introduction to SolidS (BLISS) study: a randomised controlled trial of a baby-led approach to complementary feeding», *BMC Pediatrics*, 2015, vol. 15, n.º 1, pág. 179, DOI: 10.1186/s12887-015-0491-8.
4. Véase referencia 1.
5. Rapley, G., «Baby-led weaning: transitioning to solid foods at the baby's own pace», *Community Practitioner*, junio de 2011, vol. 84, n.º 6, págs. 20-23.
6. Cameron, S. L.; Heath, A. M., y Taylor, R. W., «How Feasible Is Baby-Led Weaning as an Approach to Infant Feeding? A Review of the Evidence», *Nutrients*, 2012, vol. 4, n.º 11, págs. 1.575-1.609, DOI: 10.3390/nu4111575.
7. Fangupo, L. J.; Heath, A. M.; Williams, S. M.; Erickson Williams, L. W.; Morison, B. J.; Fleming, E. A.; Taylor, B. J.; Wheeler, B. J., y Taylor, R. W., «A Baby-Led Approach to Eating Solids and Risk of Choking», *Pediatrics*, septiembre de 2016, pág. e20160772, DOI: 10.1542/peds.2016-0772.
8. Véase referencia 1.
9. Fox, M. K.; Devaney, B.; Reidy, K.; Razafindrakoto, C., y Ziegler, P., «Relationship between Portion Size and Energy Intake among Infants and Toddlers: Evidence of Self-Regulation», *Journal of the Academy of Nutrition and Dietetics*, enero de 2006, vol. 106, n.º 1, págs. 77-83, DOI: 10.1016/j.jada.2005.09.039.
10. Brown, A., y Lee, M. D., «Early influences on child satiety-responsiveness: the role of weaning style», *Pediatric Obesity*, 2015, vol. 10, n.º 1, págs. 57-66, DOI: 10.1111/j.2047-6310.2013.00207.x.
11. OMS, «Appropriate complementary feeding», *e-Library of Evidence for Nutrition Actions (eLENA)*. Fecha de acceso: 4 de octubre de 2016, <http://www.who.int/elena/titles/complementary_feeding/en/>.

3. Los pilares del *baby-led weaning*

No se trata de lo que haces por tus hijos, sino de lo que les has enseñado a hacer por sí mismos: eso es lo que los hará triunfar como seres humanos.

Ann Landers

Nuestra amiga Julie nos dijo que su experiencia con la alimentación autónoma la asustó tanto que acabó acobardándose. Le gustaría poder contar una historia mejor. Ahora que su segundo hijo está en camino, planea hacer las cosas de otro modo. Cuando empezó a darle alimentos complementarios a su primera hija, el pediatra al que acudía tenía una opinión muy negativa del proceso del *baby-led weaning* (ahora van a otro). Además, Julie no conocía a mucha gente con experiencia en este método. La primera vez que su hija tuvo una arcada, su marido y ella se asustaron y tiraron la toalla de inmediato. Hoy en día desearía haber continuado intentándolo, pues darle de comer a su hija y conseguir que tome alimentos nutritivos ha supuesto todo un reto. Aunque opina que su hija come relativamente bien y acepta una gran variedad de alimentos, los problemas empiezan cuando los alimentos se mezclan, forman parte de un plato para toda la familia o están aderezados. Su hija prefiere comer la mayor parte de los alimentos por separado, lo que hace que cocinar para toda la familia sea más estresante y complicado. Ahora Julie se pregunta si continuar con el proceso de alimentación autónoma habría supuesto alguna diferencia con su hija y el tiempo que se pasa cocinando.

Julie dice que espera que las cosas sean diferentes con su segundo hijo ahora que confía más en el proceso, ya que ha visto que muchos amigos adoptan este método con gran éxito. La primera vez tenía demasiado miedo y demasiadas preguntas sin respuesta. Todos esos pequeños detalles le impidieron dejar de preocuparse e intentarlo a fondo. Se pregunta si habría conseguido hacer que funcionara de haber tenido entonces respuestas para las preguntas que la inquietaban. ¡El miedo es una sensación horrible y que te paraliza!

Julie, junto con otras muchas madres y profesionales del campo de la nutrición, nos hicieron el enorme favor de contarnos todos sus temores, inquietudes y dudas. A pesar de que hemos estado asesorando a padres de niños pequeños durante años, tanto antes como después de tener a nuestras propias hijas, a nosotras también nos surgieron dudas durante el proceso. No había respuestas en los libros y muchas personas, tanto amigos como profesionales, no consideraban el *baby-led weaning* o la alimentación autónoma más que una moda pasajera. Pero nos dimos cuenta de que no se trataba de una moda ni una novedad, dado que la raza humana había logrado llegar hasta aquí sin alimentos para bebés.

Al principio, nosotras también ansiábamos respuestas, como todos los padres a los que entrevistamos. Estamos muy agradecidas de que estos padres, amigos y profesionales compartieran con nosotras sus experiencias (las buenas y las no tan buenas) porque, al ver los temores y las dudas de los que nos hablaron, caímos en la cuenta de que las mismas preguntas surgían una y otra vez. Supimos entonces que debíamos abordarlas, y que podríamos hacerlo.

Preguntas y respuestas

Como te prometimos, tenemos respuestas para todas estas dudas y preguntas, que trataremos brevemente aquí. Tenemos muchas cosas que compartir contigo, así que a lo largo de los capítulos del libro te iremos indicando dónde encontrar más respuestas.

Las 10 principales preguntas sobre el método de la alimentación autónoma

1. ¿Cuál es la diferencia entre arcada y atragantamiento?
2. ¿Con qué frecuencia debería el bebé tomar el pecho o el biberón? Varias madres que conozco empezaron a dejar de darles leche a sus hijos y la reemplazaron por alimentos sólidos.
3. Al principio, ¿cuántas veces al día debería tomar sólidos el bebé?
4. ¿Deberíamos preocuparnos por las alergias alimentarias?
5. ¿Deberíamos introducir los alimentos de uno en uno? ¿Existe un cronograma? ¿Cuándo podemos empezar a darle trocitos de uva? ¿Y un poco de lasaña? ¿Cuándo se le pueden dar galletas? ¿Y tostadas?
6. ¿Se puede servir al bebé un plato con alimentos variados?
7. ¿Cuánto tiempo hay que cocer las verduras y cómo de blandas deberían estar? Por ejemplo, ¿cuánto tiempo debemos hervir o cocer al vapor las zanahorias?
8. ¿Cómo servimos las raciones del bebé? ¿De qué ancho cortamos las tiras o los trozos? ¿De qué grosor hay que cortar un pedacito de carne? ¿De qué tamaño deberían ser las tostadas?
9. ¿Cuánto tiempo debería permanecer sentado el bebé delante de la comida para poder explorarla, jugar con ella o comérsela? Yo ya sabía que debía dejar que mi bebé explorara y comiera por su cuenta, pero ¿cuánto tiempo debía darle para explorar? A veces me quedaba allí sentada y no llegaba a probar ni un bocado. No sabía cuánto tiempo debía dedicarle a cada comida.
10. ¿Y si mi pediatra nunca ha oído hablar del *baby-led weaning* o no lo aprueba?

> Nunca se me hubiera ocurrido siquiera saltarme la comida triturada para bebés y empezar a darle lo mismo que comía el resto de la familia si no fuera porque una amiga en la que confiaba lo hacía con su propia hija. Me hizo falta hablar con alguien que disponía de confianza y conocimientos para despertar mi interés, y mi propia confianza surgió luego... con la experiencia.
>
> REBECCA SCRITCHFIELD, dietista, experta en alimentación y preparación física y autora de *Body Kindness*

P1: ¿Cuál es la diferencia entre arcada y atragantamiento?

Debemos admitir que esto tampoco nos resultó evidente a nosotras. Después de todo, ¡hacía décadas que no empleábamos nuestro reflejo de arcada! Es importante aprender a diferenciar entre arcada y atragantamiento. Saberlo puede proporcionarte la tranquilidad y la información necesarias para determinar si tu hijo necesita que seas paciente mientras supera una arcada o que le prestes ayuda inmediata en caso de atragantamiento. Una arcada (ya se trate de un movimiento silencioso de la comida o de tos) es un mecanismo de seguridad normal y reflejo que empuja la comida que no se ha masticado o machado del todo hacia la parte delantera de la boca para poder continuar masticándola y luego tragarla. Si un bebé tiene arcadas, pueden llorarle los ojos, puede toser, escupir, emitir sonidos ahogados, permanecer en silencio mientras se concentra en desplazar la comida hacia la parte delantera de la boca o parecer asustado. El atragantamiento, sin embargo, se produce cuando un objeto o sustancia se queda atascado en la garganta o la tráquea y bloquea el flujo de aire. Si un bebé se ha atragantado, es poco probable que pueda emitir sonidos ni será capaz de desplazar aire de forma eficiente. Cuando los bebés comen reclinados, el riesgo de atragantamiento es mayor. Es improbable que un bebé se atragante si se aplican prácticas seguras de alimentación autónoma; no obstante, es imprescindible que los padres sepan realizar maniobras de RCP infantil. La mayoría de los hospitales ofrecen formación al respecto como parte de sus clases prenatales. También hay ciertos alimentos que suelen ser los culpables más habituales en caso de atragantamiento, independientemente del método de alimentación. Los trataremos en el capítulo 5.

P2: ¿Con qué frecuencia debería el bebé tomar el pecho o el biberón?

Cuando tu bebé y tú iniciáis el proceso de la alimentación autónoma, los alimentos que le proporcionas tienen como finalidad más bien desarrollar sus habilidades que aportar nutrición. Aunque es importante elegir productos que aporten un beneficio nutricional (como el hecho de que aporten hierro y energía), la única fuente de nutrición para el bebé sigue siendo la leche materna o preparada. Los alimentos que se añaden durante este período simplemente complementan una dieta basada en la leche y, por este motivo, se denominan alimentos complementarios. Las tomas a demanda de leche materna o preparada deberían continuar hasta que el bebé cumpla un año junto con los alimentos que consuma por sí mismo procedentes de la dieta del resto de la familia.

P3: Al principio, ¿cuántas veces al día debería tomar sólidos el bebé?

Nosotras recomendamos comenzar con una comida sólida al día. Puedes decidir cuándo. Depende del momento del día en el que tu bebé esté más alerta y deseoso de comer. Wendy Jo empezó a practicar con la pequeña A en el desayuno, mientras que Leslie comenzó con CC en el almuerzo. En cuanto tu bebé parezca ansioso por comer más, añade otra comida con la familia y aumenta la cantidad según sea necesario. Alrededor de los ocho meses de edad, el bebé puede realizar tres comidas sólidas al día y a los diez meses puede pasar a tres comidas y de dos a tres tentempiés al día. Sus estómagos son muy pequeños, así que debemos ajustar nuestra idea de las raciones. De una a tres cucharadas de alimento puede suponer una cantidad apropiada para cada comida. Algunos bebés pueden comer más y otros, menos. Deja que él lleve la batuta.

P4: ¿Deberíamos preocuparnos por las alergias alimentarias?

El método del *baby-led weaning* también puede aplicarse aunque exista alguna preocupación por las alergias alimentarias. Si hay antecedentes en tu familia, es aconsejable que comentes la introducción de sólidos con tu pediatra. Las nuevas investigaciones y recomendaciones de la Academia Estadounidense de Pediatría sugieren que, incluso aunque haya antecedentes de alergias alimentarias en la familia, los alimentos muy alergénicos deben introducirse como cualquier otro cuando el niño se haya desarrollado lo suficiente para empezar a tomar sólidos (alrededor de los seis meses de edad). Este tipo de alimentos incluyen huevos, frutos secos, lácteos, soja, marisco y trigo. Algunos investigadores proponen que las anteriores recomendaciones de retrasar el empleo de alimentos muy alergénicos durante el proceso de introducción de alimentos pueden haber contribuido a un auge de alergias alimentarias infantiles, aunque no existe una razón clara para su incremento. Las alergias alimentarias son una afección grave y pueden poner en peligro la vida. Independientemente de si tu hijo es alérgico o no, todos los padres deberían tener este punto en cuenta, ya que se calcula que 1 de cada 13 niños padece algún tipo de alergia alimentaria.[1]

P5: ¿Deberíamos introducir los alimentos de uno en uno? ¿Existe un cronograma?

Esta recomendación proviene de cuando se sugería empezar a introducir alimentos complementarios triturados a los cuatro meses: una edad a la que el tracto gastrointestinal del bebé puede no estar preparado para aceptar alimentos complementarios. Se pensaba que introducir los alimentos de uno en uno ayudaba a detectar una intolerancia o identificar una reacción alérgica. Aunque muchas personas siguen recomendando esta práctica, esto no reduce el riesgo de que un niño desarrolle una alergia alimentaria. Si no hay antecedentes de alergias en tu familia y eres consciente de los ingredientes de la comida que consume tu familia, consideramos que no hay motivos para ofrecerle al bebé solo uno o dos alimentos durante unos días. Nosotras nos lanzamos de cabeza. Si te preocupan las alergias, puedes ir más despacio sin problemas.

Nosotras recomendamos comenzar el proceso de la alimentación autónoma con alimentos naturales preparados apropiadamente como aguacates, ternera, huevos, boniatos, zanahorias y brócoli. Estos alimentos naturales con un único ingrediente pueden aclararte si resulta que tu hijo no tolera bien un alimento. En general, recomendamos iniciar el proceso en casa para que sepas a ciencia cierta qué tienes delante. Tus platos tomarán forma en función de la habilidad de tu bebé para comer y el menú típico de la familia, pero introducir hasta tres alimentos en una comida no debería suponer ningún problema. Si crees que tu hijo ha sufrido una reacción a un alimento, retrocede sobre tus pasos e intenta aislar el alimento en cuestión. No existe ningún tipo de cronograma, a menos que hayas elaborado uno con tu pediatra si tu bebé corre riesgo de sufrir una alergia alimentaria.

P6: ¿Se puede servir al bebé un plato con alimentos variados?

Con este método, puedes servirle a tu bebé la misma comida que al resto de la familia. Esperamos que esa comida sea equilibrada y muy nutritiva para todos los miembros. Dado que aproximadamente el primer mes de contacto con los alimentos sólidos está destinado más bien a desarrollar habilidades relacionadas con la masticación, las texturas y la deglución, es aconsejable ceñirse a alimentos naturales de modo individual en lugar de platos variados. Nosotras les proporcionamos a nuestras hijas componentes individuales de la comida de la familia y luego progresamos a platos variados como lasaña, ternera salteada, pastel de pollo o espaguetis con albóndigas. En cuanto consideres que tu hijo está comenzando a comer en lugar de jugar o desarrollar habilidades, no dudes en servirle el plato variado favorito de tu familia. Te iremos guiando paso a paso.

P7: ¿Cuánto tiempo hay que cocer las verduras y cómo de blandas deberían estar?

Al principio, es mejor cocer al vapor las frutas y las verduras más duras. Al añadir agua, los alimentos se ablandan sin que la piel o la parte externa se endurezcan. Asarlas (que es un modo estupendo de cocinar verduras) es una técnica que es mejor dejar para un poco más adelante, ya que puede endurecer la parte exterior de algunas verduras. Cuando tu bebé ya coma solo y explore las diferentes texturas de los alimentos, aprenderá muy rápido a lidiar con la piel de la mayoría de las verduras. Como regla general, nosotras aconsejamos cocer las frutas o verduras al vapor hasta que estén lo bastante blandas para poder aplastarlas con suavidad entre los dedos o al presionar el paladar con la lengua. Compartiremos nuestros consejos para preparar estos alimentos en el capítulo 14.

P8: ¿Cómo servimos las raciones del bebé?

Demasiada comida en un plato abruma a cualquiera, más aún a tu bebé, que intenta analizar y evaluar todo lo que tiene delante. Es buena idea tener un plato antideslizante más pequeño solo para él. No te compliques. Nosotras recomendamos servirle tres raciones o tres palitos de comida. Cuando parezca querer más, colócale delante otro trozo.

P9: ¿Cuánto tiempo debería permanecer sentado el bebé delante de la comida para poder explorarla, jugar con ella o comérsela?

Todo el tiempo que haga falta para disfrutar y saborear el plato en cuestión. No hay ninguna prisa, y recuerda que tu hijo te observa y aprende de ti. El bebé podría tardar mucho más en explorar tres trozos de comida que tú en comerte todo el plato. Tómate tu tiempo. Después de unos treinta minutos o cuando parezca haber perdido el interés, será hora de cambiar de actividad. No te desanimes si se distrae tras apenas diez minutos. Mejorará con el tiempo, a medida que desarrolle sus habilidades para comer.

P10: ¿Y si mi pediatra nunca ha oído hablar del baby-led weaning*?*

Varios padres con los que hablamos pasaron por esta experiencia. Que no conozcan el *baby-led weaning* o la alimentación autónoma no lo convierte en una elección inadecuada; simplemente no han oído hablar de ello en ese momento. Al igual que nos ocurre a los profesionales del campo de la nutrición, los médicos tienen que mantenerse al día con una cantidad enorme de información y algunos pueden no haber tenido la oportunidad de estudiar detenidamente el *baby-led weaning* y la alimentación perceptiva. Ahora bien, como padres, debemos abogar por nuestro hijo y hacer lo que creamos más conveniente. Un estudio en el que se encuestó a madres canadienses acerca de su experiencia con el BLW determinó que la mayoría dependió de otros padres y sus propios instintos para guiarse durante el proceso.[2] Probablemente se debiera a que los profesionales sanitarios con los que se encontraron no apoyaban o no conocían el proceso.

También podría ser útil tener en cuenta la siguiente información: la guía de conducta deseada de la Academia Estadounidense de Pediatría dirigida a médicos forma parte de las Iniciativas Sanitarias de la AEP. En esta guía, la conducta deseada en cuanto a alimentación infantil incluye fomentar la alimentación autónoma, que anima a los bebés a comer solos usando las manos, cucharas y tazas.[3] También se sugiere que ayudar a los padres a entender y reconocer las señales de hambre y saciedad es una conducta deseada. Los siguientes puntos fundamentales del *baby-led weaning*, escritos por la doctora Gill Rapley, pueden ayudar a resumir este método para todo aquel que forme parte de tu equipo de apoyo.

Puntos fundamentales del *baby-led weaning*

- El término «*baby-led weaning*» se refiere a la introducción de alimentos sólidos usando un enfoque de alimentación autónoma y es apropiado para la mayoría de los bebés desde el punto de vista nutritivo y de desarrollo.
- La leche materna (o preparada) debe seguir suponiendo la principal fuente de nutrición hasta cumplir un año.
- A partir de los seis meses, los bebés necesitan practicar las habilidades necesarias para comer solos.
- Siempre y cuando se sigan unas normas básicas de seguridad, la alimentación autónoma no presenta mayor riesgo de atragantamiento que la alimentación con cuchara.
- Este método de alimentación durante el período de introducción de sólidos puede llegar a influir en las opciones alimenticias del niño y su relación con la comida durante el resto de su vida.

Usado con el permiso de la doctora Gill Rapley y de *Community Practitioner* («Baby-led weaning: transitioning to solid foods at the baby's own pace», junio de 2011).

Estamos convencidas de que aplicar este método con un bebé puede tener beneficios de por vida. Estas ideas, o lo que denominamos «los pilares de la alimentación autónoma», no son exclusivas de nuestro equipo. Otras madres, padres, amigos, profesionales e investigadores le han dado forma a la base del enfoque *baby-led weaning*. No se trata solo de comer, sino de cómo esta estrategia de alimentación puede promover una relación saludable con los alimentos y el cuerpo de por vida... y no solo para el bebé.

Opinamos que las familias que usan y apoyan la división de responsabilidad en cuanto a la alimentación fomentan niños seguros de sus cuerpos que se convierten en adultos capaces de comer de manera intuitiva.

Si has adoptado por completo el estilo de la alimentación autónoma, o lo complementas con la alimentación con cuchara, creemos que puedes lograr que tu hijo sea un comedor que se autorregula, o comedor perceptivo, si sigues la división de responsabilidad de Ellyn Satter. Ellyn Satter es una reconocida dietista y trabajadora social clínica famosa por su filosofía sobre la alimentación, el modelo de la dinámica de la alimentación de Satter (*Satter Feeding Dynamics Model*, en inglés) y la división de responsabilidad en la alimentación (*Division of Responsibility in Feeding*). Este modelo de alimentación es muy conocido en la comunidad médica y sanitaria y cuenta con su apoyo; además, la Academia de Nutrición y Dietética y la Academia Estadounidense de Pediatría, entre otras organizaciones, lo consideran una gran práctica.[4] La división de responsabilidad en la alimentación sugiere que existen roles que los padres pueden desempeñar para apoyar la habilidad natural del niño para comer y autorregularse al suministrarle los alimentos a la misma vez que le permiten decidir cuánto y si va a comer.

Como madre, tuve que aprender acerca de la dinámica de la alimentación, las investigaciones sobre estilos de alimentación, la alimentación perceptiva y las aptitudes para comer, y me alegro de haberlo hecho. Ver la transformación en mi propio hogar, así como las publicaciones cada vez más numerosas sobre los beneficios en cuanto a salud y bienestar de comer bien, guiándonos por señales internas de hambre y saciedad, me convenció de que ayudar a los niños a convertirse en comedores competentes consiste en medicina preventiva.

KATJA ROWELL,
doctora, especialista en alimentación infantil y escritora

Referencias del capítulo 3

1. Food Allergy Research & Education, «Resources for Kids». Fecha de acceso: 20 de septiembre de 2016, <http://www.foodallergy.org/resources/kids>.
2. D'Andrea, E.; Jenkins, K.; Mathews, M., y Roebothan, B., «Baby-led Weaning: A Preliminary Investigation», *Canadian Journal of Dietetic Practice and Research*, junio de 2016, vol. 77, n.º 2, págs. 72-77, DOI: 10.3148/cjdpr-2015-045.
3. Academia Estadounidense de Pediatría, «Infant Food and Feeding». Fecha de acceso: 19 de agosto de 2016, <https://www.aap.org/en-us/advocacy-and-policy/aap-health-initiatives/HALF-Implementation-Guide/Age-Specific-Content/Pages/Infant-Food-and-Feeding.aspx>.
4. Ellyn Satter Institute, «The Satter Feeding Dynamics Model». Fecha de acceso: 5 de agosto de 2016, <http://ellynsatterinstitute.org/other/fdsatter.php>.

4. Apoyo y compromiso en el *baby-led weaning*

> Quienes se sienten profundamente amados y aceptados tienen el valor necesario para ser imperfectos.
>
> Brené Brown

Nuestra amiga Nikki regresó al trabajo en medio del proceso de *baby-led weaning*. Su hija tenía siete meses y ya exploraba una amplia variedad de los alimentos que consumía la familia. El primer día que la dejó en la guardería acabó explicando en qué consistía este método, además de dando muchas justificaciones. Como suele decir en broma: «A las AVE (abuelas de la vieja escuela) no les cabía en la cabeza y supe que aunque me dijeron que apoyarían el proceso, en cuanto diera media vuelta y me marchara iban a meterle una cuchara en la boca».

Se sintió frustrada, pero sabía que el hecho de que le dieran de comer con una cuchara no le haría daño a su hija. Muchos padres y cuidadores permiten que el niño lleve la iniciativa observando las señales sutiles que muestra cuando ya ha comido suficiente: girar la cabeza, fruncir los labios o incluso apartar la cuchara de un manotazo. En su situación, Nikki tuvo el presentimiento de que ese no sería el caso, que las AVE iban a hacer que su hija se terminara la comida para bebés, hasta el último bocado, sin permitirle autorregularse. Ya lo había visto con otros niños. En lugar de frustrarse por completo, se puso en contacto con amigos y profesionales de confianza para que la ayudaran a encontrar un equilibrio entre el hecho de que a su hija le dieran de comer con cuchara en la guardería y que le permitieran comer sola en casa empleando un enfoque basado en el *baby-led weaning*. Y al comentar lo que deseaba con el personal, y formarlos en el uso de la alimentación con cuchara mientras permitían que su hija decidiera si quería comer y cuánto, funcionó. Muchas de las personas que han pasado por esto antes que nosotros se han embarcado en un proceso de aprendizaje de por vida y están deseosos de prestarnos su apoyo. Lo único que debes hacer es iniciar la conversación.

> No hay una manera perfecta de hacer esto. Se puede hacer del todo, en parte o cualquier combinación entre medias. Siempre y cuando el bebé lleve la voz cantante, ¡no existe el fracaso!

Es un proceso sucio (pero maravilloso)

Ya lo hemos mencionado antes: el enfoque implica un poco de suciedad. Vale, mucha suciedad. Nos hemos reído mucho con amigos y abuelas que nos aseguraban que nunca permitirían que sus bebés comieran así. Nosotras, por otro lado, decidimos probar, aceptamos la suciedad (que, sinceramente, no dura mucho) y hemos cosechado los beneficios. Estos beneficios podrían durar de por vida, lo que para nosotras compensa con creces los inconvenientes. Afrontémoslo: cuando uno decide permitir que un bebé coma solo, ya tenga seis meses o un año, va a haber descubrimiento y, básicamente, suciedad. Así que de todas formas vas encontrarte con ella, la única cuestión es si será ahora o más adelante. Al menos, al empezar antes, hay un poco menos de comida en el plato con la que pintar la pared.

Así que acogimos la suciedad, nos abastecimos de papel de

cocina (bueno, puede que no, pero quizá deberíamos haberlo hecho) y tuvimos que sacar a pasear a nuestros perros un poco más a causa de toda la pasta que salía volando. Dejando las bromas a un lado, queremos darte una idea de cómo manejamos nosotras la hora de la comida por medio de unas herramientas y trucos estupendos. Incluso en nuestro caso, cada una se embarcó en el proceso del *baby-led weaning* de un modo diferente. La hija de Leslie es mayor que la de Wendy Jo, así que las herramientas disponibles variaron de una época a otra. Hemos trabajado juntas para elaborar una lista de artículos que hicieron que el tema de la suciedad fuera menos problemático.

Wendy Jo compró platos y salvamanteles de silicona, que (en algunas superficies) se pegan a la mesa, y la trona Tripp Trapp® de la marca Stokke, que se coloca directamente junto a la mesa. Contaba con una caja de paños y toallitas que mantenía siempre a mano para limpiar a su hija después de comer y una botella de limpiador en espray para la mesa y la trona. La pequeña A llevaba puesto un babi de IKEA (técnicamente, también estaba haciendo sus pinitos como pintora) y, además, emprendió sus aventuras con las cucharas de Num Num® y las tazas de Think®. En cuanto a la limpieza del suelo, Wendy Jo no empleó un protector de vinilo, porque tiene baldosas debajo de la mesa y dos perros ejerciendo funciones de limpieza.

La pequeña A tenía la carita pintada de salsa boloñesa, el pelo manchado de rojo y había pasta desperdigada por las baldosas, pero la flanqueaban dos labradores muy felices. Wendy Jo suele decir que sus perros se enamoraron de la pequeña A en cuanto empezó a comer sólidos. Fue amor al primer bocado.

Leslie colocó un tapete redondo debajo de la trona (con reposapiés), al lado de la mesa del comedor, ya que tenía una alfombra bastante nueva y había pintado hacía poco. El trozo de aguacate que chocó contra la pared del comedor hacía juego con la pintura. Por suerte, tener una caja de toallitas húmedas junto a la trona hizo que limpiar a CC, y su entorno, resultara mucho más fácil. Incluso la pintura nueva sobrevivió sin retoques. Teníamos una gran variedad de platos antideslizantes y estupendas cucharas fáciles de agarrar. Nuestras cucharas favoritas las fabrican Nuk e incluso IKEA. A Leslie le habría gustado poder contar con platos y salvamanteles de silicona para su hijita.

Nuestros expertos en alimentación recomiendan emplear una trona con un reposapiés apropiado. ¡Unos piececitos que cuelgan pueden suponer una gran distracción!

Las herramientas que consideramos que pueden ayudar a minimizar la suciedad también podrían desalentar a los críticos. En nuestras familias, hay algunos miembros muy pulcros y ordenados a los que no les gustaba nada ver salpicaduras por doquier. Algunos de nuestros amigos se burlaban de que tuviéramos que bañar a nuestras hijas a diario. Incluso algunos desconocidos nos comentaban lo aventureras que eran al verlas disfrutar de su plato de comida mexicana cuando salíamos a comer fuera. Probablemente ya hayas recibidos algunos buenos (o no tanto) consejos no solicitados. Al parecer, todo el mundo tiene una opinión al respecto, ya sea positiva o negativa. A pesar de ello, no olvides que se trata de tu familia, tu bebé y tu decisión. ¡Tú decides qué comer! (Y lo que come tu bebé, también.) Estamos aquí para presentarte toda la información de la que disponemos, sin trampa ni cartón, las investigaciones más recientes y recetas fáciles para apoyarte con el método de alimentación que has escogido para tu hijo. ¡Estamos juntos en este viaje imperfecto!

El objetivo es que el bebé entre en contacto con la alimentación autónoma en cuanto se haya desarrollado lo suficiente, y si son necesarios otros métodos de apoyo para que el bebé tenga éxito, que así sea.

Una cosa es evidente: ya hay bastante humillación en nuestra cultura. Uno de los mayores ejemplos de humillación paterna en cuanto a la comida empieza desde el primer día, con la elección entre leche materna o preparada. Si eliges darle el pecho a tu hijo, el biberón, ambos o lo que sea, alguien opinará que no está bien. Lo mismo es aplicable a cómo le das alimentos sólidos. En nuestra opinión, tú y solo tú puedes decidir qué es lo mejor para tu bebé, usando toda la información a tu alcance. Como ya hemos mencionado, puedes hacer esto a medias, en parte, la mitad del tiempo o como quiera que necesites aplicarlo en tu vida, al igual que hizo Nikki con su hija. Y nunca es todo color de rosa. Leslie tuvo graves problemas mientras amamantaba a su hija, además de sentimientos de culpa y vergüenza al considerar que no podía proporcionarle todo lo que necesitaba. Por suerte para Leslie, su marido y su hijita, contaba con una estupenda pediatra experta en lactancia. La doctora Julie siempre le decía: «Leslie, no olvides esto: la regla número uno es alimentar al bebé». Y eso es lo que vamos a ayudarte a hacer.

El objetivo es que el bebé entre en contacto con la alimentación autónoma en cuanto se haya desarrollado lo suficiente, y si son necesarios otros métodos de apoyo para que el bebé tenga éxito, que así sea. Tú sabes qué es lo mejor para tu bebé y qué es capaz de lograr porque ves los pequeños cambios que se producen (o no) a diario y que indican que está preparado. Confía en tus instintos y déjate guiar por la intuición y la razón. Cuando te encuentres en una situación en la que necesites apoyo o te veas en la necesidad de explicar el proceso a los cuidadores, podemos ayudarte. El enfoque *baby-led weaning* comienza centrándose en la alimentación autónoma del bebé. Te hemos proporcionado dos cartas de ejemplo solicitando apoyo para ti y tu bebé. Una está dirigida a un cuidador fuera del entorno familiar y la otra, a un amigo cercano o un miembro de la familia. Las encontrarás al final de este capítulo. Por favor, tómate la libertad de ajustar lo que sea necesario. También hemos incluido un fantástico folleto llamado «Puntos básicos del *baby-led weaning*» que está influenciado por el estudio «Baby-Led Introduction to SolidS (BLISS) study: a randomised controlled trial of a baby-led approach to complementary feeding». Estamos seguras de que te gustará tenerlo a mano y hacer copias para los cuidadores. **Puedes encontrar el folleto al final del libro.**

Es la hora del compromiso

No te lo esperabas, ¿verdad? ¿Un compromiso? Este compromiso podría cambiar muchísimas cosas en la vida de tu bebé, en la de toda tu familia, en la tuya y en nuestra sociedad. Se basa en los valores del *baby-led weaning* que hemos desglosado en actividades cotidianas. No se trata únicamente de un método de alimentación, es una filosofía que podría fomentar la confianza en el propio cuerpo, disminuir el impacto de nuestra cultura obsesionada con las dietas, cultivar microcomunidades más solidarias y ayudarnos a hacer las paces con nuestros cuerpos y con la comida. ¿Quién no querría eso?

¡Hagámoslo!

Accedo a:

- No sentir la necesidad de ser inflexible ni perfeccionista con ningún método de alimentación.
- Reconocer que yo decido qué comer (y lo que come mi bebé).
- Aceptar la creatividad con la comida y la alimentación como una herramienta de aprendizaje.
- Comprender que mi familia y yo debemos decidir qué alimentos son los más adecuados.
- Crear mi propia definición de qué son los alimentos naturales y reales para mi familia.
- No obligar a mi hijo (ni a mí mismo) a comer ni dejar de comer.
- Acoger juntos esta aventura llena de salpicaduras y desafíos.
- Abogar por mí y por mi hijo durante todo el proceso.

Apoyo:

- Un suministro interminable de paños limpios.
- Excelentes detergentes para eliminar las manchas.
- Los bebés que se autorregulan.
- Los bebés que se convierten en niños que saben saborear los alimentos.
- Los niños que atienden sus señales de hambre y saciedad.
- Los niños que se convierten en hombres y mujeres que aman y respetan sus cuerpos y que, a su vez, pueden enseñarles a sus hijos a hacer lo mismo.

Bienvenido a la Comunidad *baby-led weaning*. ¡Nos alegramos muchísimo de que te hayas embarcado en este viaje con nosotras!

Atentamente,
L y WJ

> La creatividad es la mejor herramienta para que el conocimiento arraigue.
>
> BRENÉ BROWN

Querido/a miembro del equipo:

Muchas gracias por cuidar de mi bebé. Te he confiado su cuidado porque sé que tú también te preocupas por él/ella. En cuanto a (añadir el nombre del bebé), tenemos una petición con respecto a los estilos y métodos de alimentación. Basándonos en las investigaciones actuales, no vamos a darle alimentos sólidos hasta los seis meses, ya que nuestros profesionales sanitarios quieren esperar a ver ciertos indicios claros de que está preparado/a para ello. Nos encantaría que nos ayudaras a prestar atención a esos indicios, puesto que sabemos que pasas mucho tiempo con (añadir el nombre del bebé). Estos son los indicios que estamos buscando:

- Se sienta con la espalda recta sin necesidad de usar una trona o una almohada.
- Ya no emplea el reflejo de extrusión.

- Muestra interés en comer alimentos sólidos.
- Intenta agarrar los alimentos con la mano.

Además de esperar un poco más antes de introducir los alimentos complementarios, estamos empleando el método *baby-led weaning*, que se basa en la alimentación autónoma y consiste en darle a (añadir el nombre del bebé) alimentos naturales que pueda agarrar con las manos y permitirle jugar con ellos, masticarlos y comérselos por sí mismo/a. Somos conscientes de que este método puede resultar poco común y estaremos encantados de proporcionarte más información.

Por favor, ten en cuenta que escoger este método no implica en ningún sentido una crítica a las prácticas tradicionales de alimentación. En realidad, esperamos que nuestro/a hijo/a acepte una gran variedad de sabores y texturas con rapidez, confíe en sus señales innatas de hambre y saciedad y sea capaz de autorregular su alimentación en los años venideros.

Estos consejos nos han ayudado a poner en práctica este método:

- Servirle únicamente alimentos naturales (por ejemplo, filetes de ternera, rodajas de huevos duros, trozos de aguacate, zanahorias asadas, espárragos al vapor, frambuesas, etcétera).
- Los alimentos deben estar lo suficientemente blandos para poder aplastarlos con suavidad entre los dedos o al presionar el paladar con la lengua.
- Darle los alimentos de poco en poco (por ejemplo, 1 trozo de aguacate, 1 palito de zanahoria cocida al vapor, 3 frambuesas o 1 rodaja de huevo duro) y añadir más según sea necesario. De este modo no se sentirá abrumado/a al ver demasiada comida en el plato.

Si estás dispuesto/a a apoyarnos con este método, nos encantaría contar con tu ayuda y aliento. Sabemos que a todos nos preocupan los atragantamientos, independientemente del método de alimentación. Hace poco hemos aprendido a observar e instruir durante un proceso normal (aunque aterrador) de arcadas sin responder con miedo. El atragantamiento, sin embargo, es un suceso que puede hacer peligrar la vida del bebé y que bloquea todo el flujo de aire y los sonidos. Tenemos la plena confianza de que, en el improbable caso de que se produzca un atragantamiento, seguirás los procedimientos de seguridad necesarios para ayudar a nuestro/a hijo/a.

Si este método no se puede llevar a cabo o no se puede controlar de forma segura bajo tu supervisión, solicitamos que a nuestro/a hijo/a se le permita comer por sí mismo/a alimentos tradicionales para bebés o purés. Le hemos proporcionado un babi para ayudar a minimizar la suciedad que lavaremos a diario. Te rogamos que nos hagas saber si hay algo más que podamos hacer para ayudarte a cuidar y apoyar a nuestro/a hijo/a. Te agradecemos tus cuidados, comprensión y apoyo.

Atentamente,

____________________ (Firma)

Querida tía Betty (o mamá, suegra, miembro de la familia, amigo, etcétera):

En primer lugar, muchas gracias por cuidar de tu sobrina (nieta o lo que corresponda). Sabemos cuánto disfrutas pasando tiempo con (añadir el nombre del bebé) y te agradecemos muchísimo tu ayuda. Queríamos explicarte cómo hemos decidido introducir los alimentos sólidos en la dieta de (añadir el nombre del bebé). Basándonos en las investigaciones actuales, no vamos a darle alimentos sólidos hasta los seis meses, ya que nuestros profesionales sanitarios quieren esperar a ver ciertos indicios claros de que está preparado/a para ello. Nos encantaría que nos ayudaras a prestar atención a esos indicios, puesto que sabemos que pasas mucho tiempo con (añadir el nombre del bebé).

Estos son los indicios que estamos buscando:

- Se sienta con la espalda recta sin necesidad de usar una trona o una almohada.
- Ya no emplea el reflejo de extrusión.
- Muestra interés en comer alimentos sólidos.
- Intenta agarrar los alimentos con la mano.

Además de esperar un poco más antes de introducir los alimentos complementarios, estamos empleando el método *baby-led weaning*, que se basa en la alimentación autónoma y consiste en darle a (añadir el nombre del bebé) alimentos naturales que pueda agarrar con las manos y permitirle jugar con ellos, masticarlos y comérselos por sí mismo/a. Somos conscientes de que este método puede resultar poco común y nos encantaría hablarte más del tema y proporcionarte el libro *Todo sobre el baby-led weaning*.

Por favor, ten en cuenta que escoger este método no implica en ningún sentido una crítica a las prácticas tradicionales de alimentación. En realidad, esperamos que nuestro/a hijo/a acepte una gran variedad de sabores y texturas con rapidez, confíe en sus señales innatas de hambre y saciedad y sea capaz de autorregular su alimentación en los años venideros.

Estos consejos nos han ayudado a poner en práctica este método:

- Servirle únicamente alimentos naturales (por ejemplo, filetes de ternera, rodajas de huevos duros, trozos de aguacate, zanahorias asadas, espárragos al vapor, frambuesas, etcétera).
- Los alimentos deben estar lo suficientemente blandos para poder aplastarlos con suavidad entre los dedos o al presionar el paladar con la lengua.
- Darle los alimentos de poco en poco (por ejemplo, 1 trozo de aguacate, 1 palito de zanahoria cocida al vapor, 3 frambuesas o 1 rodaja de huevo duro) y añadir más según sea necesario. De este modo no se sentirá abrumado/a al ver demasiada comida en el plato.

Estas conductas también nos han resultado muy útiles para practicar:

- Abstenernos de dejarnos llevar por el pánico mientras supera una arcada.
- No meterle los dedos en la boca mientras supera una arcada.
- Probar la comida para asegurarnos de que tiene la textura correcta.
- Instruir a (añadir el nombre del bebé): «Mastica, mastica, mastica».
- Mostrarle cómo masticar comiendo los mismos alimentos con él/ella.

Otro beneficio de este método es que no tenemos que comprar alimentos tradicionales para bebés en tarros. (Añadir el nombre del bebé) puede comer lo que quiera que comamos nosotros, siempre y cuando la comida esté cortada en trozos manejables y tenga la textura adecuada. Para ayudarnos durante este proceso de introducción de alimentos, contamos con listas útiles de alimentos y texturas y recetas apropiadas según la edad y aquellas que no lo son para esta etapa.

Cuando estés cuidando a tu sobrina (nieta o lo que corresponda) puedes elegir hacer aquello con lo que te sientas más cómodo/a y te apoyaremos. Si te apetece aplicar este método con nosotros, nos encantaría que nos echaras una mano.

Con cariño,

_______________________________ (Firma)

Parte 2

Los bebés y niños del *baby-led weaning*

Alimentar a nuestros hijos puede resultar muy estresante al principio, sobre todo si empleas un método que algunos consideran que no es el tradicional. Como madres que se han embarcado en este viaje, hemos dividido esta parte del libro en capítulos basados en la edad y la disposición de tu hijo. Esta es la parte del libro en la que te decimos: «Empieza con este alimento». Si eres como nosotras, te gusta contar con un punto de partida. También hemos clasificado las edades según los diferentes niveles de comedores del siguiente modo:

Capítulo 5: Comienza con el bebé de 6 meses o el principiante precomedor.
Capítulo 6: Pasa al bebé de 7 a 8 meses o el principiante.
Capítulo 7: Salta al bebé de 9 a 12 meses o el novato.
Capítulo 8: Trata del niño de 12 a 24 meses o el comedor preavanzado.
Capítulo 9: Abarca el cambiante mundo del niño de 24 a 36 meses o el comedor avanzado.

En cada capítulo hablaremos de la disposición de tu hijo basada en las habilidades que, por lo general, se logran durante ese período. También trataremos los nutrientes prioritarios. Si bien es cierto que los nutrientes son importantes a lo largo de todas las etapas, no es necesario agobiarse pensando en todos ellos desde el principio. Te encantará la forma tan sencilla en la que te indicaremos cómo empezar con los nutrientes necesarios desde el primer bocado. ¡Comencemos el proceso de la alimentación autónoma!

5. Llegó la hora (6 meses: el principiante observador)

El proverbio te advierte de que «no debes morder la mano que te alimenta». Pero tal vez deberías, si te impide alimentarte por tu cuenta.

THOMAS SZASZ

Con apenas cuatro meses de edad, Wendy Jo tenía entre manos una pequeña amante del yoga. La pequeña A estaba empezando a sentarse con la espalda recta y se estaba preparando para ponerse a cuatro patas. A los cinco meses exactamente, gateó por primera vez. Se mostraba increíblemente interesada en la comida y observaba todo lo que comía Wendy Jo. Cuando la pequeña A se echaba una siesta, Wendy Jo disfrutaba de comidas más copiosas de lo habitual sin ojitos ni manitas de por medio. Aunque quería compartir con ella ese primer bocado de comida muy pronto, Wendy Jo sabía que su hija no se había desarrollado lo suficiente. Tuvo que recordarse que la pequeña A disponía de toda la vida para comer, así que debía ser paciente. Wendy Jo decidió no intervenir y permitir que el desarrollo de su hijita siguiera su curso sin meterle prisa. Solo unas cuantas semanas más...

Leslie llegó un día a casa después de ver a unos pacientes

y se enteró de que su hija de seis meses había aplastado un poco de ternera y aguacate y se lo había metido en la boca. Chupó los jugos nutritivos de la carne y trituró el aguacate... un poco en su boca y el resto en su cara. CC se sentaba derecha sin ayuda y se llevaba objetos a la boca con control desde hacía una o dos semanas. Sus primeras exploraciones alimenticias con papá fueron emocionantes y abrieron la puerta a muchas más aventuras. Justo antes de que CC cumpliera seis meses, Leslie y su marido estuvieron hablando de los indicios que indicarían que estaba preparada y las medidas de seguridad que iban a implementar para apoyar el proceso de alimentación autónoma de su hija. ¡Y ella ni siquiera había podido esperar a que mamá volviera a casa del trabajo!

A ambas nos emocionaba emprender este viaje gastronómico con nuestras hijas. Pero antes de subirnos al tren, también debíamos prepararnos para el trayecto. Hay que tener en cuenta ciertos puntos claves durante esta fase, y no es necesario apresurarse a darle alimentos sólidos al bebé. Tu hijo dispone de toda su vida para comer. Asegurémonos de que está preparado.

El enfoque *baby-led weaning* puede parecer diferente para cada persona

Ten cuenta que si tu bebé nació antes de tiempo o fue prematuro, puede que necesite más tiempo para ponerse al día en cuanto a crecimiento y desarrollo antes de comenzar la introducción de alimentos sólidos. Por ejemplo, si el bebé nació a las treinta y dos semanas (en lugar de cuarenta), puede que necesite unas ocho semanas más para ponerse al día en lo referente al desarrollo. Algunos niños que nacen antes de tiempo o que necesitan cuidados sanitarios especiales pueden tener bajo tono muscular y necesitar un poco de ayuda adicional con el proceso. Esto podría traducirse en una combinación de alimentación autónoma y con cuchara, junto con cierto apoyo suave a la hora de sentarse. Los niños con mayor demanda de energía, como aquellos con afecciones pulmonares y cardíacas, pueden necesitar una dieta centrada en alimentos que aportan más energía. Algunos niños pueden experimentar problemas con la alimentación desde el principio y padecer aversiones orales relacionadas con traumas alimenticios o médicos. Esto podría ocasionarles importantes dificultades para comer o la necesidad de emplear una sonda de alimentación.

Un numeroso grupo de profesionales de la alimentación opinan que los niños que necesitan cuidados sanitarios especiales también pueden autorregularse y escuchar a sus cuerpos. Estos niños, y sus padres, simplemente necesitan apoyo y las herramientas adecuadas para seguir una terapia de alimentación específica para niños (que también puede servir de guía para otras medidas terapéuticas basadas en las necesidades del niño). Con el apoyo de especialistas en alimentación (como muchos logopedas, terapeutas ocupacionales, fisioterapeutas, pediatras y dietistas), un niño con necesidades sanitarias especiales también puede seguir el enfoque.

A pesar de que en otro tiempo la Academia Estadounidense de Pediatría recomendaba introducir los alimentos sólidos a partir de los cuatro meses, desde entonces han actualizado esa recomendación retrasándola hasta los seis meses (que es una edad más apropiada en el plano físico y de desarrollo). Seis meses no es una edad mágica; no obstante, sirve de guía. Los padres deben tener en cuenta el sistema gastrointestinal del bebé, su desarrollo físico, destreza y disposición oral a la hora de introducir alimentos sólidos en su dieta.

En nuestra opinión, el bebé debe tener alrededor de seis meses y haberse desarrollado del modo apropiado para poder proceder con la introducción de sólidos. Cabe señalar que la edad biológica y la de desarrollo no son lo mismo. Cada bebé progresa a su propio ritmo. E, independientemente de si tu hijo toma leche materna, preparada o una combinación de ambas, alrededor de seis meses es la edad recomendada en general para añadir alimentos complementarios.[1] En última instancia, depende de ti y de tu médico decidir si tu hijo se ha desarrollado lo suficiente para proceder. Los indicios de disposición en cuanto al desarrollo incluyen (aunque sin limitarse a ellos) sentarse sin ayuda, ausencia del reflejo de extrusión, agarrar objetos con las manos con más control y llevarse juguetes a la boca.

Los indicios de disposición en cuanto al desarrollo pueden incluir:

- Sentarse por sí mismo.
- Ausencia del reflejo de extrusión.
- Agarrar objetos con las manos con más control.
- Llevarse juguetes a la boca.
- Demostrar interés por los alimentos sólidos.

¿El bebé está preparado?	
La pequeña Jill tenía seis meses. Llevaba una semana o dos sentándose derecha y sus padres estaban ansiosos por empezar a darle sólidos. Jill había estado observando comer a mamá y papá durante semanas. Aunque jugaba con sus juguetes, se le caían a menudo y no se los llevaba a la boca. ❑ Está preparada. ✔ No está preparada: A Jill todavía no le interesa lo suficiente la comida. Primero debe mostrar indicios de llevarse objetos a la boca o intentar agarrar la comida. Hay que aplazar la introducción de sólidos para evitar la frustración.	El pequeño Alex tenía casi seis meses. Había estado mordisqueando sus bloques de juguete favoritos y entregándoselos a mamá y papá. A la hora de la cena, se sentaba en su trona y jugaba mientras mamá y papá comían. Intentaba agarrar constantemente la comida de sus platos. ✔ Está preparado: Alex muestra indicios de estar preparado para intentar comer. Es hora de darle su primera comida sólida. ❑ No está preparado.

No solo debemos fijarnos en la disposición del bebé, sino que también debemos examinar la nuestra. Este es el momento de evaluar los patrones alimentarios de la familia junto con los riesgos potenciales. Comer es un asunto de familia. Si la dieta de la familia carece de variedad, alimentos ricos en hierro o estructura, puede que sea el momento de explorar nuevas recetas y comprar otros productos. Si las comidas familiares tienen lugar delante del televisor, sin duda ha llegado la hora de trasladarlas a la mesa. No se trata únicamente de crear una experiencia en familia y tomar mayor conciencia de lo que comemos, también es por la seguridad del bebé.

Si tu bebé y tú estáis listos, asegúralo bien a una trona y empieza a ofrecerle trocitos o palitos de comida. Recuerda que durante esta fase su única fuente de nutrición sigue siendo la leche materna o preparada. Se trata de desarrollar habilidades con la ventaja de añadir un poco de nutrición, que es por lo que llamamos a esta etapa la del principiante precomedor. El bebé necesita sostener la comida, explorar su textura con las manos y acostumbrarse a tenerla en la boca. Entre los primeros alimentos sólidos que nosotras empleamos se incluían plátanos, peras maduras o cocidas, boniatos al vapor, huevos revueltos, aguacates y bistecs de ternera. Eso es lo que comemos, y así comienza una comida en familia. Pero, primero, asegurémonos de empezar con paso seguro. En Nueva Zelanda se llevó a cabo un ensayo aleatorio controlado (uno de los mejores tipos de estudios), llamado «Baby-Led Introduction to SolidS (BLISS) study», que les proporcionó pautas de seguridad a los participantes que empleaban este método de alimentación con sus bebés.[2] El protocolo BLISS se diseñó como una versión modificada del BLW que aborda las preocupaciones más comunes que este plantea (riesgo de atragantamiento, posible ingesta baja de hierro y crecimiento escaso debido a una potencial menor ingesta energética) educando a los padres. Como profesionales del campo de la nutrición, tuvimos estos elementos en cuenta al poner en práctica este método con nuestras propias hijas y los consejos y recomendaciones educativos del protocolo BLISS nos resultaron muy útiles. Nos dimos cuenta de que nuestros métodos para mantener a los bebés seguros estaban en perfecta sintonía con el protocolo de este estudio, por lo que los hemos combinado a continuación.

Lista de medidas de seguridad para el principiante precomedor

1. Asegura al bebé en posición vertical en una trona o un asiento para comer. El bebé nunca debe estar reclinado ni comer en el regazo de alguien. Por muy tentador que resulte tener a esa dulce criaturita en tu regazo, no lo hagas. Sentarlo en una trona le permite al padre o cuidador evaluar cómo le va al bebé en todo momento y responder a sus señales.
2. **Nunca** dejes al bebé solo mientras come.
3. Deja que el bebé se lleve la comida a la boca. Necesita controlar en todo momento la velocidad a la que la comida entra en su boca o cuánto come. Resiste la tentación de ayudarlo.
4. Si la comida se ha cocinado, comprueba la temperatura para asegurarte de que está lo bastante fría para que el bebé la pruebe. Incluso algo que para el cuidador no está caliente podría estarlo para él. Tibio es una buena temperatura introductoria. No es necesario que todo esté frío, y es mejor introducir variedad de temperaturas en cada comida.
5. Comprueba la textura de la comida presionándola suavemente con los dedos o los labios para cerciorarte de que el bebé pueda aplastarla con las encías. Si no es así, no tiene la textura adecuada. Plantéate cocer el alimento más tiempo o elegir otro diferente.
6. Ofrécele alimentos en forma de palitos o cortados de ese modo para que pueda agarrarlos. Deberían ser un poco más largos que el puño del bebé (como de un puño y medio para que pueda sujetarlos).
7. No le ofrezcas alimentos que se rompan fácilmente en trozos pequeños o migas que podrían bloquear las vías respiratorias del bebé, ya que pueden suponer riesgo de atragantamiento. Entre los alimentos que recomendamos evitar en esta etapa debido al mayor riesgo de atragantamiento se incluyen manzanas crudas, uvas

enteras, tomates *cherry* enteros, otras frutas o verduras crudas y con pieles duras, frutos secos, cremas de cacahuetes espesas, palomitas, malvaviscos, caramelos duros, salchichas, pan muy crujiente o cualquier alimento con forma redonda o de moneda.

Hablando de texturas con la doctora Jacqueline P. Henry, experta en alimentación y logopeda pediátrica

Los alimentos presentan muchas texturas diferentes. Probablemente ya lo habrás oído casi todo acerca de las texturas de los alimentos en relación con las etapas de alimentación del bebé, por lo general comenzando con purés homogéneos y luego pasando a otros más grumosos. Muchas personas utilizan cereales infantiles en este punto. A continuación, se introducen sólidos que se pueden ablandar, como hojaldres o galletas blandas. Los purés suelen ofrecerse mediante una cuchara mientras un adulto fija el ritmo y el tamaño de los bocados. Los sólidos que se pueden ablandar permiten la alimentación autónoma. En la última fase de la mayoría de los alimentos para bebés, que a menudo contienen trozos de diferentes texturas, es en la que muchos niños comienzan a mostrar dificultades para manejar o tolerar nuevas texturas. Esto puede producir estrés relacionado con la comida en los niños y ansiedad en los padres, lo que conduce a necesitar terapia alimenticia. Por supuesto, a muchos niños les va bien de principio a fin con la progresión popular que se promueve tanto en nuestra sociedad, pero para algunos todo va de mal en peor.

Después de revisar esta progresión de introducción de texturas con los padres, la cambié y adopté la alimentación autónoma como una alternativa más eficiente. Ten en cuenta que trabajo con niños con retrasos o trastornos alimenticios y que necesitan ayuda, pero empleé el BLW con mi hija y los resultados fueron tan positivos que añadí componentes del BLW a mis herramientas terapéuticas. En mi opinión, supone dos beneficios. En primer lugar, la alimentación autónoma genera confianza en uno mismo y perfecciona las habilidades motoras para llevar la comida del plato a la boca. En segundo lugar, entrar en contacto con las formas y las texturas de los alimentos en un entorno en el que el niño tiene el control fomenta mayor frecuencia de intentos y más diversión. Imagínate que, como adulto, tuvieras que intentar hacer algo que nunca has hecho. Hay dos escenarios posibles. En el primero, tú controlas el aprendizaje y los intentos para completar la tarea. En el segundo, alguien permanece a tu lado, dirigiendo cada uno de tus movimientos, puede que incluso agarrándote las manos y ofreciéndote ayuda (no solicitada) paso a paso. ¡Me pongo de los nervios con solo imaginármelo! En la segunda situación, dudo mucho que llegues a dominar la habilidad, sino que en lugar de ello asociarás una reacción de estrés al recuerdo. Cuando un niño mordisquea un juguete, está preparando su boca para una amplia gama de formas y texturas de alimentos. En el BLW, la comida se usa del mismo modo. No esperamos que un bebé de seis meses obtenga una nutrición adecuada de la alimentación autónoma, sino que supone una forma de mejorar sus habilidades para gestionar los alimentos. Cuando un bebé se lleva un alimento a la boca, la lengua se mueve frenéticamente, persiguiéndolo. Es como cuando se te queda algo incrustado entre los dientes. ¡No puedes apartar la lengua! Al final, con la práctica, el niño desarrollará el movimiento de lado a lado con la lengua necesario para manejar un trozo de alimento mientras lo mastica. En realidad, todo se reduce a proporcionarle control y experiencia al bebé. ¡Buen provecho!

Nutrientes prioritarios

Una de las principales preocupaciones a la hora de empezar a introducir sólidos o alimentos complementarios es aportar ciertos nutrientes que, a estas alturas, pueden estar en niveles bajos en el cuerpo del bebé. En el momento de escribir esto, no se ha llevado a cabo ninguna investigación para determinar si los bebés que siguen un enfoque basado en el *baby-led weaning* presentan mayor riesgo de deficiencia de hierro que aquellos que siguen un método de alimentación tradicional.[3] Independientemente del método escogido, el hierro es un nutriente muy prioritario al empezar con los alimentos sólidos. Antes de que abras una caja de cereales infantiles enriquecidos con hierro, empecemos con un poco de información sobre este nutriente. El hierro conduce el oxígeno a través de nuestro cuerpo. Si se tiene en cuenta lo que ocurre durante el primer año de vida de un bebé, en particular en cuanto al desarrollo del cerebro, es evidente lo importante que es que llegue oxígeno al cerebro.

En resumen, si un cuerpo no tiene suficiente hierro, al oxígeno le cuesta desplazarse por el cuerpo, algo particularmente importante para el desarrollo del cerebro y el sistema inmunológico del bebé. La deficiencia de hierro puede causar anemia, que a su vez puede producir fatiga y problemas de crecimiento y aprendizaje.[4] Todos necesitamos hierro, pero para nuestros bebés, que se encuentran en una etapa de crecimiento y desarrollo crucial, es imprescindible. Identificar una anemia por deficiencia de hierro en bebés puede ser complicado. Así que es mejor reforzar la ingesta de hierro desde el principio. Mucho antes de que existieran los alimentos enriquecidos, la mayoría de los bebés se desarrollaban perfectamente a base de alimentos naturales ricos en hierro. Antaño se consideraba que la carne era demasiado dura para que los bebés pudieran digerirla y muchas personas pensaban que introducirla pronto podía ocasionarles riesgo de padecer alergias e incluso problemas renales. Ahora sabemos que no era ni es así. La carne es el primer alimento que recomendamos.

Leslie todavía recuerda cuando la doctora Julie le dijo que la recomendación más reciente consistía en empezar con carne y alimentos ricos en hierro. Se alegró mucho de oír esas palabras (porque eso era lo que tenía planeado de todos modos). Ahora sabemos que los alimentos ricos en hierro se deben introducir pronto, en cuanto el bebé se haya desarrollado lo suficiente y pueda empezar a ingerir sólidos. Al iniciar el proceso, el bebé todavía depende de las tomas de leche como fuente primaria de energía. Tanto la leche preparada como la materna proporcionan algo de hierro. La leche preparada enriquecida contiene (aparentemente) mucho hierro, de 10 a 13 miligramos (mg) por litro; sin embargo, la biodisponibilidad de ese hierro, o qué cantidad puede realmente descomponer y utilizar el cuerpo, es de apenas alrededor del 4 por ciento.[5] Se considera que la leche materna es muy baja en hierro, pero tiene una biodisponibilidad muy alta, de aproximadamente el 50 por ciento.[6] Por lo que, en términos generales, la leche materna y la preparada pueden proporcionar aproximadamente la misma cantidad de hierro de acuerdo con la biodisponibilidad. No obstante, en la segunda parte de la infancia, el bebé necesita más hierro.

La ingesta diaria recomendada (IDR) de hierro para un niño de siete a doce meses es de aproximadamente 11 mg (solo se absorben 0,7 mg) al día debido al rápido crecimiento durante el primer año de vida. Ahora bien, si quieres emplear cereales infantiles, puedes hacerlo, pero existen otras muchas fuentes de hierro naturales para tu bebé. Aunque los cereales infantiles contienen una gran cantidad de hierro por ración (18 mg), la biodisponibilidad real es de alrededor del 3 por ciento, mientras que la biodisponibilidad de las fuentes de hierro de origen animal es de aproximadamente el 15,5 por ciento.[7] Estas fuentes de hierro naturales, junto con alimentos ricos en vitamina C o ácido ascórbico para aumentar la absorción de hierro en el cuerpo del bebé, pueden ayudarlo a obtener todo el hierro que necesita.

> Algunos nutrientes en particular, como el hierro, son fundamentales durante esta etapa de crecimiento y desarrollo. Céntrate en alimentos que proporcionen esos nutrientes porque, después de todo, lo que ponemos en el plato son alimentos, no un nutriente específico.

Es posible que sigas preguntándote: ¿mi bebé podría obtener hierro únicamente de cereales enriquecidos? Los alimentos naturales existen desde mucho antes y tienen mayor biodisponibilidad, así que nuestra opinión es que no. No te estamos diciendo que no puedas usarlos, simplemente que no deberías sentir que es una obligación hacerlo. Además, los cereales enriquecidos solo proporcionan unas diez calorías por cucharada, lo cual no es mucha energía para un bebé. Ninguna de nosotras usó cereales infantiles y los niveles de hierro de nuestras hijas se mantuvieron bien. En nuestra opinión, si le ofreces a tu bebé alimentos naturales de calidad y ricos en hierro, vas por el buen camino. Aquí tienes algunos ejemplos de alimentos con alta biodisponibilidad. La mayoría de las fuentes de hierro de origen animal tienen mayor biodisponibilidad, aunque muchas fuentes de origen vegetal también ofrecen beneficios en cuanto al hierro.

Fuentes de hierro hemo (origen animal)		
Alimento	*Tamaño de la ración del bebé*	*Contenido en hierro*
Huevo duro	½ grande	0,3 miligramos
Ternera picada (85 % magra)	30 g	0,83 miligramos
Bistec de ternera, solomillo	30 g	0,97 miligramos
Hígado de ternera frito	30 g	1,7 miligramos
Hígado de pollo guisado	30 g	3,3 miligramos
Fuentes de hierro no hemo (origen vegetal)		
Alimento	*Tamaño de la ración del bebé*	*Contenido en hierro*
Alubias negras	1 cucharada	0,28 miligramos
Lentejas	1 cucharada	0,4 miligramos
Cereales Malt-O-Meal, elaborados con agua	1 cucharada	1,1 miligramos
Chocolate negro, 70-85 % de cacao	15 g	1,69 miligramos

Departamento de Agricultura de Estados Unidos, Servicio de Investigación Agrícola. Base de datos de nutrientes para referencias estándar del Departamento de Agricultura de Estados Unidos, comunicado 26. Página web del Laboratorio de Datos sobre Nutrientes, 2013. (<https://ndb.nal.usda.gov//>. Fecha de acceso: 13/09/2016)

Alimentos con los que empezar

No queremos que te agobies con las cifras. Eso solo puede hacer que nos estresemos... y los padres ya tenemos suficiente estrés. En cambio, centrémonos en incluir alimentos ricos en hierro en la mayoría de las comidas y, cuando sea posible, combinarlos con otros que supongan una fuente de vitamina C, que se sabe que aumenta la absorción del hierro. Cuando empecemos a darle sólidos a nuestro hijo, nos limitaremos a colocar alimentos individuales en el plato para poder controlar el progreso. Pasaremos a los platos variados favoritos de la familia entre los siete y los ocho meses de edad. Por ahora, estos son los alimentos con los que recomendamos comenzar y, más adelante, iremos avanzando a partir de ahí. El protocolo BLISS sugiere elaborar el menú de este modo: elegir un alimento rico en hierro, añadir un alimento energético y también una fruta o verdura.[8] Consideramos que este modelo hace que sea mucho más fácil preparar el menú del bebé para incluir los primeros alimentos necesarios.

Ejemplos de fuentes de vitamina C	
Kiwi	Tomates
Naranja	Piña
Pimiento rojo	Mango
Papaya	Brócoli
Fresas	Coliflor
Frambuesas	

Ahora que ya hemos identificado esos alimentos ricos en hierro, hablemos de los alimentos energéticos y de las frutas y verduras. Los alimentos energéticos son precisamente eso: alimentos con gran contenido calórico. Los bebés crecen a un ritmo rapidísimo y, al ofrecerles sus primeros alimentos sólidos, queremos que obtengan toda la energía y la nutrición posibles con cada pequeño bocado. Nosotras empleamos alimentos energéticos como aguacates, carne, yogur griego normal (sin desnatar), queso, mantequilla o aceite para sazonar, crema de cacahuetes líquida y huevos. Por lo general, estos alimentos energéticos suelen contener mayores cantidades de grasa, que es fundamental para el desarrollo del cerebro, el crecimiento y la autorregulación. También verás que algunos alimentos aparecen en varias categorías, como el yogur griego, que es una gran fuente de proteínas y proporciona mucha energía. El aguacate es una fruta sabrosa y saciante, pero la situamos en la categoría de alimentos energéticos debido a la energía que proporciona como fuente de grasa supersana. Solo tienes que buscarle sitio en el plato y completar el resto.

A continuación, toca colocar una guarnición de fruta o verdura en el plato del bebé. Como ya hemos mencionado, aquellas con mayor contenido en vitamina C son una buena opción al servir alimentos ricos en hierro, pero no hace falta que lo hagas en todas las comidas. El bebé puede disfrutar de mucha variedad y familiarizarse con nuevos alimentos al ofrecerle una amplia selección de frutas y verduras preparadas de diferentes maneras. Hemos creado la siguiente tabla para que, al principio del proceso de alimentación, lo único que tengas que hacer sea elegir un elemento de cada columna para elaborar el menú. No se trata de una lista completa, tendrás que agregar los alimentos que consume tu familia, pero esperamos que te ayude a empezar con buen pie. A medida que tu bebé y tú vayáis adquiriendo confianza con el proceso de alimentación, se volverá algo instintivo.

Elige un alimento de cada columna y elabora el menú del bebé *** Alimento rico en hierro ** Fuente de vitamina C**		
Alimentos ricos en proteínas	*Alimentos energéticos*	*Guarnición de frutas o verduras*
* Solomillo o falda de ternera asada a la plancha o al horno y cortada en forma de palitos	Aguacate maduro cortado en trozos	Zanahorias ablandadas al vapor, cortadas en tiras o palitos finos
* Ternera picada, cocida o enrollada en forma de palitos y luego cocida	Crema de cacahuetes o de almendras, natural, blanda o líquida	Plátano muy maduro cortado por la mitad

Elige un alimento de cada columna y elabora el menú del bebé *** Alimento rico en hierro ** Fuente de vitamina C**		
Alimentos ricos en proteínas	*Alimentos energéticos*	*Guarnición de frutas o verduras*
* Huevos revueltos o duros cortados en rodajas	Yogur griego natural, elaborado con leche entera	Peras maduras y blandas, cortadas en rodajas finas
* Pollo blando, muslo o pechuga, cortado en forma de palitos o desmenuzado	Aceite de oliva virgen extra	** Boniatos cocidos al vapor o al horno sin piel
Pescado graso (filetes de salmón o trucha, sin piel) cortado en trozos pequeños	Semillas de chía (o pudín de chía)	Judías verdes blandas, hervidas o cocidas al vapor
* Atún claro enlatado en trozos pequeños	Chocolate negro, con más del 65 % de cacao, partido en trozos que se puedan agarrar	* Lentejas cocidas en caldo de pollo y tomates enlatados
* Cerdo (chuletas, lomo o asado) tierno y cortado en forma de palitos	Tostada blanda con mantequilla cortada en forma de palitos o galletas blandas, como las *crackers*	Alubias extrablandas negras, rojas o pintas
* Pavo blando, muslo o pechuga, cortado en forma de palitos	Aceitunas picadas	** Fresas blandas en rodajas, frescas o congeladas y luego descongeladas (gran textura para esta etapa)
* Pavo desmenuzado, cocido o enrollado en forma de palitos y luego cocido	Leche de coco (buena para cocinar, pero no para beber, ya que el bebé debe tomar leche materna o preparada)	** Frambuesas partidas por la mitad
* Presa (venado, pato, conejo o alce)	Queso rallado o en tiras	** Tomates en rodajas finas

Elige un alimento de cada columna y elabora el menú del bebé * Alimento rico en hierro ** Fuente de vitamina C		
Alimentos ricos en proteínas	*Alimentos energéticos*	*Guarnición de frutas o verduras*
* Cordero en filetes o desmenuzado, cocido o enrollado en forma de palitos y luego cocido	Requesón o queso *cottage* elaborados con leche entera	** Kiwi muy maduro y sin el centro, cortado en rodajas
* Legumbres (lentejas o alubias extrablandas negras, rojas o pintas)		** Brócoli crudo o ablandado al vapor, tallo con cogollo encima para que sea más fácil de agarrar
		** Naranja dividida en gajos y sin la piel interior al principio

Al igual que cuando trabajamos con pacientes y les pedimos que visualicen un plato para equilibrarlo, podemos hacer lo mismo con la comida de nuestros bebés. Este método de «confeccionar el plato» para elaborar un menú para el bebé hace que sea mucho más fácil servir comidas equilibradas. Simplemente, elige un alimento rico en proteínas, un alimento energético y una guarnición de frutas o verduras y confecciona el plato. No olvides que en el capítulo 14 hemos incluido nuestras recetas con primeros alimentos para que las pruebes.

Aquí tienes algunos ejemplos de menús rápidos que emparejan alimentos ricos en hierro con otros con un alto contenido en vitamina C:

½ huevo duro 3 frambuesas 2 judías verdes cocidas al vapor	2 cucharadas de lentejas 2 fresas congeladas 1 tallo de brócoli crudo con cogollo	30 g de solomillo de ternera 1 trozo de kiwi 1 palito de boniato

Si la comida es resbaladiza, prueba a pasarla por harina de almendra o avena molida para que el bebé pueda agarrarla mejor.

A la pequeña A no le interesaba jugar con su comida. Ni hablar, esta señorita se lanzó de cabeza e insistió en masticar y tragar. Wendy Jo inició las aventuras de su hija con la comida con trozos de boniato hervido, un jugoso filete de ternera y rodajas de aguacate. Digamos que la ternera fue la ganadora, no solo para la pequeña A, sino también para la confianza de mamá. La pequeña A succionó hasta la última gota de jugo de aquel palito de ternera e incluso chupó un segundo trozo antes de arrojarlos por la borda hacia los perros. Wendy Jo tenía que asegurarse de que los alimentos tuvieran una textura segura, porque su hijita iba a encontrar la forma de tragárselos. Después de un par de semanas comiendo sólidos, y de algún que otro cabreo de la pequeña A porque no conseguía acceder a la comida lo bastante rápido, Wendy Jo comprendió que debía darle de mamar justo antes. De este modo, su hija no tenía demasiada hambre y mostraba más paciencia para aprender. Y así comenzó el proceso de aprendizaje. Podemos volver la vista atrás y ver con toda claridad que la pequeña A era una comedora nata.

La cocción influye en la cantidad de hierro que va a parar a los jugos, por lo tanto, resulta difícil calcular la cantidad de hierro que se pierde. Las investigaciones sugieren que los jugos de la carne proporcionan una fuente de hierro.[9] Nuestros pequeños comedores pueden beneficiarse de este elemento rico en nutrientes.

Aunque quizá esto no le haya pasado a todo el mundo, muchos bebés pueden limitarse a jugar con la comida: la aplastan, la hacen rodar, la lanzan o la roen antes siquiera de mostrar interés por comerla o tragársela. Esto puede deberse a multitud de razones. Lo importante es saber que todos los bebés son diferentes y que avanzarán cuando estén listos. Evita asumir que no le gusta un alimento porque no se lo come; en cambio, comprende que esto forma parte del proceso de aprendizaje. Sigue intentando ofrecerle alimentos sin expectativas. Los gustos de un niño no se desarrollan hasta mucho más adelante. En esta etapa, todos los alimentos son válidos (a menos que exista una alergia conocida).

Al principio, dale el pecho o el biberón antes de las comidas. De este modo, al no tener demasiada hambre, el bebé podrá desarrollar sus habilidades y no irá demasiado rápido con alimentos y texturas nuevos.

El papel de la cuchara

Al principio, si lo único que hace el bebé es roer la cuchara durante toda la comida, ¡no pasa nada! Ahora se trata de aprender. La nutrición ya vendrá después. Puedes echarle una mano mostrándole cómo guiar la cuchara con eficacia hasta su boca antes siquiera de que contenga comida. La cuchara se puede utilizar como mordedor, herramienta de aprendizaje y utensilio de alimentación. Los padres pueden imitar cómo se usa una cuchara durante los juegos y las comidas y luego reforzar su uso colocando una cuchara con comida en la bandeja de la trona cuando sea hora de introducir los sólidos. Ayudar a los niños que están aprendiendo a comer solos colocando alimentos como yogur, compota de manzana, carne picada y otros alimentos en puré en una cuchara es una manera estupenda de conseguir que un comedor principiante se familiarice con ellas. En cuanto tu hijo empiece a caminar, evita que lo haga con una cuchara en la boca, ya que al principio es habitual que se tropiece y se caiga.

Para algunos bebés es mejor comer sólidos más temprano y para otros, más tarde. Elige qué momento del día es el más adecuado para tu hijo. Es probable que al principio no puedas hacer que tome tres comidas al día, así que no te preocupes. Déjate guiar por tu bebé (y tu intuición).

¿Sabías que...?

Mientras tu hijo comienza a explorar alimentos, sabores y texturas, también está aprendiendo. Vamos a proceder a desglosar algunas de las habilidades relacionadas con el desarrollo que el bebé perfecciona mientras come. Comenzaremos con el agarre palmar y de pinza. Los bebés nacen con la capacidad innata de agarrar objetos. Empiezan a trabajar en esta habilidad a los tres meses y realizan progresos significativos a medida que transcurren los meses. Entre los cuatro y los siete meses, el bebé será capaz de agarrar los alimentos más grandes, como zanahorias y brócoli, con un agarre palmar inmaduro y llevárselos a la boca.

Es probable que sea capaz de agarrar alimentos más pequeños, como guisantes y arándanos, arrastrándolos hacia él con la mano y apretándolos con el puño. No esperes un agarre preciso todavía. Entre los ocho y los doce meses, el bebé empezará a sujetar esos mismos arándanos con un agarre de pinza más refinado empleando el pulgar y el índice.

Alimentos con los que tener cuidado

Como ya mencionamos en la lista de comprobación de medidas de seguridad para el principiante precomedor, hay ciertos alimentos que sugerimos evitar, al menos al principio. Se trata de alimentos que el bebé puede dividir en trozos grandes con las encías, pero que no puede masticar antes de tragar (por ejemplo, manzana cruda, zanahoria cruda, apio crudo o alimentos redondos o con migas). En el capítulo 14 hemos incluido una extensa lista de alimentos que pueden suponer riesgo de atragantamiento y la mejor manera de modificarlos o evitarlos. Los trozos más grandes de comida que se parten en la boca del bebé pueden presentar peligro hasta que este esté preparado para masticar y tragar o masticar y escupir. Las arcadas son algo normal y forman parte del proceso de aprendizaje. En cuanto aprenden a superar una arcada, los bebés continúan aprendiendo qué alimentos les resultan más fáciles de masticar (o no masticar) y a menudo escupen aquellos que no están listos para tragar. Llegar a identificarlos lleva tiempo y el proceso puede variar de un niño a otro, así que tómatelo con calma y busca esos indicios. A nosotras, estos primeros alimentos nos inspiraron confianza de inmediato.

Primeros alimentos

1. Aguacate: de ¼ a ⅛ de aguacate cortado a lo largo.
2. Zanahorias o boniatos al vapor, cortados en trozos de unos 2,5 cm y cocidos hasta adquirir una textura muy blanda o machacados.
3. Ternera: tiras de bistec medio hechas, de aproximadamente un puño y medio del bebé de longitud.
4. Yogur griego elaborado con leche entera, natural o mezclando ½ cucharadita de crema de cacahuetes con 2 o 3 cucharadas de yogur. Esto tiende a ensuciar, pero es una forma estupenda de introducir los frutos secos con seguridad y supone una fuente de probióticos para el bebé. Trataremos más detenidamente los probióticos en el capítulo 9.
5. Huevos duros o revueltos. Sirve los huevos duros cortados en rodajas finas, solo la yema, o machados como si fuera ensalada de huevo.
6. Frutas blandas como peras y kiwis cortadas en tiras.
7. Alimentos muy alergénicos como huevos, crema de cacahuetes, gambas y lácteos. Las gambas son resbaladizas y pueden resultar difíciles de roer. Nosotras preferimos triturarlas al principio y servirlas como si fueran ensalada de gambas. Recuerda comentarle este proceso a tu pediatra si crees que existe riesgo de alergia. La crema de cacahuetes debe añadirse al yogur o untarse formando una capa fina sobre un trozo blando de tostada.
8. Brócoli crudo o al vapor, con tallo y cogollo, para que el bebé pueda agarrarlo por el tallo. Cuando lo sirvas crudo, retira los trocitos que se vayan desprendiendo, pues el bebé podría conseguir arrancar algunas de las flores

diminutas. Un apunte importante sobre el brócoli: el brócoli crudo supone riesgo de atragantamiento. Antes de que nuestras hijas fueran capaces de arrancar un trozo con los dientes, les permitimos mordisquear el cogollo crudo. Pudieron roer las florecitas y saborear el brócoli crudo, pero no arrancar un trozo. También se lo servimos cocido al vapor y retiramos los tallos de la mesa en cuanto se comieron el cogollo. Guíate por lo que te haga sentir más cómodo y la habilidad de tu hijo para roer. Si ya le han salido los dientes, te sugerimos darle brócoli cocido al vapor y muy blando.

Espera hasta que cumpla un año para darle estos alimentos

Leche de vaca para beber: porque el bebé debería consumir leche materna o preparada. Otro tipo de lácteos están bien.

Miel: debido al riesgo que presenta la toxina *Clostridium botulinum*, que puede tener efectos muy nocivos para el sistema gastrointestinal de un bebé.

Fiambres y quesos frescos como el de cabra y el feta: debido a la posible presencia de *Listeria monocytogenes*, que produce listeriosis. La *Listeria* puede proliferar a temperaturas similares a las de un frigorífico.

¿Introducir los alimentos de uno en uno? No necesariamente

Hay familias cuyos hijos corren mayor riesgo de padecer alergias alimentarias. Teniendo esto en cuenta, algunas recomendaciones a la hora de introducir alimentos incluían comenzar con un solo alimento durante un período de tres a siete días y luego probar con otro durante los días sucesivos. Tenemos amigos y colegas en esta situación, y ellos han elegido dejar un poco más de tiempo entre un alimento y otro. ¡Y eso no tiene absolutamente nada de malo! Habla con tu pediatra si te preocupan las alergias alimentarias y tomad la decisión juntos.

Si en tu familia no hay antecedentes de alergias alimentarias, hasta la fecha no existen evidencias que sugieran que introducir los alimentos de uno en uno prevenga el desarrollo de alergias. Nosotras les ofrecimos a nuestras hijas lo mismo que había en nuestros platos desde el primer día. No llevamos a cabo la progresión de introducir un único alimento durante un período de tres a siete días, pero algunas personas lo hacen: se trata de tu hijo, así que elige lo que creas adecuado para ti y tu bebé. Nosotras consideramos que introducir la misma variedad de alimentos que consumía el resto de la familia era beneficioso. Los estudios sugieren que introducir en la dieta del bebé tantos sabores y texturas como sea posible, tan a menudo como se pueda, podría aumentar la aceptación general de alimentos más adelante en la vida. Por ejemplo, la gente en la India prepara *curry*. Uno no va encontrar pollo al *curry* en un menú para niños en Estados Unidos, pero en la India los bebés comen *curry* constantemente. Se trata de exposición y cultura familiar. Tú decides.

Información básica sobre el pescado y el marisco en relación con los bebés

Come pescado, no comas pescado, come pescado pero no crudo, come pescado pero no los que contengan mucho mercurio... ¡Es difícil saber qué hacer! El mensaje cambia con frecuencia, pero eso es bueno. Significa que los estudios evolucionan, que se sumergen hasta el fondo en busca de respuestas. En el momento de escribir esto, el pescado y el marisco se consideran aptos para los bebés. Aunque hay que evitar algunos pescados, como el blanquillo, el rape, el tiburón y el pez espada. Se sabe que estos cuatro tipos contienen altos niveles de mercurio. En cuanto al atún, busca las latas que pongan atún claro en lugar de bonito del norte. El bonito del norte contiene 40 microgramos de mercurio por cada 115 g, mientras que el atún claro solo contiene 13 microgramos. Según la página web oficial de la FDA (la Administración de Alimentos y Medicamentos del Gobierno de Estados Unidos), se considera seguro darles pescado y marisco a los niños de dos a tres veces a la semana, en raciones apropiadas según la edad. En cuanto al equipo de *Todo sobre el baby-led weaning*, las dos empezamos a servirles a nuestras hijas atún claro durante el primer mes de introducción de sólidos (consulta nuestra receta de ensalada de atún en el capítulo 16).

Estudios recientes sugieren que darle alimentos muy alergénicos a un niño en cuanto se haya desarrollado lo suficiente para consumir sólidos podría reducir el riesgo de desarrollar algunas alergias alimentarias, en particular al huevo y los cacahuetes.[10]

¿El bebé está comiendo lo suficiente?

A estas alturas, tu bebé toma leche materna o preparada como principal fuente de nutrición, por lo que todo lo demás solo sirve de exploración. La leche le proporciona suficientes calorías, así que no te preocupes si no se come la mayor parte de los alimentos sólidos que le ofreces. La realidad es que tu bebé tiene toda la vida por delante para comer. Tómate este proceso con calma. Si necesitas empezar con solo una comida sólida al día, está bien.

¿Qué es instruir?

Cuando empleamos el término «instruir», simplemente nos referimos a emplear palabras de apoyo como «mastica, mastica, mastica» o, a medida que vayamos avanzando, «escúpelo». Únicamente usamos estas palabras por motivos de seguridad, eso es todo. No recomendamos comentarios como «un poquito más», «sigue comiendo» o «ya es suficiente»; puede parecer que estás presionando al bebé para que coma o deje de comer, y queremos que sea él quien lleve la batuta.

Tú eliges qué comer, así como los alimentos que come tu bebé, pero él decide cuánto. ¿Te acuerdas de la división de responsabilidad? Comienza con el primer bocado. Aunque la tentación de decir «un poco más» te ronde por la mente y en la punta de la lengua, contente. Si ves que tu bebé se siente frustrado con cada bocado, intenta darle el pecho o el biberón antes de sentarlo a comer. Recuerda: al principio, no queremos que llegue al plato con demasiada hambre. Sus habilidades todavía no están listas para aportarle una buena nutrición. La única vez que Wendy Jo tuvo que instruir a su hija en relación con la comida fue cuando la pequeña A enfermó. Wendy Jo se dio cuenta de que debía recordarle: «Mastica, mastica, mastica». Esto la ayudó a comprender que la falta de apetito estaba relacionada con el hecho de que su pequeña estuviera enferma. Durante este tiempo, mamó mucho más y apenas ingirió sólidos durante las comidas. Si esto ocurre, no te dejes llevar por el pánico. Cuando tu bebé se sienta mejor, puedes volver a ofrecerle alimentos sólidos.

Al principio, suele hacer falta llevar a los bebés más a menudo al pediatra. Primero cada mes y, aproximadamente a partir de los seis meses de edad, cada dos o tres meses. Si tu hijo hace sus necesidades correctamente y mantiene la adecuada curva de crecimiento, lo más probable es que esté recibiendo suficiente nutrición. La experiencia de ambas en la consulta de nuestros respectivos pediatras fue muy positiva y sabíamos que si necesitábamos un chequeo rápido para confirmar que todo iba bien, no habría ningún problema.

Referencias del capítulo 5

1. Academia Estadounidense de Pediatría, «Infant Food and Feeding». Fecha de acceso: 19 de agosto de 2016, <https://www.aap.org/en-us/advocacy-and-policy/aap-health-initiatives/HALF-Implementation-Guide/Age-Specific-Content/pages/infant-food-and-feeding.aspx>.
2. Cameron, S. L.; Heath, A. M., y Taylor, R. W., «How Feasible Is Baby-Led Weaning as an Approach to Infant Feeding? A Review of the Evidence», *Nutrients*, 2012, vol. 4, n.º 11, págs. 1.575-1.609, DOI: 10.3390/nu4111575.
3. Véase referencia 2.
4. Baker, R. D.; Greer, F. R., y The Committee on Nutrition. «Diagnosis and Prevention of Iron Deficiency and

Iron-Deficiency Anemia in Infants and Young Children (0-3 Years of Age)», *Pediatrics*, noviembre de 2010, vol. 126, n.º 5, págs. 1.040-1.050. Fecha de acceso: 4 de octubre de 2016, <http://pediatrics.aappublications.org/content/126/5/1040>.

5. Davidsson, L.; Kastenmayer, P.; Szajewska, H.; Hurrell, R. F., y Barclay, D., «Iron bioavailability in infants from an infant cereal fortified with ferric pyrophosphate or ferrous fumarate», *American Journal of Clinical Nutrition*, junio de 2000, vol. 71, n.º 6, págs. 1.597-1.602. Fecha de acceso: 4 de octubre de 2016, <http://ajcn.nutrition.org/content/71/6/1597.long>.
6. Saarinen, U. M.; Siimes, M. A., y Dallman, P. R., «Iron absorption in infants: high bioavailability of breast milk iron as indicated by the extrinsic tag method of iron absorption and by the concentration of serum ferritin», *Journal of Pediatrics*, julio de 1977, vol. 91, n.º 1, págs. 36-39. <http://www.ncbi.nlm.nih.gov/pubmed/577504>.
7. Véase referencia 2.
8. Daniels, L.; Heath, A. M.; Williams, S. M.; Cameron, S. L.; Fleming, E. A.; Taylor, B. J.; Wheeler, B. J.; Gibson, R. S., y Taylor, R. W., «Baby-Led Introduction to SolidS (BLISS) study: a randomised controlled trial of a baby-led approach to complementary feeding», *BMC Pediatrics*, 2015, vol. 15, n.º 1, pág. 179, DOI: 10.1186/s12887-015-0491-8.
9. Purchas, R.; Simcock, D.; Knight, T., y Wilkinson, B., «Variation in the form of iron in beef and lamb meat and losses of iron during cooking and storage», *International Journal of Food Science & Technology*, 2003, vol. 38, n.º 7, págs. 827-837, DOI: 10.1046/j.1365-2621.2003.00732.x.
10. Ierodiakonou, D.; Garcia-Larsen, V.; Logan, A.; Groome, A.; Cunha, S.; Chivinge, J.; Robinson, Z.; Geoghegan, N.; Jarrold, K.; Reeves, T.; Tagiyeva-Milne, N.; Nurmatov, U.; Trivella, M.; Leonardi-Bee, J., y Boyle, R.

J., «Timing of Allergenic Food Introduction to the Infant Diet and Risk of Allergic or Autoimmune Disease: A Systematic Review and Meta-analysis», *Journal of American Medical Association*, 2016, vol. 316, n.º 11, págs. 1.181-1.192, DOI: 10.1001/jama.2016.12623.

6. Exploración (de 7 a 8 meses: el principiante)

> A los niños nunca se les ha dado demasiado bien escuchar a los adultos, pero nunca han dejado de imitarlos.
>
> JAMES BALDWIN

A la hija de Leslie, CC, le encantaba que la incluyeran en las comidas familiares. Poco después de cumplir los seis meses, le entusiasmó probar tantos alimentos nuevos. Ahora CC tenía poco más de siete meses y parecía haber encontrado el truco para agarrar la comida, ¡y comérsela! Pasó de aplastarla con la palma de las manos y arrastrarla hacia su boca a un método más refinado. Ahora era capaz de sujetar una alubia o una baya empleando únicamente el pulgar y el índice. A Leslie y su marido les emocionaba verla explorar tantas texturas y probar tantos alimentos. Había llegado el momento de subir un poquito el nivel. A la pequeña CC le gustaban los tomates, le encantaba la ternera, podía comerse un montón de alubias..., así que ya era hora de permitirle experimentar comidas con ingredientes variados, como el chili favorito de su familia. Hoy en día sigue siendo su plato favorito, aunque la temperatura en la calle sea de 40 grados.

¿El bebé está preparado?

La pequeña Ann intentaba agarrar la comida del plato de su madre después de terminarse la ternera picada y las rodajas de tomate y aguacate. Podía sujetar los trocitos más pequeños de tomate con las puntas de sus dedos, empleando un movimiento mucho más preciso que cuando empezó a comer sólidos unas semanas antes. Ahora se sentaba a comer con sus padres en el desayuno y la cena.

- ✔ Está preparada: Ann muestra indicios de poder emplear el agarre de pinza y está preparada para avanzar.
- ❑ No está preparada.

Al pequeño Joe le gustaba sentarse a la mesa con mamá y papá para realizar todas sus comidas. Ahora se terminaba la mayor parte de la comida y exigía menos tomas de leche a lo largo del día.

- ✔ Está preparado: Joe está progresando y está preparado para participar en más comidas familiares.
- ❑ No está preparado.

El pequeño Evan se divertía mucho con su comida. Le parecía interesante ver cómo la mayor parte de lo que había en su plato chocaba contra el suelo. Cuando intentaba usar el canto de la mano para arrastrar la comida hacia él, acababa aplastando más de la que se metía en la boca. Parecía contentarse con jugar con la cuchara en lugar de usarla para comer.

- ❑ Está preparado.
- ✔ No está preparado: Evan todavía disfruta jugando con la comida, y eso está bien. Continúa buscando indicios de que está listo antes de avanzar.

¿Tu hijo está preparado para avanzar?

¡Esperamos que a estas alturas opines que esto de la alimentación autónoma es algo estupendo! Y que la suciedad tampoco es para tanto. A medida que apoyas a tu hijo en este proceso, probablemente hayas notado algunos cambios en sus habilidades y que ya come de verdad. Es hora de evaluar sus progresos. ¿Come más en cada comida? ¿Cuántas comidas realiza al día con la familia? ¿Está desarrollando el agarre de pinza? Y lo que entra, debe salir. Es probable que los pañales sucios también estén cambiando. Muchos bebés acaban de empezar a ingerir suficientes alimentos sólidos como para alterar el color de sus heces. Este es un modo excelente (y apestoso) de comprobar cuánto está comiendo el bebé. Si la caca sigue siendo amarilla, entonces es probable que todavía esté aprendiendo y jugando con la comida en lugar de comerse la mayor parte. El color amarillento sugiere que la dieta sigue basándose en su mayor parte en la leche. Si el color se vuelve más marrón, es un buen indicador de que está empezando a comer y a digerir más alimentos naturales. Y es probable que esté pasando de principiante precomedor a principiante.

Dediquemos un momento a comprobar los progresos de tu hijo en cuanto a sus habilidades para comer, tolerancia a las texturas e ingesta de alimentos. Utiliza esta lista de comprobación para determinar si está preparado para pasar de principiante precomedor a principiante.

- Come más, hace de 2 a 3 comidas sólidas al día.
- Agarra los objetos con más control de la palma y los dedos.
- Puede aceptar y tolerar una gran variedad de texturas (suave, masticable, blanda, grumosa, líquida, etcétera).
- Consigue llevarse la cuchara a la boca.
- Puede terminarse la mayor parte de la comida (de 3 a 6 cucharadas por comida).
- Usa una taza con boquilla, una pajita o una taza abierta (en esta etapa, es mejor llenarla con un poco de leche materna o preparada).
- En esta etapa, al bebé le fascina golpear, dejar caer, lanzar y aplastar las cosas.
- Intenta agarrar más comida o se come la que le añaden al plato.

No pasa nada si el bebé no cumple todos estos puntos. Dale otra semana más o menos y vuelve a evaluarlo. Recuerda que este cronograma se refiere a la disposición y el desarrollo de habilidades, no a una edad específica. En cuanto el niño coma más y consiga llevarse la comida a la boca de forma más eficiente, podemos proseguir con el método de «confeccionar el plato» y comenzar a agregar mayor variedad de alimentos individuales y variados. Pero ¡la seguridad ante todo! Repasemos las medidas de seguridad para el principiante.

Lista de comprobación de medidas de seguridad para el comedor principiante

1. En esta etapa, los bebés cada vez se mueven más, así que no olvides sujetarlo a la trona.
2. **Nunca** dejes a un bebé desatendido mientras come. Aunque cada vez confíes más en sus habilidades para comer, todavía puede cansarse, relajarse o sobreexcitarse y llevarse demasiada comida a la boca de una vez. Es necesario vigilar e instruir al bebé del modo apropiado siempre que haya comida presente.
3. Comprueba la temperatura y la textura del alimento presionándolo suavemente con los dedos o los labios para asegurarte de que el bebé pueda aplastarlo con las encías. Si no es así, no tiene la textura adecuada. Plantéate cocerlo más tiempo o escoger otro diferente.
4. Sigue ofreciéndole alimentos con forma de palitos o cortados de ese modo para que pueda agarrarlos. Deberían tener una longitud aproximada a la de un puño y medio del bebé.
5. No le ofrezcas alimentos que se rompan fácilmente en trozos pequeños o migas que podrían bloquear las vías respiratorias del bebé, ya que pueden suponer riesgo de atragantamiento. Entre los alimentos que recomendamos evitar en esta etapa debido al mayor riesgo

de atragantamiento se incluyen manzanas crudas, uvas enteras, tomates *cherry* enteros, frutos secos, cremas de cacahuetes espesas, palomitas, malvaviscos, caramelos duros, salchichas, pan muy crujiente o cualquier alimento con forma redonda o de moneda.

6. Si el bebé logra partir un alimento más duro en trozos pequeños, retíralos de la mesa. No le saques comida de la boca. Instrúyelo para que escupa cualquier alimento que no sea seguro. A continuación, retira dicho alimento de la mesa.
7. Si tu bebé ya tiene dientes, sería aconsejable evitar alimentos crudos que se pueden partir con facilidad (como zanahorias, apio, manzanas y brócoli). Sus dientes podrían permitirle morder más de lo que puede masticar. Estos alimentos se pueden servir cocinados y la versión cruda se puede volver a introducir cuando el bebé muestre indicios de ser capaz de masticar o escupir los alimentos que no puede tragar con seguridad.

Nutrientes prioritarios

Tras un mes embarcado en la aventura de comer sólidos, es probable que tu hijo todavía no coma mucho, puede que solo de un cuarto de taza a una taza al día. La ingesta varía de un bebé a otro, así que no te preocupes si la leche materna o preparada sigue siendo su principal fuente de nutrición. Esto es algo normal y lo recomendable durante el primer año de vida. Como ya hemos mencionado, el hierro es un nutriente importante que debemos tener en cuenta, y sigue siendo así durante todo el primer año (y toda la infancia). No dejes de consultar el capítulo 5 de vez en cuando si necesitas repasar los alimentos ricos en hierro. A medida que progresemos con el comedor principiante, nos centraremos en otros nutrientes y alimentos importantes que suponen excelentes adiciones al menú familiar y que favorecen el crecimiento y desarrollo del bebé. Seguiremos centrándonos en ofrecerle alimentos ricos en proteínas y hierro y añadiremos otros que supongan fuentes de ácidos grasos omega-3, vitamina D, zinc y probióticos.

Ácidos grasos omega-3

Es probable que ya estés familiarizado con los ácidos grasos omega-3, como el ácido docosahexaenoico, al que normalmente se denomina DHA. Suelen encontrarse en las vitaminas prenatales y se añaden a muchos productos destinados a bebés y niños. Lo que debes recordar de las grasas omega-3 es que se trata de ácidos grasos esenciales. Esto quiere decir que tu cuerpo no puede fabricarlos y se deben ingerir a través de la dieta. Los ácidos grasos omega-3, y el DHA en particular, son un tipo de grasa fundamental que se encuentra en el cerebro y es esencial para el desarrollo del sistema nervioso central y las retinas. Concretamente, existen tres tipos de ácidos grasos omega-3: ALA (ácido alfa-linolénico), DHA (ácido docosahexaenoico) y EPA (ácido eicosapentaenoico). Aunque todos ellos son importantes en una dieta saludable, vamos a centrarnos principalmente en el DHA y su papel crucial en el cuerpo de bebés y niños en desarrollo. Tanto los investigadores como los fabricantes de alimentos se han percatado de la importancia de estas grasas a lo largo de la vida. Ahora incluso nos encontramos grasas omega-3 como un componente añadido a alimentos que no las incluyen de forma natural. A esto se lo denomina «alimento funcional» y, en nuestra opinión, supone un estupendo y útil avance en el campo de la tecnología y fabricación alimentaria. Es un modo particularmente útil de aportar algunos nutrientes que podrían no ser accesibles o ser de difícil acceso para algunas familias o en algunas regiones. Nos gusta llamarlos «alimentos naturales enriquecidos».

Sugerimos incorporar al menos una fuente de ácidos grasos omega-3 al día (y no solo para el bebé).

Fuentes de ácidos grasos omega-3	
* Salmón	* Cangrejo
* Trucha	*Edamame*
* Sardinas	Aceite de lino
* Anchoas	* Huevos enriquecidos con omega-3
* Arenque	Nueces
* Atún claro enlatado	Semillas de chía
* Gambas	

* Fuentes de DHA

Vitamina D

En los últimos años, la vitamina D, también conocida como la vitamina del sol, ha recibido mucha atención mediática. Está relacionada con numerosos procesos en el cuerpo, además de con la salud de los huesos, y muchos estadounidenses poseen niveles insuficientes, cuando no carecen prácticamente de ella. Mientras que la mejor fuente o forma de convertir la vitamina D de la piel a su forma activa y útil es la exposición a la luz del sol, pasar demasiado tiempo al sol puede dañar la piel. A nuestro equipo le encanta obtener vitamina D del sol; sin embargo, sabemos que con un poco basta para obtener vitamina D y que un poco enseguida puede convertirse en demasiado tiempo al sol. Muchas organizaciones infantiles y médicas recomiendan usar protección solar prácticamente siempre que uno se exponga al sol. Esto es genial para proteger esa preciosa piel de bebé, pero no tanto para los niveles de vitamina D.

La escasez de vitamina D se está convirtiendo en un problema a lo largo de toda la vida, pero es de crucial importancia para los lactantes y semilactantes, ya que la leche materna contiene bajos niveles de vitamina D. Actualmente, la AEP recomienda que todos los bebés y niños ingieran un mínimo de 400 UI (unidades internacionales) de vitamina D al día. Esto podría lograrse dándoles suplementos de vitamina D a los bebés que toman el pecho o mediante leche preparada enriquecida. Es muy poco probable que un bebé o un niño alcance el nivel mínimo de ingesta únicamente a través de la comida. Después de todo, la llaman la vitamina solar, no la vitamina de los alimentos enriquecidos.

Aunque hay algunos alimentos que podrían aportar 400 UI de vitamina D, un bebé no podría consumir la ración necesaria para obtener dicha cantidad de vitamina. Y algunos alimentos, como el pez espada, no están recomendados para ellos debido a los altos niveles de mercurio. El salmón rojo proporciona esas estupendas grasas omega-3 junto con más de 400 UI de vitamina D por cada 85 gramos. No es probable que un bebé se coma 85 g, pero supone un buen comienzo y un alimento rico en nutrientes que añadir al menú del bebé.

La exposición al sol sigue siendo la mejor forma de obtener esta vitamina esencial. Debido a ello, las recomendaciones varían por todo el mundo y muchas incluyen más exposición a la luz solar. Asegúrate de consultar con tu pediatra la información más reciente acerca de la vitamina D.

Zinc

Con alimentos como ternera, aves de corral, lácteos, huevos, frutos secos, legumbres y pescados y mariscos formando parte de su menú, un bebé también consumirá fuentes de zinc. El zinc es un mineral importante que favorece la función inmune, el desarrollo y el crecimiento. Es complicado proteger a un bebé de resfriados y enfermedades, pero podemos reforzar su sistema inmune asegurándonos de añadir alimentos que aporten zinc al menú. La buena noticia es que muchos alimentos ricos en zinc también son fuentes de hierro, así que no necesitas cargar con una lista enorme de alimentos y nutrientes.

Probióticos

Junto con el omega-3 y la vitamina D, los probióticos también son muy populares entre los medios y los fabricantes de alimentos. Muchas investigaciones recientes también se están centrando en ellos. Desde ayudar a un bebé con cólicos y tratar el eczema a prevenir las alergias, los probióticos han recibido muchísima atención debido a su papel en la nutrición infantil.[1] Los probióticos son los microorganismos (o bacterias) intestinales saludables que ayudan a realizar la digestión y cumplen numerosas funciones de protección dentro del cuerpo humano. Los probióticos que se encuentran en el interior de los intestinos son tan importantes que al intestino se lo suele llamar el segundo cerebro, refiriéndose a que existe una conexión y un beneficio directo entre nuestra salud neurológica y física y la salud de nuestro intestino. Las investigaciones también han sugerido que los bebés que participan pronto en las comidas familiares, en lugar de tomar alimentos procesados, poseen mayores recuentos de bacterias intestinales.[2] Aunque los probióticos han demostrado ser beneficiosos, las investigaciones todavía no han dejado claro qué bacterias son las más beneficiosas para ciertas enfermedades en particular. El equipo de *Todo sobre el baby-led weaning* opina que es preferible obtener una amplia variedad de bacterias a través de los alimentos. Los probióticos se encuentran en alimentos fermentados como chucrut (ensalada de col de origen alemán), queso, yogures, kéfir (parecido al yogur para beber, pero con más probióticos), *kimchi* (ensalada de col de origen coreano), panes elaborados con masa madre y *miso* (pasta de soja fermentada). Las madres que dan el pecho pueden pasarles probióticos a sus hijos a través de la leche, además de prebióticos, que es de lo que se alimentan los probióticos.

Los probióticos son beneficiosos para toda la familia, no solo para el bebé. Si a tu familia le cuesta consumir alimentos fermentados, considera optar por un suplemento. Si decides emplear un suplemento probiótico, elige uno que se encuentre en la sección de refrigerados de tu tienda de alimentos naturales, tenga como mínimo 10 mil millones de bacterias por ración y contenga al menos 4 o más cepas bacterianas. Pídele consejo a tu médico de familia o dietista a la hora de elegir una marca o unas cepas en particular. Si por algún motivo tu bebé debe tomar antibióticos, no está de más hablar con tu médico acerca de usar un suplemento probiótico al mismo tiempo. Los antibióticos no solo matan las bacterias malas, sino también las buenas. Es imprescindible restaurar la microflora intestinal saludable en cuanto tu hijo haya tomado la última dosis de antibióticos. Además de tomar un montón de yogur griego, a CC le gusta su probiótico diario masticable y todas las mañanas pide su «proboyótico».

Añadir más alimentos, texturas y comidas familiares

Ahora ya sabes mucho más acerca de los nutrientes prioritarios. Estos nutrientes no solo son importantes para los niños, sino que también son beneficiosos para toda la familia. Te hemos proporcionado listas de alimentos con diferentes propiedades nutricionales y es importante recordar que no comemos nutrientes, sino alimentos. Con las sugerencias que te hemos hecho acerca de los nutrientes, podemos planear menús sabrosos y equilibrados. No todos serán perfectamente equilibrados y eso está bien (y es algo normal), pero es bueno saber qué buscar. Estos alimentos se pueden añadir al menú de la familia o incorporarlos a vuestras recetas favoritas. No se trata únicamente de alimentar bien al bebé; esta es la oportunidad de mejorar la nutrición, la variedad y el placer de comer de toda la familia.

Al principio del proceso de introducción de sólidos, Leslie recuerda que le aconsejaron que evitara los alimentos y sabores picantes con su hija. Aunque no pensaba darle a CC un chile habanero sacado directamente del huerto, añadió jalapeños como siempre a la olla de chili y enchiladas. Leslie opinaba (y sigue opinando igual) que tener un bebé no significaba que toda la familia tuviera que consumir comida sosa y aburrida. Al igual que ocurre con todo niño (y adulto), era importante que CC probara diferentes sabores y decidiera por sí misma si una comida era demasiado picante o estaba bien. Como ya hemos mencionado, ese mismo chili siguiente siendo el plato favorito de CC, con jalapeños y chile en polvo incluidos. Por otro lado, también es perfectamente adecuado ofrecer una opción no tan picante. Algunos padres (y bebés) pueden tener problemas de reflujo y el picante no sería demasiado aconsejable. ¡A todo el mundo no le va le picante, y eso está bien!

En nuestra opinión, la variedad es lo que hace la vida más sabrosa, y tú decides cuánta variedad presentarle a tu bebé. Al igual que tú decides qué comer, tú decides también cómo sazonar. Si notas que tu hijo domina todo esto de comer solo, los platos variados favoritos de la familia pueden entrar en el menú. Ya estéis comiendo lasaña, tacos, hamburguesas o salgáis a tomar comida tailandesa, tu pequeño también puede estar listo para ser más aventurero con la comida. Entrar en contacto con nuevos alimentos es fundamental para desarrollar un paladar más avanzado y tolerante en los años venideros. Puedes dividir el plato para adecuarlo al bebé. Como en el caso del chili de CC, al principio Leslie le servía por separado las alubias, la ternera, los tomates y el queso rallado.

No te preocupes si el bebé parece rechazar algunos de los alimentos que le ofreces; todavía está explorando y tratando de procesar mentalmente las experiencias. A la hora de alimentar a los bebés, es común malinterpretar sus expresiones faciales como indicios de si un alimento les gusta o no. Esta fase sigue siendo de descubrimiento e intentan averiguar cómo sabe un alimento, qué textura tiene, cómo huele, qué pasa al morderlo, aplastarlo, untarlo..., todavía no están decidiendo si les gusta o no. Siempre que sea posible, es preferible evitar una reacción negativa. Algunas veces, nosotras todavía debemos controlar nuestras expresiones faciales. Todos conocemos la mirada preocupada que acompaña a la pregunta sugestiva:

«¿No te gusta?». Debemos enseñarnos a nosotros mismos como padres y a otras personas involucradas en las comidas familiares a evitar frases como «No le gusta» o «Lo odia».

En este momento debemos reaccionar de una forma positiva y con curiosidad a lo que comemos y a las experiencias del bebé. Si lo prefieres, incluso puedes recalcar cuánto disfrutas cada bocado diciendo: «Hum, ¡qué rico está!». Para aquellos que tenemos una opinión muy negativa del brócoli, por poner un ejemplo, este posiblemente sea el momento de volver a probarlo o, como mínimo, no hacer ningún comentario negativo al respecto cuando lo tengamos en el plato. Es importante que el bebé vea alimentos similares en nuestros platos. Nuestra comida sirve de ejemplo para fomentar su gusto por la variedad, su sentido aventurero y su confianza. Si mamá o papá no se sirven brócoli y le enseñan al bebé cómo comerlo y disfrutarlo, ¿por qué iba él a querer probarlo? Nuestros bebés observan y aprenden. Tanto los bebés como los niños aprenden mediante los alimentos que se les proporcionan para comer y explorar. A continuación, los padres y los cuidadores les demuestran cómo comerlos y disfrutarlos.

A medida que probamos más alimentos, puede resultar tentador ofrecerle al bebé un bocado de nuestro plato, pero recuerda que es mejor que él coma y se regule solo. Si el bebé intenta agarrar comida de otro plato, coloca un trozo seguro de ese alimento en su plato y permítele explorarlo. Si el menú familiar resulta ser algo sumamente picante, recuerda que los bebés pueden ser mucho más sensibles, así que tras un bocado picante obsérvalo con atención en busca de cualquier indicio de enrojecimiento o de necesitar tomar inmediatamente leche o agua. A algunos bebés les gusta la comida picante, así que está bien ofrecerles este tipo de alimentos, como hemos mencionado con el caso del chili de CC. Simplemente mantente alerta; enseguida averiguarás si tu pequeño soporta el picante. Por si acaso, ten reservada una alternativa sin picante.

¿Sabías que...?

Entrar en contacto con nuevos alimentos es fundamental para desarrollar un paladar más avanzado y tolerante en los años venideros. Pueden hacer falta diez, veinte o más intentos para aceptar un alimento. Esto es aplicable tanto a los pequeños como a los adultos de la familia. Todos experimentamos diferentes estados de ánimo y eso puede influir en nuestra forma de comer y de aceptar alimentos. A veces es fácil y otras no. ¡Así que no te rindas!

Nuestros platos variados favoritos para principiantes

Es hora de introducir algunos de los platos favoritos de tu familia. No tienen por qué ser tus mejores recetas navideñas, pueden ser algo sencillo y sabroso. Algunos de nuestros platos favoritos para principiantes eran pastel de pollo, ensalada de pollo con aguacate, chili, espaguetis con albóndigas, pollo al *curry*, cerdo asado desmenuzado o un simple estofado. Hay muchísimas opciones. Compartiremos contigo las recetas de nuestras cenas favoritas en el capítulo 17. ¡En un abrir y cerrar de ojos, añadirás tus favoritas a la lista!

¿El bebé está comiendo lo suficiente?

Durante esta etapa, el bebé debería compartir con la familia, o los cuidadores, de dos a tres comidas al día. Pero él decide si le apetece comer. En esta edad, la división de responsabilidad sugiere que el progenitor o cuidador es el responsable de ofrecer los alimentos mientras que es el bebé quien decide cuánto comer.[3] Al mismo tiempo que disfrutas de tu comida, le demuestras cómo masticar y saborear cada nuevo bocado. Ahora que has ampliado la gama de alimentos del bebé, podrías notar que le emociona descubrir alguno nuevo o que tal vez se siente inseguro al ver un nuevo plato variado. Pero eso está bien. Sigue ofreciéndole nuevos alimentos continuamente.

¿Deberías preocuparte por el peso?

Que el crecimiento se mantenga alrededor de un percentil estable es tranquilizador, pero no es infrecuente que el peso de los bebés suba o baje en la tabla de crecimiento durante los seis primeros meses e incluso hasta los dos años.[4,5] La doctora Katja Rowell, médica de familia y especialista en alimentación infantil, afirma: «Aunque una pérdida de peso o los cambios repentinos siempre resultan preocupantes, si al bebé le va bien en general, el hecho de que los percentiles de peso suban o bajen no siempre implica un motivo de alarma, sino que requiere una historia y examen concienzudos». Este es un detalle importante que hay que tener en cuenta porque en cuanto un médico le pone a nuestro hijo la etiqueta de peso insuficiente, sobrepeso u obesidad, los padres nos vamos a preocupar y nos veremos tentados de modificar nuestra estrategia de alimentación..., puede que incluso nos lo pida nuestro médico. Esto puede llevarnos a forzar a nuestro hijo a comer si se considera que está debajo del peso recomendado o a restringirle la comida si tiene sobrepeso, lo que probablemente acabe resultando contraproducente (más información al respecto en el capítulo 8).

En lo que respecta al peso de tu hijo, podría ser justo el adecuado, independientemente de la etiqueta que le pongan. Da miedo que te digan que tu hijo pesa menos de lo debido o que está obeso, pero si un bebé es más grande o más pequeño que la media y crece a un ritmo constante, es probable que esté sano.[6] Hemos visto muchos casos de pacientes en los que una desacertada preocupación por el peso condujo a problemas de alimentación y puede agravar los problemas de peso. Todos comemos por naturaleza, y eso implica épocas de aprendizaje, crecimiento y fluctuaciones de peso. Además, muchos niños aumentan de peso antes que de altura, así que es fundamental comprobar el crecimiento a lo largo del tiempo. Recuerda que la alimentación perceptiva y el método *baby-led weaning* están ligados a patrones de peso más saludables. Si existe algún problema en término de peso, tu médico y tú podéis abordarlo; en caso contrario, preocuparse por el peso normalmente dificulta seguir el método. Asegurarte de que tu hijo duerme mucho y recibe mucho amor, limitar el tiempo que pasa delante de la pantalla del televisor y encontrar modos de ayudarlo a ejercitar el cuerpo desarrollando juegos activos lo ayudarán a crecer de un modo saludable.

Puesto que el bebé controla cuánto come sin que lo ayuden o animen a comer más, los padres podemos empezar a preocuparnos de si está ingiriendo suficiente alimento. Si sigue tomando leche y está empezando a comer parte de los sólidos que se le ofrecen durante las comidas o tentempiés, es muy probable que su crecimiento (que el pediatra calcula según la altura y el peso) sea el correcto para su cuerpo en particular. Los bebés siguen su propia curva de crecimiento; algunos se mantienen en la misma curva de percentiles durante toda la infancia mientras que otros pueden mostrar subidas o bajadas de una visita a otra. El hecho de que tu hijo experimente una subida o bajada muy importante en la curva puede ser preocupante, pero suele ser normal durante los seis primeros meses de vida (e incluso hasta los dos años). A veces puede deberse a pura casualidad, una enfermedad puntual o incluso un error de medición. Sea cual sea el motivo, es aconsejable hacer un seguimiento y repetir la medición para que tu pediatra y tú podáis decidir los siguientes pasos que hay que tomar. Perder peso a propósito nunca será el objetivo.

Favorecer el desarrollo a través de la exploración de la comida

Esta es una etapa emocionante. Con suerte, tu bebé y tú ya le habréis pillado el tranquillo a la alimentación autónoma y os sentiréis más desenvueltos empleando el *baby-led weaning*. Como padres, debemos aprender a desempeñar nuestro papel en el proceso de alimentación a la vez que el bebé aprende a desempeñar el suyo. Lo más probable es que él también esté aprendiendo y desarrollando muchísimas habilidades justo ante tus ojos.

El agarre de pinza, que suele comenzar a desarrollarse alrededor de los seis o siete meses, normalmente es más eficiente entorno a los nueve o doce meses. Durante esta fase, puedes observar cómo el bebé pasa de emplear un agarre torpe a un movimiento más refinado. A medida que la destreza de sus dedos mejora, el bebé será capaz de comer solo de forma más eficiente. Esto le permite sujetar alimentos con el pulgar y el índice igual que CC estaba empezando a hacer con las alubias. Estas refinadas habilidades motoras se irán perfeccionando rápidamente y el bebé podría querer usar un utensilio, aunque lo más probable es que sostenga el utensilio con una mano y coma con la otra. Alrededor de esta misma época, el bebé también desarrolla una preferencia por lanzar cosas. ¡Prepárate para ver volar objetos por todas partes! A esta edad, la relación entre causa y efecto es algo divertido, así que cuando tu bebé compruebe a qué velocidad puede caer al suelo ese trozo de boniato, no te inquietes..., es normal, algo esperado, y forma parte del proceso de aprendizaje. Simplemente ten otro trozo preparado porque se dará cuenta enseguida de que no va a poder recuperar el otro para comérselo.

La lengua de signos y la alimentación

Si te interesa usar la lengua de signos con tu bebé, algo que ambas hicimos, este es un momento excelente para ello. Aquí tienes algunos ejemplos útiles relacionados con la comida y sacados de la lengua de signos estadounidense que a nosotras nos sirvieron de gran ayuda para entender a nuestras hijas y fomentar la alimentación perceptiva antes de que empezaran a hablar.

Ya he terminado o no quiero más: Levanta ambas manos y agítalas. Cuando tu bebé empieza a lanzar más cosas de la mesa que a llevárselas a la boca, es buen momento para preguntarle si ha terminado. Asegúrate de concederle algo de tiempo para procesar la pregunta antes de retirar la comida.

Más: Junta los dedos de cada mano y luego acerca una a la otra manteniéndolas en esta posición.

Leche: Aprieta la mano como si estuvieras ordeñando la ubre de una vaca.

Agua: Forma una W con los dedos y llévatelos a los labios. Este signo no se limita al agua para beber, así que puedes hablar de agua en relación con una piscina, la lluvia, un charco o en el baño.

Comida o comer: Junta todos los dedos de la mano y llévatelos a los labios. «Es hora de comer» es una forma estupenda de indicar que llegó el momento de sentarse a la mesa usando este signo.

Cuanto más utilices estos signos, más rápido los captará tu bebé y los usará para evitar las barreras de comunicación. Puede que no domine la representación del signo hasta que no desarrolle mayor destreza con los dedos, así que estate atento a cualquier indicio de que intenta emplearlo y elógialo con gran entusiasmo para animarlo a continuar intentando usar la lengua de signos. Por ejemplo, a los dieciséis meses la pequeña A seguía signando la palabra «agua» llevándose únicamente un dedo a los labios, pero también fue el primer signo que empleó a los siete meses. También lo usaba cada vez que quería probar lo que estuvieran bebiendo papá y mamá.

Referencias del capítulo 6

1. Gao, J.; Wu, H., y Liu, J., «Importance of gut microbiota in health and diseases of new born infants (Review)», *Experimental and Therapeutic Medicine*, julio de 2016, vol. 12, n.º 1, págs. 28-32, DOI: 10.3892/etm.2016.3253.
2. Laursen, M. F.; Andersen, L. B. B.; Michaelsen, K. F.; Mølgaard, C.; Trolle, E.; Bahl, M. I., y Licht, T. R., «Infant Gut Microbiota Development Is Driven by Transition to Family Foods Independent of Maternal Obesity», *mSphere*, enero-febrero de 2016, vol. 1, n.º 1, págs. e00069-15, DOI: 10.1128/mSphere.00069-15. <http://www.ncbi.nlm.nih.gov/pmc/articles/PMC4863607/>.
3. Ellyn Satter Institute, «Ellyn Satter's Division of Responsibility in Feeding». Fecha de acceso: 20 de septiembre de 2016, <http://ellynsatterinstitute.org/dor/divisionofresponsibilityinfeeding.php>.
4. Jaffe, A., «Failure to Thrive: Current Clinical Concepts», *Pediatrics in Review*, marzo de 2011, vol. 32, n.º 3, págs. 100-107, DOI: 10.1542/pir.32-3-100.
5. Mei, Z.; Grummer-Strawn, L.; Thompson, D., y Dietz, W., «Shifts in Percentiles of Growth During Early Childhood: Analysis of Longitudinal Data From the California Child Health and Development Study», *Pediatrics*, junio de 2004, vol. 113, n.º 6, págs. e617-e627.

6. Ledler, J., y Rose, L., «Assessment of Abnormal Growth Curves», *American Family Physician*, julio de 1998, vol. 58, n.º 1, págs. 153-158.

7.
Esto está rico (de 9 a 12 meses: el novato)

> Adopta el ritmo de la naturaleza: su secreto es la paciencia.
>
> Ralph Waldo Emerson

Leslie llevaba a CC a su consulta un par de veces a la semana. A su hijita le encantaba observar todas las cosas de nutricionistas que había por allí mientras Leslie realizaba tareas administrativas o se reunía con otros dietistas en su consulta. CC tenía unos diez meses y comía como una campeona. Leslie siempre llevaba tentempiés como clementinas peladas porque a CC le encantaban. Un día, mientras conversaba con un colega, notó que su hija tenía hambre, así que le dio un trozo de clementina. Unos segundos después, se dio cuenta de que estaba demasiado callada y, al mirarla, vio que tenía cara de asustada, estaba colorada y le lloraban los ojos. Leslie la sacó rápidamente de la sillita para el coche y la puso erguida. CC fue capaz de gestionar la clementina y tragarla sin problemas en cuanto estuvo sentada recta. Como el proceso de alimentación autónoma iba viento en popa, ambas se habían acomodado demasiado y Leslie no le dio importancia a ofrecerle algo de comer a CC mientras estaba reclinada en la sillita. Supuso una lección aterradora (y muy embarazosa) sobre alimentación segura, ¡y Leslie nunca lo volvió a repetir! Podría ocurrirle a cualquiera, incluso a un profesional de la nutrición.

En esta fase, es tentador relajarse con la comida porque has visto cómo tu hijo desarrolla habilidades, realiza grandes progresos y comienza a comer como un niño mayor. Pero lo cierto es que sigue siendo un bebé y, como tal, se cansa, se sobreexcita o se relaja demasiado. Es importante que te mantengas siempre atento mientras tu hijo come. Consideramos fundamental recordarles a los cuidadores y a nosotros mismos que controlar a nuestros pequeños sigue siendo prioritario mientras prosiguen sus aventuras con la comida.

Hitos

Desde gatear, aprender a caminar o salirle los dientes, es probable que tu hijo esté alcanzando grandes hitos durante los tres meses previos a cumplir un año de vida. Está empezando a dominar de verdad el agarre de pinza y es capaz de sujetar un arándano diminuto o una cereza sin hueso y metérselos en la boca. A estas alturas, seguramente confíe cada vez más en sus propias habilidades y puede que también le entusiasme emplear utensilios. Todo esto forma parte de la progresión natural de criar bebés en el *baby-led weaning*. Lo que le ofreces también lo ayuda a dominar las habilidades necesarias para convertirse en un comedor mucho más pulcro, pero todavía no ha llegado a ese punto.

Además de mejorar su destreza con los dedos, te darás cuenta de que puede que tu hijo se muestre un poco más activo a esta edad, ya que está aprendiendo a ponerse en pie, quizá a caminar o todavía está perfeccionando el gateo. Debido a esta necesidad de moverse, podría serte un poco más complicado mantenerlo en la trona. Resulta tentador colocar la comida en el suelo y dejarle «pastar», pero, por muy práctico que pueda parecer, los bebés son más propensos a atragantarse si no están sentados adecuadamente mientras comen. Si tu hijo quiere moverse, déjalo en el suelo y luego pregúntale otra vez si ya está listo para comer dentro de cinco o diez minutos (esta es la ocasión perfecta para emplear el signo de «comida» o «más»). Si no es así, puedes llevarte la comida y volver a intentarlo más tarde. La capacidad de concentración de los bebés es muy breve, pero es probable que te avise cuando vuelva a tener hambre, o un berrinche te servirá de indicio.

Para ayudarte durante las comidas, intenta captar la atención de tu hijo hablándole de lo que hay para comer o prueba a jugar al cucú-tras con los alimentos del plato para conseguir que se interese por sentarse a la mesa. Esto ayuda a crear hábitos y, al comer juntos, tu hijo se va acostumbrando a ello y tenderá a pasar cada vez más tiempo sentado a la mesa con el transcurrir de los meses.

Confía en tu intuición y en tu evaluación de los progresos de tu hijo. Encuentra un pediatra en el que confíes y este no tendrá ningún inconveniente en que seas un progenitor proactivo en lugar de reactivo. Toma nota de los temas que te preocupen para comentarlos con tu pediatra y ponlos por escrito antes de ir a visitarlo. De este modo no os desviaréis, por lo que no iréis con prisas ni pasaréis por alto ninguna inquietud.

Ñam-ñam

Es probable que a estas alturas la dentición esté en pleno apogeo. Aunque los dientes no hayan asomado todavía, seguramente tu hijo esté royendo con las encías todo lo que encuentre a su paso y babeando a mares. Puede querer llevárselo todo a la boca para ayudar a aliviar el dolor de encías o simplemente para disfrutar de una sensación nueva. Descifrar qué es comestible y qué no supone todo un reto para un bebé inquieto al que le están saliendo los dientes. El pediatra de Wendy Jo, el doctor Dave, le dio un consejo estupendo.

A los bebés les salen los dientes a diferente ritmo; algunos pueden tener seis a estas alturas y otros no tener ninguno. Si introduces el dedo en su boca, tu hijo no dudará en demostrarte lo bien que se le da morder. ¡Ay! Algunos alimentos muy recomendables para aliviar el dolor de la dentición son plátanos congelados o ligeramente descongelados, palitos de pepino fríos o un filete frío de bistec. Como en cualquier otra etapa, cada bebé es un mundo. A la hijita de Wendy Jo le gustaba llevarse a la boca arena, hojas, piedras y prácticamente cualquier cosa a la que pudiera echarle el guante mientras que a CC no le iba masticar nada que no fuera comida.

El doctor Dave sugiere que lo mejor es recorrer la casa con un rollo de papel higiénico gastado y retirar del suelo cualquier objeto que quepa por el agujero, ya que todo lo que sea más pequeño que ese agujero podría quedarse encajado en la garganta de tu hijo.

¡Gracias, doctor Dave!

Ahora que hemos tratado algunos hitos, veamos si el bebé está preparado para avanzar con el proceso de alimentación. Si de repente notas que tu hijo no quiere comer tanto como antes o llora al comer, no asumas que se está poniendo maniático. No es raro que un bebé rechace la comida mientras le salen los dientes, ya que las encías le duelen hasta que el diente atraviesa la piel. Si se decanta por el pecho o prefiere tomar el biberón a comer sólidos, atribúyelo a la dentición. Continúa ofreciéndole sólidos durante esta época y más tomas de leche materna o preparada y, con el tiempo, retomará su patrón de alimentación normal.

Durante tres días, la hija de Wendy Jo escogió comer únicamente los alimentos más blandos del plato, como bayas y yogur. Y entonces... ¡pop! Le salió el primer diente.

Con la aparición de los dientes, tu hijo puede estar preparado para probar algunas texturas nuevas. Hasta ahora, la verdura y la fruta tenían una consistencia muy blanda. Este podría ser el momento de probar una judía verde más crujiente, un trozo de melón o brócoli al vapor. Si está preparado, le dará pequeños mordiscos, masticará cada bocado y continuará comiendo. Si no está preparado para esta textura, tendrá arcadas o escupirá la comida y la dejará en el plato. Continúa ofreciéndole una nueva textura cada par de días para que pueda seguir perfeccionando la habilidad y avisarte de que está preparado para avanzar. Todas las habilidades requieren práctica, y nadie es un experto de buenas a primeras. Tu hijo está entrando en la etapa del comedor novato.

¿El bebé está preparado?

El pequeño Dayne tenía nueve meses. Se había mostrado inquieto y quisquilloso durante las comidas y lloraba cuando tomaba un bocado. Le estaban saliendo un par de dientes.

- ❑ Está preparado.
- ✔ No está preparado: La dentición puede hacer que probar nuevos alimentos sea todo un desafío. Hay que darle a Dayne un par de semanas más o esperar hasta que se le pase el dolor de los nuevos dientes.

La pequeña Simone tenía diez meses y los arándanos eran su nueva comida favorita. Le encantaba sujetar los trozos de arándanos cortados por la mitad de uno en uno y podía comerse perfectamente media taza o más en el desayuno.

- ✔ Está preparada: Al parecer, Simone ya domina el agarre de pinza.
- ❑ No está preparada.

La pequeña Maya tenía nueve meses. Le sirvieron una judía verde cocida al vapor como les gustaba a sus padres, al dente. Tras el primer mordisco, masticó, tuvo una arcada y escupió la judía. Pasó a comer una frambuesa y dejó la judía en el plato.

- ❑ Está preparada.
- ✔ No está preparada: Puede ser un poco pronto para ofrecerle una textura al dente a Maya. Hay que cocer sus judías verdes un poco más y volver a intentarlo en un par de semanas. Felicidades a la pequeña Maya por haber sabido reconocerlo y escupir la judía.

Ahora que ya tienes más claro dónde se encuentra tu comedor novato en cuanto a la progresión del proceso de alimentación autónoma, revisemos la lista de medidas seguridad para este grado de habilidad. Observarás que algunas cosas han cambiado a medida que tu hijo crece y desarrolla más habilidades.

Lista de comprobación de medidas de seguridad para el comedor novato

1. Asegura al bebé en posición vertical en una trona o un asiento para comer. El bebé nunca debe estar reclinado, comer en una sillita para el coche (gracias, Leslie, por recordárnoslo) ni comer en el regazo de alguien. Esto le permite al padre o cuidador evaluar cómo le va al bebé en todo momento.
2. **Nunca** dejes al bebé solo mientras come. A esta edad resulta más tentador distraerte o dejarle el plato en el suelo, pero sigue habiendo riesgos y es mejor estar atento a cada bocado.
3. Deja que el bebé se lleve la comida a la boca. Necesita controlar en todo momento la velocidad a la que la comida entra en su boca o cuánto come. Por muy tentador que resulte, sobre todo si disminuye la ingesta cuando empiecen a salirle los dientes, no es necesario ayudarlo. A medida que su dieta vaya siendo más variada, aún puede necesitar cierta instrucción para masticar o escupir alimentos.
4. Si la comida se ha cocinado, continúa comprobando la temperatura para asegurarte de que está lo bastante fría para que el bebé la pruebe. Incluso algo que para el cuidador no está caliente podría estarlo para él. El bebé podría ser capaz de gestionar alimentos algo más calientes o aprender a soplar la comida para enfriarla.
5. Ahora podría estar preparado para probar verduras un poco más al dente en lugar de muy blandas. Permítele

explorar esta nueva textura y avanza según lo consideres conveniente.

6. Ahora la comida se puede ofrecer en trozos más pequeños, aproximadamente del tamaño de la uña del meñique o en rodajas, dependiendo del alimento.
7. No le ofrezcas alimentos que se rompan fácilmente en trozos pequeños o migas que podrían bloquear las vías respiratorias del bebé, ya que pueden suponer riesgo de atragantamiento. Entre los alimentos que seguimos recomendando evitar en esta etapa debido al mayor riesgo de atragantamiento se incluyen manzanas crudas, uvas enteras, tomates *cherry* enteros, otras frutas o verduras crudas y con pieles duras, frutos secos, cremas de cacahuetes espesas, palomitas, malvaviscos, caramelos duros, salchichas, pan muy crujiente o cualquier alimento con forma redonda o de moneda.

Todo lo que entra tiene que salir

Somos dietistas, así que no tenemos ningún problema en hablar de la evacuación de alimentos de nuestros bebés. Hablemos de caca («caca» suena mucho mejor que «materia fecal» o «deposiciones»). Debido a los avances alimenticios de tu hijo, vas a notar cambios en sus pañales. Por muy asqueroso que resulte, un pañal tiene mucho que contar. La caca de un bebé que todavía toma más bien leche materna o preparada tiene un tono más amarillento, mientras que la de uno que toma más alimentos sólidos contiene restos identificables de comida. Irá tiñéndose de un color más marrón oscuro y empezará a adquirir una consistencia más sólida. Puede que a ti no te resulte igual de fascinante y quieras deshacerte de ese pañal apestoso lo más rápido posible (lo entendemos), pero el pañal dice mucho sobre la ingesta de alimentos. Elige un día al azar y échale un vistazo al contenido. Esto te ayudará a saber si tu hijo se está comiendo la comida en lugar de jugar con ella o lanzándola por el borde de la bandeja para alimentar a su mascota favorita. También te dará una idea de si mastica bien los alimentos antes de tragárselos. ¿Un arándano sale casi entero? En ese caso, podrías partirlos por la mitad. ¿ O estás viendo que las alubias salen igual que entraron? De nuevo, sería aconsejable cortarlas por la mitad.

Por mucho asco que dé, la caca puede proporcionarles a los padres información valiosa acerca de los hábitos alimenticios de sus hijos. Además, por muy repugnante que suene, tu pediatra podría hacerte preguntas al respecto, y sabrás muy bien por qué.

Ahora que conoces los detalles básicos de la caca, es hora de comentar los nutrientes que tu hijo necesita durante esta etapa para continuar desarrollándose. Recuerda que nuestro equipo no aboga por consumir nutrientes. Los seres humanos consumimos alimentos naturales en lugar de nutrientes individuales. Refuerza los alimentos naturales que le ofreces para asegurarte de que el bebé recibe la nutrición adecuada.

Crece, bebé, crece

Como seguramente ya hayas observado, tu bebé ha ido cambiando de talla de ropa con rapidez y su cabecita sigue creciendo. Debido a este continuo crecimiento, hay otros dos nutrientes fundamentes en los que debes centrarte durante los próximos meses: el zinc y el selenio. Ya hemos mencionado el zinc antes, pero ahora vamos a profundizar un poco más.

Estos dos nutrientes son potentes antioxidantes, lo que significa que inhiben la oxidación celular. Los antioxidantes cumplen una función importante en la lucha contra el daño celular debido a los radicales libres. Los antioxidantes, como el zinc y el selenio, son importantes adiciones a la dieta de tu bebé en desarrollo. A medida que tu bebé continúa creciendo, también lo hará su apetito, lo que facilita incorporar una mayor variedad de nutrientes. No te inquietes si tu bebé no logra comer demasiado: sigue obteniendo la mayor parte de sus nutrientes de la leche materna o preparada.

Zinc

El zinc desempeña un papel muy importante en el metabolismo y la digestión y suele estar relacionado con problemas de la piel, como el eczema. La buena noticia es que si se has seguido nuestras sugerencias sobre los primeros alimentos, tu bebé lo está recibiendo en abundancia, porque la ternera destaca por su aporte de zinc: 30 gramos ya aportan justo lo que necesita tu bebé. Otros buenos proveedores de zinc son las alubias, la crema de almendras (tu bebé todavía no está preparado para los frutos secos enteros o troceados), el yogur, el requesón y los guisantes. La carne roja ocupa el primer puesto en cuanto al zinc, pero el resto también suponen buenas fuentes.

No debes preocuparte por incluir demasiado zinc. Cuando te limitas a alimentos en su forma natural, es difícil consumir demasiados alimentos ricos en zinc. La gente, independientemente de la edad, corre más riesgo de excederse con los nutrientes cuando añaden a su dieta muchos alimentos enriquecidos o suplementos. Nosotras recomendamos ceñirse a fuentes de alimentos naturales a menos que tu médico te sugiera lo contrario.

Selenio

El selenio es un antioxidante fundamental relacionado con la vitamina C, el buen funcionamiento de la tiroides y la respuesta del cuerpo al estrés. Cuando un cuerpo se encuentra sometido a estrés, la necesidad de selenio aumenta porque este forma parte del mecanismo de la enzima glutatión peroxidasa. En resumen, es muy importante cuando nuestro cuerpo debe hacerle frente a mucho estrés. La leche materna contiene selenio, así que si has continuando dándole el pecho tu hijo, sigue recibiéndolo. El selenio no siempre fue un ingrediente obligatorio de la leche preparada. Según la página web oficial de la FDA, se agregó a la lista obligatoria de nutrientes de las leches preparadas para bebés en junio de 2015. El selenio es muy importante, pero basta con un poquito.

Al igual que con un adulto, se recomienda incluir pescado y marisco en la dieta de un niño unas dos o tres veces a la semana. Si tienes esto en cuenta, es probable que tu bebé obtenga suficiente selenio. El pescado y el marisco son una de las principales fuentes de selenio, como, por ejemplo, el atún, las gambas y el salmón. Si no puedes o no te gusta comer pescado y marisco con tanta frecuencia, también se puede encontrar el selenio en los champiñones, los espárragos, los huevos, el pavo, el pollo y las semillas de girasol.

¿Cuánto es suficiente? ¿Y demasiado?

Una de las preguntas más frecuentes que recibe nuestro equipo tiene que ver con la cantidad de comida. ¿Cuánta comida es suficiente para un bebé? La verdad es que eso variará, y un niño de nueve meses podría o no podría comer tanto como un niño de doce meses, y fulanito podría comer menos que menganita, pero más que zutanito. El objetivo es que, para cuando el bebé cumpla un año, pueda mantenerse con alimentos sólidos, pasar a tomar leche entera de vaca en una taza y ya no necesitar leche materna o preparada. Hablaremos más detenidamente de ello en el siguiente capítulo. Pero recuerda que la duración de la lactancia materna es como lo que comes: depende de ti (y de tu pequeño). Ten por seguro que tu hijo está tratando de comer más sólidos, desarrollar habilidades precisas de alimentación autónoma y aprender de ti cada vez que os sentáis a disfrutar de una comida juntos.

Raciones

A estas alturas, ya has comprobado que tu bebé puede comer exactamente lo mismo que tú sin necesidad de preparar platos especiales o servir solo alimentos aptos para niños. En esta etapa, es probable que el bebé pueda pasar de alimentos aislados como espaguetis con albóndigas a un lado a platos variados normales como espaguetis con albóndigas encima. Recuerda que es preferible servirle poco en el plato para que no se sienta abrumado. Pero no te olvides de ofrecerle repetir una vez o incluso dos si tu hijo te indica que quiere más (estirando la mano para coger más, pidiendo más por señas, abriendo la boca, chupándose el puño, etcétera). No queremos abrumar al bebé y, desde luego, tampoco queremos restringirle la comida (esto puede provocar problemas alimentarios más adelante). Si el bebé es el que manda, lo más probable es que coma lo necesario para satisfacer sus necesidades. Algunas veces comerá mucho y otras poco. Aquí tienes un menú de ejemplo de tres días para tu hijo de nueve a doce meses. Ten en cuenta las cantidades con las que puedes empezar y ofrécele más según sea necesario.

Comida	Día de ejemplo 1	Día de ejemplo 2	Día de ejemplo 3
Desayuno	– ½-1 huevo duro – 2 cucharadas-¼ de taza de yogur griego natural elaborado con leche entera – 2 cucharadas-¼ taza de arándanos	– 1 tostada (cortada en tiras finas) untada con un poco de crema de almendras – 1 *minifrittata* (pág. 255) – 5-10 frambuesas	– 2 cucharadas-¼ taza de carne de ternera picada (pág. 245) – 2 cucharadas de tortitas de boniato frito – 2-4 fresas
Tentempié	– 2 cucharadas de humus – 2 *pretzels*	– ¼ de taza de cereales integrales – 2 cucharadas-¼ de taza de yogur griego natural elaborado con leche entera	– 2 cucharadas de compota de manzana – ¼ de taza de queso rallado

Comida	Día de ejemplo 1	Día de ejemplo 2	Día de ejemplo 3
Almuerzo	– 2 cucharadas-¼ de taza de ensalada de atún (pág. 274) –⅛-¼ de aguacate en rodajas o machacado y untado en pan o galletas – 2 galletas integrales o ½ rebanada de pan integral – 2 cucharadas de mandarinas enlatadas (en su jugo o al natural)	– ¼ de taza de sopa de lentejas – ¼ de sándwich de queso a la plancha (cortado en bocados de menos de 1,5 cm) – ¼-½ kiwi	– 2 cucharadas-¼ de taza de requesón o queso *cottage* – 2-4 buñuelos de calabacín – 2-3 mitades de tomates *cherry* con aceite de oliva y zumo de limón – 4-6 moras
Tentempié	– 2 cucharadas de requesón o queso *cottage* – ¼ de pera muy madura o 1 pera muy pequeña que el bebé pueda sujetar para comérsela	– ¼-½ huevo duro o ensalada de huevo – 1-2 galletas integrales	– 1 palito de pepino (de 5 cm) – 2-4 aceitunas cortadas en cuartos, sin hueso – 2-4 cucharadas de yogur griego natural elaborado con leche entera
Cena	– ¼-½ taza de espaguetis con salsa de carne	– ½-1 medallón de salmón a la plancha – 2-4 judías verdes cocidas al vapor – ¼ de taza de trocitos de patatas asadas al horno	– ¼-½ taza de pastel de pollo (pág. 296) – 1 trocito de chocolate negro

En la vida real, las cosas son un poco diferentes para cada familia. CC se comía una buena ración de fruta y huevos la mayoría de las mañanas poco después de despertarse, mientras que la pequeña A dividía el desayuno en dos tentempiés. Los horarios no son inamovibles, ni tampoco el número de comidas. Lo que sí es cierto es que tu hijo tiene un estómago más pequeño y necesita comer con más frecuencia que los adultos. De los nueve a los doce meses de edad, tu hijo pasará a realizar unas tres comidas y de dos a tres tentempiés al día. No sientas que debes seguir estas indicaciones como si fueran una dieta o un estricto plan de comidas. ¡No es así! El objetivo de este menú de ejemplo es mostrarte variedad y que tu bebé puede comer lo mismo que tú. Solo será demasiado si se siente presionado a comer más de lo que le apetece en esa ocasión en particular.

Tú eliges qué, él elige cuánto

Al igual que con el comedor principiante, la división de responsabilidad de Ellyn Satter también sigue siendo válida a esta edad. La división de responsabilidad sugiere que el padre o el cuidador es responsable de elegir qué comida se ofrecerá mientras que el bebé decide cuánto comer. Nuestra percepción de cuánto es suficiente puede no coincidir con lo que el bebé realmente quiere o necesita. Si consideras que tu hijo no está comiendo lo suficiente, permítele comer con más frecuencia a lo largo del día, ofrécele alimentos ricos en grasas y nutrientes y evita las bebidas hasta después de comer (los líquidos pueden llenar demasiado y causar una menor ingesta de alimentos sólidos en las comidas). En este punto, puedes evitar darle el pecho o el biberón hasta después de que haya terminado.

El tiempo vuela

¡Felicidades! Has comenzado con muy buen pie, y tu bebé cuenta con una base excelente para alimentarse. A continuación, nos aguarda su primer cumpleaños y, con ello, un niño con una mente y un paladar independientes. Cuentas con el apoyo del equipo de este libro, y los capítulos 8 y 9, que abordan este paladar más selectivo y modos creativos de mantener a tu hijo en la senda de la alimentación autónoma.

8. En marcha (de 12 a 24 meses: el comedor preavanzado)

> El silencio es oro... a menos que tengas un hijo pequeño. En ese caso, el silencio es muy muy sospechoso.
>
> ANÓNIMO

El aplastamiento de la tarta. Se trata del rito de paso del bebé de un año al mundo de la comida sólida. Esperamos que para cuando tu hijo se embadurne de glaseado el pelo y a todo el que tenga cerca, ya haya probado gran parte de los alimentos que componen el menú de la familia. Y en todas las texturas posibles. Esta puede ser una época muy divertida de aventuras con la comida y cenas en familia. Tu hijo no solo está probando una gran variedad de alimentos y texturas, sino que seguramente esté deseando descubrir más, puesto que ya puede caminar y explorar por su cuenta. También es posible que haya decidido que prefiere explorar a comer. Tu hijo ya ha dejado de ser un bebé y su ritmo de crecimiento se ha ralentizado, así que no te preocupes demasiado si notas una disminución en la ingesta; por otro lado, si su recién descubierta capacidad para caminar se ha convertido en una carrera, entonces su apetito también puede pisar el acelerador.

¡Es posible que sientas que ya tienes bajo control todo esto de la alimentación! A nosotras nos pasó. El primer año puede suponer muchas aventuras culinarias para ti y tu hijo, como pedir comida de un menú de verdad. Sin embargo, antes de dejarle pedir el pollo a la parmesana, dediquemos un momento a comprobar sus progresos en cuanto a habilidades de alimentación, tolerancia a las texturas e ingesta de alimentos. Utiliza esta lista de comprobación para determinar si tu hijo está preparado para pasar de comedor novato a preavanzado. A estas alturas, es probable que tu hijo:

- Tome 3 comidas y 2 o 3 tentempiés al día.
- Sujete objetos con un buen agarre de pinza.
- Gestione casi todas las texturas.
- Muerda y mastique la mayoría de los alimentos.
- Agarre y utilice una cuchara con mayor eficacia.
- Pueda terminarse la mayor parte de la comida, aunque podría empezar a dejar más en el plato.
- Deje de usar tazas con boquilla o pajitas y empiece a emplear tazas abiertas en todas las comidas.
- Demuestre más control para llevarse la comida a la boca y derrame menos.
- Pida más comida cuando sea necesario.

Recuerda que cada niño se desarrolla a su propio ritmo. Esto solo son indicadores generales de progreso en cuanto a habilidades de alimentación. Ahora que tu hijo se mueve más y se lo pasa en grande explorando la casa, debemos tener en cuenta nuevas o cambiantes áreas de interés. Repasemos las medidas de seguridad ahora que tu hijo ha pasado a ser un comedor preavanzado.

Lista de comprobación de medidas de seguridad para el comedor preavanzado

1. El niño se sienta a comer a la mesa en una trona; no come mientras camina o juega.
2. Elimina las distracciones, como la televisión o los juguetes, para que pueda concentrarse en la comida. Las distracciones pueden conllevar accidentes, además de crear el hábito de comer de forma mecánica.
3. **Nunca** lo dejes desatendido mientras come. Aunque sus habilidades han mejorado de forma espectacular, es aconsejable permanecer cerca mientras come. Dependiendo de cuántos dientes tenga y de su aptitud para masticar, todavía podría existir riesgo de atragantamiento.
4. Continúa comprobando la temperatura de los platos cocinados y variados para asegurarte de que no están demasiado calientes para él. Al igual que con las texturas, puedes enseñarle a comprobarlo dándole un bocado a la comida o llevándosela a los labios.
5. Puedes ofrecerle los alimentos en trozos más pequeños ahora que mastica de forma más eficiente. Por ejemplo, en lugar de cortar el bistec en palitos puedes hacerlo en bocados más pequeños. Aunque a los niños no les salen las muelas hasta los dos o tres años, pueden roer, morder y masticar carne bastante bien, sobre todo si se prepara de forma que se mantenga tierna y jugosa.
6. Puedes incluir ciertos alimentos que antes evitábamos ofrecer enteros dependiendo del desarrollo de las habilidades de masticación de tu hijo. Si es necesario, puedes continuar cortando por la mitad los alimentos redondos como uvas (en mitades desde el pedúnculo a la punta, no por el centro), tomates *cherry*, salchichas, etcétera.
7. Todavía puede haber alimentos que a tu hijo le resulten difíciles de gestionar con las encías, los dientes o sus habilidades de masticación. Modifica la textura según sea

necesario (como retirando las hebras de un gajo de naranja o troceando los frutos secos).

¿El niño está preparado para avanzar?

Vamos a comprobar si tu hijo está preparado para pasar a la alimentación preavanzada.

La pequeña Debbie solía tener problemas para manejar la cuchara mientras desayunaba avena y prefería usar las manos en su lugar. De vez en cuando probaba con la cuchara a lo largo de la comida.

- ❑ Está preparada.
- ✔ No está preparada: Debbie necesita más tiempo para trabajar con sus habilidades con la cuchara.

Al pequeño Johnny le va muy bien con la taza abierta y la cuchara durante la mayoría de las comidas. Ahora es capaz de comer líquidos aguados con la cuchara, como sopa, sin derramar apenas nada.

- ✔ Está preparado: Johnny parece comer bien con la cuchara.
- ❑ No está preparado.

La pequeña Maxie está empleando signos para pedir que le sirvan más durante las comidas. Parece respetar las señales de hambre que le envía su cuerpo en crecimiento.

- ✔ Está preparada: Maxie está comiendo bien y acostumbrándose a respetar las señales de su cuerpo.
- ❑ No está preparada.

No te asustes

Durante el último año probablemente hayas visto cómo tu bebé se convierte en un comedor feliz e interesado. No obstante, no es raro que este interés y apetito disminuyan. Se trata de algo normal, ya que la velocidad de crecimiento ha disminuido de manera drástica desde los primeros meses de vida. Cuando hemos asesorado a los padres de niños de uno a dos años de edad, a menudo nos comentan que les habría gustado haber sabido que era normal. Todos amamos a nuestros hijos y queremos que estén bien alimentados. Resulta muy tentador apartarse de la división de responsabilidad cuando nos desespera que no coman o que no coman lo suficiente. Nosotras también nos hemos visto tentadas a decir: «Solo un bocado más» o «Acábate las zanahorias», pero debemos confiar en que la misma intuición que los ayudó a alimentarse hasta este momento también los ayudará a mantenerse lo suficientemente nutridos para seguir creciendo y desarrollándose mediante la autorregulación. Comen como nosotros, y sus cuerpos responderán en consecuencia.

Las investigaciones sugieren que un estilo de crianza controlador, ya sea presionando a un niño a comer más o restringiendo su ingesta, conduce a una mala autorregulación.[1] Al parecer, ese estilo de crianza logra justo el resultado opuesto a lo que los padres intentan conseguir. Si se restringe la dieta, es muy probable que el niño coma más cuando tenga la oportunidad y esto está vinculado a un aumento de peso. Sin embargo, si se presiona al niño para que coma, ese comportamiento puede conllevar dificultad para comer, menos disfrute de la comida y peso insuficiente. En resumidas cuentas, por muy fuerte que sea el impulso de controlar la ingesta de tu hijo, haz todo lo posible por evitarlo. Después de todo, comemos por naturaleza, y la división de responsabilidad puede ayudarnos a mantenernos, a padres e hijos por igual, en la senda correcta.

Dediquemos un momento a revisar nuestro papel como padres según la división de responsabilidad para apoyar a un comedor que se autorregula. Los padres continúan a cargo de cuándo se ofrece comida, qué comida se ofrece y dónde se comerá o servirá. Una función adicional por nuestra parte es confiar. Confiar en que nuestro comedor nato puede hacer justamente eso y cumplir su papel. Estamos confiando en que nuestro hijo seguirá su papel para decidir si va a comer y cuánto. Hemos visto cómo se desarrollan estas maravillosas habilidades en las familias a las que hemos asesorado así como con nuestras propias hijas. Es totalmente factible.

Este podría ser un escenario aproximado del reparto de papeles durante una comida. Mamá prepara la cena a las seis (cuándo) y coloca boniatos asados, espárragos, fresas y pollo a la barbacoa (qué) en el plato de David. Papá pone la mesa en la cocina (dónde). David se sienta en su trona y comienza a comerse los boniatos, las fresas y el pollo (si se los come). Está indeciso con los espárragos, pero los explora. Deja la mayor parte de los espárragos y la mitad de los boniatos en el plato (cuánto) y lo aparta para indicar que ha terminado. Mamá y papá lo han visto probar todo lo que tenía en el plato mientras comían exactamente el mismo menú. Aunque les preocupa que ingiera suficientes alimentos, confían en que se está autorregulando según sus necesidades en ese momento y no lo animan a comer más. David y sus padres respetan sus papeles y confían en sus respectivas responsabilidades.

Nutrición versus nutrientes

Ahora que tu hijo tiene un año, se recomienda que beba leche de vaca entera en lugar de leche preparada. Algunos niños todavía pueden seguir mamando a demanda o bebiendo la leche materna en una taza, y eso también está bien. Haz lo que os funcione mejor a tu hijo y a ti. Simplemente recuerda que las bebidas como la leche pueden llenarle rápidamente la tripa y disminuir la cantidad de alimento que consume en una comida. Puedes ofrecerle leche con un pequeño tentempié o después de la comida para que consuma más sólidos.

Beber o no beber

Otra pregunta frecuente que surge alrededor de esta época tiene que ver con las bebidas. Los zumos de frutas son un tema candente. Si decides utilizar zumo a esta edad, asegúrate de que sea zumo de frutas al cien por cien. Dilúyelo todo lo que puedas, aproximadamente 30 ml de zumo en un vaso de 230 ml lleno de 200 ml de agua. Opinamos que algunos zumos aportan beneficios y pueden tener cabida en la vida de un niño. Después de todo, a muchos nos gusta dejar el agua de lado de vez en cuando. De las opciones de zumo al cien por cien, nuestros favoritos cumplen un propósito y pueden complementar alguna que otra comida o tentempié. Hemos añadido pequeñas cantidades de estos zumos a yogur, agua, alimentos cocinados, avena y helados para aportar cambios de sabor y beneficios funcionales. Los nutrientes que aportan de 30 a 60 ml de estos zumos al día son difíciles de obtener mediante alimentos naturales:

- Zumo de uva Concord: Los beneficios que un adulto puede obtener al beber vino se pueden encontrar en los oscuros zumos de las uvas Concord. Desde investigaciones sobre la función cerebral a la salud cardíaca, las uvas Concord han estado recibiendo numerosa atención mediática positiva por sus propiedades nutricionales.[2,3]
- Zumo de cerezas ácidas: Puede resultar demasiado ácido para tu paladar, pero podría ser perfecto para tu hijo. El zumo de cereza ácida puede ayudar a conciliar el sueño, así que podrías reservar la ración de 30 a 60 ml para después de la cena.[4]
- Zumo de arándanos: Otro zumo ácido avalado por investigaciones prometedoras. El zumo de arándanos puede ayudar a prevenir infecciones recurrentes del tracto urinario tanto en adultos como en niños.[5]
- Zumo de naranja: Desecha las bebidas con sabor a naranja y opta por lo auténtico. El zumo de naranja ofrece una estupenda fuente de vitamina C y si a tu hijo no le entusiasma la carne y estás empleando legumbres o verduras como principales fuentes de proteínas, este zumo complementará tus menús para ayudar a absorber el hierro procedente de otros alimentos.

Cada vez que le ofrezcas a tu hijo algo de beber es un buen momento para introducir una taza abierta y una pajita dura (de plástico duro o de acero inoxidable). Aquí tienes otro truco del doctor Dave: introduce una pajita en una taza de agua y cubre la abertura de la pajita con un dedo. Mientras mantienes el dedo en su sitio, ofrécesela a tu hijo y permítele chupar la bebida de la pajita antes de apartar el dedo. Esto puede ayudarte a enseñarle a aspirar líquidos de una pajita. Algunos bebés aprenden enseguida, mientras que otros pueden requerir más intentos. Para los que prefieren las pajitas, encontrarás excelentes opciones multiusos de metal en el mercado que se pueden lavar en el lavavajillas.

Ya hemos mencionado antes que ingerimos alimentos, no nutrientes. Aunque los alimentos nos aportan estupendos nutrientes, no nos sentamos ante un plato de vitamina C y ácidos grasos omega-3. Nos sentamos ante un plato de salmón a la parrilla y pimientos rojos asados. Ahora que tu hijo ha cumplido un año, es probable que su menú se parezca mucho al tuyo, salvo que a una escala menor. Al pensar en nutrientes y en nutrición en general, podemos centrarnos en lo mismo en lo que nos gustaría que te centraras con relación a toda la familia: el equilibrio. Si estuvieras sentado frente a nosotras en nuestros respectivos despachos, te aconsejaríamos que llenaras tu plato de frutas y verduras coloridas, proteínas que favorecen el desarrollo muscular, grasas saciantes e hidratos de carbono que aportan energía. Y enseñamos a hacerlo de una forma visual, exactamente igual que al crear el primer plato para el bebé. Empleamos el «método del plato». Diversas organizaciones y asociaciones usan un modo similar de enseñar a crear un plato equilibrado, pero así es como empleamos nosotras el método del plato.

Primero, visualiza tu plato. Vamos a usar uno redondo típico. Divide el plato por la mitad y ahí es donde pondrás las verduras y las frutas. Luego divide de nuevo la otra parte por la mitad. Ahora tenemos alrededor de un cuarto de plato para las proteínas, que favorecen el desarrollo muscular, y un cuarto para los hidratos de carbono, que aportan energía. Depositaremos las grasas saciantes justo encima. No estamos dejando fuera los lácteos; simplemente los incluimos con las proteínas. Así es más fácil (y sabroso).

El equilibrio es importante, pero ni siquiera los mejores comedores emplean platos perfectos todos los días. ¡Y eso está bien (y es normal)! Ambas hemos tenido comidas en las que nuestras hijas solo se comieron los boniatos o el *brownie*. Naturalmente que como madres (y expertas en nutrición) queremos que nuestras hijas sigan una dieta equilibrada; sin embargo, la forma en la que un niño come, desarrollando hábitos alimenticios desde una edad temprana, puede resultar aún más importante al principio que lo que come. En nuestros despachos de asesoría nutricional, hemos visto el daño que la falta de confianza en el cuerpo puede ocasionar con el tiempo. Estos primeros años pueden ser fundamentales en el desarrollo de la conducta alimentaria. En cuanto logremos confiar y apoyar los mecanismos que autorregulan cómo comer, el qué (o equilibrio) probablemente llegará con el tiempo.

Lo que comemos es importante, pero obcecarnos en comer ciertos alimentos, o no comerlos, puede resultar contraproducente. Cuando se le da excesiva importancia a la comida, podría convertirse siempre en un asunto excesivamente importante.

Durante esta época, es habitual que tu hijo tenga más preferencias. Puede que en el desayuno solo se coma los huevos y no la tostada. Esto también está bien. Como padres, seguiremos ofreciéndole los alimentos a pesar de saber que tal vez no se los coma de un día para otro. A muchos padres les preocupa en esta etapa que sus hijos se estén volviendo maniáticos con la comida. Pero una cosa son las manías típicas, que, como ya hemos descrito anteriormente, son algo normal, y otra las manías exageradas. A veces, un niño de 16 meses con manías típicas puede empezar a comer cada vez menos alimentos o texturas.

Existen una gran variedad de razones para esto y, como padres, no queremos convertir algo normal en un problema. Por ejemplo, digamos que CC deja de comer brócoli (lo hizo) durante un tiempo y dejamos de ofrecérselo alegando que es maniática (no lo hicimos). Entonces pasa lo mismo con los tomates y decimos: «Vaya, es maniática y no quiere comer esos alimentos». Es posible que, partiendo de una comedora típica de un año, ayudemos a crear una muy maniática. Recuerda que cuando se le da excesiva importancia a la comida, se convierte en un asunto excesivamente importante.

¿Son manías típicas o exageradas?

Aproximadamente a la mitad de los niños se los considera «maniáticos» en algún momento. Una conducta más maniática con la comida forma parte de las fases normales de alimentación. Todos los padres necesitan más información y apoyo sobre cómo identificar las manías típicas, cómo no empeorar las cosas, cómo fomentar una relación saludable con la comida, cuándo buscar ayuda profesional y cómo encontrar la ayuda adecuada. Las manías exageradas con la comida se pueden definir como no consumir suficiente cantidad o variedad de alimentos para fomentar un saludable desarrollo emocional, físico o social o patrones de alimentación que suponen una fuente significativa de conflicto o preocupación. El término «manías exageradas» abarca, entre otros aspectos, la alimentación selectiva, la aversión a la comida, los trastornos alimenticios, el trastorno de evitación o restricción de la ingesta alimentaria (ARFID, por sus siglas en inglés), los comedores problemáticos y la anorexia infantil (término más antiguo).

Cualquier cosa que haga que llevarse la comida a la boca, masticar, tragar y hacer la digestión resulte difícil, doloroso o incómodo aumenta las probabilidades de que un niño padezca manías exageradas. La forma en la que se le da de comer al niño también desempeña un papel fundamental. A continuación, incluimos algunos indicios de que los padres pueden estar lidiando con manías exageradas; a menudo, estos están relacionados con cuestiones médicas, dificultades oral-motoras o sensoriales, ansiedad, espectro autista, mal genio e historial alimenticio. Se trata de problemas complejos con numerosos factores que hay que considerar y abordar.

- A los 15 o 18 meses todavía no es capaz de roer o masticar con los molares.
- Experimenta un descenso en la curva de crecimiento y pérdida de peso.
- Le costó tomar el pecho o el biberón o pasar a los sólidos (en comparación con un niño al que le va bien hasta los 15 o 18 meses, que es cuando normalmente comienzan las manías típicas con la comida).
- Se atraganta, vomita con regularidad o aspira.

- Siente dolor o dificultad al comer o hacer la digestión.
- Se esconde comida en la mejilla (con un fin funcional o por hábito).
- Evita grupos enteros de alimentos.
- Se queda atascado en una transición; por ejemplo, no puede avanzar más allá de las cucharas o los purés.
- Cuenta con un pequeño número de alimentos «seguros» o aceptados, puede tratarse de envases o marcas específicos.
- Se muestra exageradamente inquieto o disgustado, más allá de la típica rabieta infantil.
- Siempre ha mostrado muy poco interés en la comida o en comer.
- Nunca se llevó comida ni objetos a la boca (indicios sensoriomotores).
- No puede ir a fiestas ni quedarse a dormir en casa de amigos debido a la limitada gama de alimentos aceptados o a la ansiedad.
- Sus compañeros se burlan de él o recibe demasiada atención de los adultos (familia, maestros, etcétera) por sus hábitos alimenticios.
- Historial de alimentación forzada o bajo presión y reticencia a comer.

Extraído de la obra de la doctora Katja Rowell, experta en alimentación y escritora, y Jenny McGlothlin, logopeda, *Helping Your Child with Extreme Picky Eating: A Step-by-Step Guide for Overcoming Selective Eating, Food Aversion, and Feeding Disorders*.

Referencias del capítulo 8

1. Brown, A., y Lee, M. D., «Early influences on child satiety-responsiveness: the role of weaning style», *Pediatric Obesity*, 2015, vol. 10, n.º 1, págs. 57-66, DOI: 10.1111/j.2047-6310.2013.00207.x.
2. Lamport, D. J.; Lawton, C. L.; Merat, N.; Jamson, H.; Myrissa, K.; Hofman, D.; Chadwick, H. K.; Quadt, F.; Wightman, J. D., y Dye, L., «Concord grape juice, cognitive function, and driving performance: a 12-wk, placebo-controlled, randomized crossover trial in mothers of preteen

children», *American Journal of Clinical Nutrition*, marzo de 2016, vol. 103, n.º 3, págs. 775-783, DOI: 10.3945/ajcn.115.114553.

3. Vislocky, L. M., y Fernández, M. L., «Grapes and Grape Products: Their Role in Health», *Nutrition Today*, 2013, vol. 48, n.º 1, págs. 47-51, DOI: 10.1111/j.1753-4887.2010.00335.x.
4. Howatson, G.; Bell, P. G.; Tallent, J.; Middleton, B.; McHugh, M. P., y Ellis, J., «Effect of tart cherry juice (*Prunus cerasus*) on melatonin levels and enhanced sleep quality», *European Journal of Nutrition*, diciembre de 2012, vol. 51, n.º 8, págs. 909-916, DOI: 10.1007/s00394-011-0263-7.
5. Goldman, R. D., «Cranberry juice for urinary tract infection in children», *Canadian Family Physician*, abril de 2012, vol. 58, n.º 4, págs. 398-401. Fecha de acceso: 5 de octubre de 2016, <http://www.cfp.ca/content/58/4/398.full>.

9. Eso no me gusta... hoy (de 24 a 36 meses: el comedor avanzado)

Las palabras de refuerzo positivo de parte de las mamás y los papás son como interruptores de luz. Una palabra de refuerzo positivo en el momento adecuado de la vida de un niño puede iluminar toda una habitación llena de posibilidades.

Gary Smalley

A Zoe le emocionaba ir al jardín de infancia. Había visto a los niños mayores con sus mochilas y fiambreras. Había llegado el momento de que ella también tuviera una fiambrera, y estaba ansiosa por ayudar a llenarla. Quería una quesadilla de queso todos los días, ¡y no se hable más! Su mamá se estaba frustrando y hacía todo lo posible por intentar que probara algo diferente, pero las quesadillas de queso eran sus favoritas. Después de dos semanas de quesadillas de queso, su mamá decidió llevar a Zoe a la cocina para explorar un poco. Elaboraron diferentes tipos de quesadillas, kebabs de queso y fruta y sándwiches de galletas. Zoe y ella tenían ahora una nueva y divertida lista de comidas para la fiambrera. Mamá también dejó de preguntarle cada mañana qué quería comer porque recordó que parte de su papel era decidir el qué. Ahora contaba con una nueva lista de comidas divertidas que a Zoe le gustaban y se guiaba basándose en ella.

Hora de echar a volar

A estas alturas, tu hijo ya come casi todos los alimentos o, por lo menos, todas las texturas existentes, con la excepción de aquellos que suponen peligros evidentes de atragantamiento, como frutos secos, palomitas de maíz y malvaviscos. Ahora puede usar una taza abierta, sorber de una pajita, emplear una cuchara y manejar un tenedor. Incluso puedes atreverte a ayudarlo a usar un cuchillo de mantequilla o uno adaptado para niños durante las comidas. ¡No te asombres! Niños de todo el mundo aprenden a usar cuchillos a una edad temprana. Al igual que con todo, la práctica y un entorno seguro son la mejor manera de aprender. Es la hora. Tu hijo tiene alas, y es la hora de permitirle alzar el vuelo. ¡Metafóricamente hablando, por supuesto!

Además de perfeccionar sus habilidades con los utensilios, lo más probable es que ya le hayan salido la mayoría de los dientes. Contar con un juego completo de dientes mejora enormemente su capacidad de masticación y puede inspirarle más confianza a la hora de dar bocados. Pero todavía podría intentar abarcar demasiado (¿no nos pasa a todos?). Incluso aunque use cubiertos y una taza abierta y mastique su bistec sin problemas, todavía hay habilidades que es necesario practicar y supervisar con seguridad. A estas alturas, tu hijo podría:

- Comer los mismos alimentos que el resto de la familia.
- Comer bien por sí mismo empleando la cuchara y el tenedor.
- Tener claro qué alimentos le gustan y cuáles no.
- Rechazar ciertos alimentos o volverse más maniático.
- Limpiarse él solo la boca y las manos con una servilleta o un paño.

- Empezar a servirse la comida derramando muy poca cantidad.
- Usar un recipiente pequeño para servirse líquidos en su taza.

¿Tu hijo está preparado para avanzar?

Vamos a comprobar si tu hijo está preparado para pasar a la alimentación avanzada.

Isla usaba una taza abierta y cubiertos mientras cenaba minihamburguesa, ensalada y batido de plátano y chocolate. Le gustaba exhibir sus habilidades para comer y beber como sus papás.

✔ Está preparada: Isla come y bebe bien usando los utensilios y la taza.
❏ No está preparada.

A Jack le encantaba escoger sus propios tentempiés. Cuando mamá anunciaba que era hora de merendar, era capaz de abrir el cajón de los tentempiés y escoger unas galletas. A continuación, le pedía queso a su mamá para completar la merienda. Sabía que debía pedir ayuda cuando fuera necesario.

✔ Está preparado: Jack pide ayuda y toma decisiones basadas en las opciones que mamá le proporciona.
❏ No está preparado.

A Audrey le costaba comerse la sopa y se frustraba con la comida. Quería usar la cuchara, pero se manchaba la camiseta de sopa constantemente.

❏ Está preparada.
✔ No está preparada: Puede que Audrey todavía necesite la ayuda de una cuchara más grande, apta para niños pequeños, junto con muchos elogios en cada intento.

Si estas habilidades parecen distar mucho del punto en el que se encuentra ahora mismo tu hijo, no pasa nada. Algunos niños necesitan un poco más de estímulo y práctica antes de estar preparados para ser comedores avanzados. Todos los niños se desarrollan a su propio ritmo, y no olvidemos que los hitos basados en la edad son generalizaciones.

Lista de comprobación de medidas de seguridad para el comedor avanzado

Aunque tu hijo crece a pasos agigantados y cada vez se comporta menos como un niño pequeño y más como uno mayor listo para emprender el vuelo, todavía hay cosas que debemos seguir haciendo para que la mesa sea una zona segura a la hora de comer.

1. El niño todavía se sienta a la mesa en una trona, un asiento elevador con reposapiés o una sillita especial para niños y no camina de un lado a otro ni come mientras juega.
2. Las distracciones se siguen eliminando. Continúa fomentando el hábito de ser consciente de lo que se come.
3. Continúa estando presente cuando tu hijo come.
4. Continúa comprobando la temperatura de los platos cocinados y variados para asegurarte de que no están demasiado calientes para él y anímalo a probar la comida y soplarla si es necesario.
5. Continúa proporcionándole trozos de comida del tamaño adecuado e instrúyelo mientras mastica u ofrécele cortarla en trozos más pequeños cuando veas que tiene dificultades.
6. Continúa progresando hacia alimentos que antes evitábamos y corta los alimentos redondos por la mitad longitudinalmente.
7. Continúa modificando la textura según sea necesario en función del grado de comodidad de tu hijo.

Nutrientes que hay que tener en cuenta

El crecimiento y el desarrollo pueden ralentizarse a partir de los dos primeros años de vida, pero tu hijo todavía necesita incorporar muchos nutrientes a través de la ingesta alimenticia. El niño puede experimentar una gran cantidad de cambios durante el segundo y tercer año. ¡Si tienes un hijo, probablemente te entusiasme referirte a él como un niño de dos o tres años en lugar de estar contando los meses! Si ha comenzado a asistir a la guardería o al jardín de infancia, o si pasa más tiempo fuera de casa, puede que notes que sus patrones de alimentación varían cuando está fuera. Esta suele ser una época en la que los niños pueden experimentar cambios en sus preferencias alimenticias, problemas de hidratación e incluso padecer estreñimiento.

> Tener un niño de dos años es como tener una batidora sin tapa.
>
> JERRY SEINFELD

A esta edad, no hay ni un momento de respiro. ¿Parar para beber? ¿Parar para usar el orinal? ¿Usar un baño desconocido? Todo esto son preocupaciones y reflexiones legítimas para un niño de dos años y medio. ¡Y eso está bien! Incluso tenemos que ponernos a hablar de pipí y la caca para comprender cómo les va a nuestros hijos, sobre todo si están fuera durante el día. Aunque algunas personas no consideran este tipo de conversaciones parte de la nutrición, pueden proporcionarnos mucha información importante. Podemos hacer preguntas como: ¿cuándo hiciste caca en la escuela?, ¿hiciste hoy?, ¿te dolió? Estas preguntas pueden decirnos si se está conteniendo y no va al baño cuando lo necesita o si no está bien hidratado. Hay un motivo por el que los dietistas hablamos mucho de esto, incluso con los adultos. Cuando te preguntemos cómo te va, vas a tener que pensarte bien a qué nos referimos. Cuando preguntamos por los niños, buscamos información que nos indique si tu hijo está ingiriendo suficiente comida, fibra o agua en el día a día.

Además de las necesidades de fibra y agua, hay algunos nutrientes adicionales de los que los niños suelen carecer en Estados Unidos, como el calcio y el potasio. Con una ingesta centrada en frutas y verduras, con menos alimentos excesivamente procesados, las deficiencias en nutrientes como estos no deberían suponer un problema.

Fibra

Con todos los alimentos naturales que está comiendo, es muy probable que tu hijo vaya perfectamente al baño, pero, en caso de que padezca estreñimiento, vamos a repasar las necesidades de fibra para los niños pequeños. Según la Academia Estadounidense de Pediatría, los niños de dos años o más deben tomar 5 gramos de fibra alimentaria más su edad.[1] Es decir, si tiene dos o tres años, debería ingerir de 7 a 8 gramos al día como mínimo y de 17 a 18 gramos como máximo. Si le proporcionas abundantes frutas y verduras, es probable que ya esté recibiendo suficiente. No es necesario que procures alcanzar la cantidad máxima de fibra todos los días ni contar los gramos (no lo hagas, por favor). Demasiada fibra también puede causar problemas como hinchazón, gases o diarrea y si no se bebe suficiente agua, incluso estreñimiento. Esto también se nos aplica a los adultos.

Los padres suelen tener en cuenta las necesidades de fibra cuando su niño está aprendiendo a usar el orinal. Si la dieta de tu hijo incluye la cantidad adecuada de fibra, su caca estará mejor formada y probablemente la expulsará con más facilidad. Que tu hijo tenga problemas para ir al baño no es un proceso nada agradable. Los alimentos ricos en fibra incluyen todas las bayas, alubias, brócoli, repollo, guisantes, frutos secos y patatas con piel. Antes de que abras una caja de cereales integrales de esos que parecen palitos u optes por un suplemento de fibra, prueba con una dosis diaria de moras o frambuesas. Una taza de bayas contiene la friolera de 8 gramos de fibra y es un modo supersabroso de consumir fibra. No creemos que debas comprar un montón de alimentos ricos en fibra para ingerir la cantidad suficiente. Se puede hacer a la antigua, con frutas y verduras.

Agua

Cuando se toma suficiente fibra, es igualmente importante mantenerse hidratado. La fibra absorbe fluidos para que la ayuden a tomar forma y salir de nuestros cuerpos. Los niños pequeños y preescolares son seres muy activos. Estos altos niveles de actividad debido a correr, saltar, columpiarse, deslizarse y jugar constantemente conllevan una mayor necesidad de fluidos. Según el estudio *Dietary Reference Intakes for Electrolytes and Water* [«Ingestión dietética de referencia de electrolitos y agua»] del Instituto de Medicina de Estados Unidos, la ingesta adecuada de agua para niños de uno a tres años es de 1,3 litros al día. El agua es la bebida aconsejada para niños pequeños y preescolares, seguida de la leche (hasta tres tazas de 240 ml al día) y, si se desea, hasta 120 ml de zumo de fruta cien por cien al día. Además de agua, leche y zumo, algunas de las necesidades de líquidos de tu hijo se pueden satisfacer con sopas, yogures, frutas jugosas y verduras. El agua se puede obtener de diversas formas, no solo mediante el consumo de agua propiamente dicha.

Los niños pequeños a menudo carecen de la capacidad de saber que tienen sed o suelen olvidarse de bajar el ritmo para beber. Si ves que su orina es de color amarillo oscuro o tiene un olor muy fuerte cuando utiliza el orinal, entonces es hora de aumentar sus fluidos. Añade fruta fresca al agua, haz cubitos de hielo con fruta, agrega un chorrito de zumo de fruta o prepárale un poco de té de hierbas como manzanilla para animarlo a beber agua con más frecuencia a lo largo del día.

Hoy en día, existen tés aptos para niños. ¿Quién lo iba a decir? Wendy Jo y la pequeña A toman té juntas por la noche. Pero no olvides que, al igual que con la comida, las necesidades de fluidos pueden variar de un niño a otro. Unos necesitan más y otros, menos. ¡Algunos incluso pueden beber más que nosotros!

Calcio

El mineral de la fabricación ósea, el calcio, es un nutriente fundamental tanto para los bebés como para los niños. La mayoría piensa en los huesos cuando se refiere al calcio, pero en realidad también desempeña un importante papel en la contracción muscular, las respuestas nerviosas, las enzimas y las respuestas hormonales. Sufrir una deficiencia de calcio puede implicar que el cuerpo tome lo que necesita de los huesos. Esto puede significar problemas para un niño pequeño con huesos en crecimiento y en desarrollo. Aunque la leche ha recibido durante mucho tiempo la fama de ser una fuente de calcio, también se pueden incluir en la dieta otras fuentes excelentes. Las almendras, el yogur, el kéfir, el queso, el zumo de naranja enriquecido con calcio, las alubias blancas, la col y el brócoli proporcionan calcio. Un niño que bebe, como mínimo, dos tazas y media de leche al día recibe suficiente calcio. La leche materna contiene menos de un tercio de calcio que la leche entera, así que si esta sigue siendo la bebida preferida de tu hijo, procura añadir yogur, queso, almendras y verduras a su dieta a lo largo del día. Pero no te olvides de la vitamina solar, la vitamina D, que es necesaria para la absorción de calcio. Es probable que sigas empleando suplementos con vitamina D, ya que es difícil obtener suficiente de los alimentos (esto se aplica a niños y adultos). Leslie le da cada día a CC un probiótico (al que ella llama su «proboyótico») que también contiene vitamina D.

Potasio

Una dieta rica en frutas y verduras frescas y naturales cubrirá las necesidades de potasio de un niño, pero si te preocupa que tu hijo no reciba suficiente, no tiene nada de malo añadir un suplemento vitamínico y mineral. El potasio representa un papel importante en la regulación de la presión sanguínea, las funciones musculares y las contracciones del corazón. Un niño con deficiencia de potasio puede parecer fatigado, al igual que con una deficiencia de hierro. El potasio se encuentra en la mayoría de las frutas y verduras frescas, entre las que destacan patatas asadas, orejones, plátanos, pasas, semillas de girasol, habas, almendras y calabaza. Si tu hijo sigue una dieta bastante equilibrada, entonces este nutriente no supondrá un problema a menos que existan afecciones subyacentes.

Menú y peso equilibrados

Contar con un menú equilibrado, que le ofrezcas frutas y verduras frescas con frecuencia y tener acceso a tentempiés saludables alentarán a tu hijo a comenzar a tomar decisiones inteligentes para recargar su cuerpo durante el juego y el descanso. Tanto Leslie como Wendy Jo les hablan a sus hijas de qué alimentos les aportan energía y vitalidad, y terminarse toda la comida nunca es un requisito. Nuestro equipo no pertenece al «club del plato limpio». Leslie suele bromear con que le costó casi veinte años desaprender los hábitos inconscientes del club del plato limpio. Lo dice más en serio que en broma.

La Academia Estadounidense de Pediatría les recuerda a los médicos y a los padres que a esta edad los niños poseen una capacidad innata para autorregular su ingesta. La AEP les advierte a los padres que estas tres prácticas están asociadas con un aumento excesivo de peso en niños pequeños:

- darles de comer en respuesta a la angustia emocional,
- usar la comida como recompensa e
- inducirlos o animarlos en exceso a comer.

Es tentador animar a tu hijo a que coma más, tome un bocado más o se termine el plato. ¡Nosotras también sentimos esos impulsos! Así nos criaron a muchos de nosotros, y sabemos que nuestros padres lo hicieron lo mejor que pudieron con la información de la que disponían en ese momento. Si alguna vez tienes dudas, recuerda la división de responsabilidad de Ellyn Satter. Como padres, somos responsables de lo que se les ofrece para comer, cuándo comen y dónde comen. Nuestros hijos están a cargo de si comen y cuánto comen. Pueden desarrollar los mejores cuerpecitos posibles sin obsesionarse con la comida ni el peso. Y recuerda que el peso (al igual que el IMC) no es un buen indicador de salud y no se debe hablar de ello con los niños.

Diversifica la comida

Antes de decir: «Otro bocado» o «Venga, puedes comer más» cuando descubres que los hábitos alimenticios de tu hijo se han quedado estancados, déjanos tranquilizarte: es algo normal. Los caprichos alimenticios, o cuando un niño únicamente quiere cierto o ciertos alimentos, normalmente solo duran unas pocas semanas. Los niños suelen tener fijación por un alimento u otro durante un tiempo y luego pueden superarlo rápidamente o pasar a otro. En lugar de centrarte solo en su ingesta o en alentarlo a dar otro bocado, intenta diversificar un poco las cosas. La broma acerca de que los niños odian todos los alimentos que les encantaban ayer puede llegar a ser muy cierta.

Si no le damos excesiva importancia a la comida, seguramente no acabará convirtiéndose en un asunto excesivamente importante. Cuando peleamos a causa de la comida o nos limitamos a preparar platos básicos, podríamos estar propiciando más dificultades. Puedes probar varios trucos que podrían ayudarte cuando veas que tu hijo rechaza algún alimento..., aunque ayer fuera su favorito. Cambiar la textura, prepararlo con diferentes especias, incorporar una salsa, agregarlo a una *pizza*, usarlo para rellenar una quesadilla, añadirlo a una sopa o ponerle queso por encima pueden suponer el pequeño cambio necesario para hacer que un alimento le resulte más apetecible a un niño librepensador. Incluso hemos descubierto que simplemente modificando cómo lo denominamos también puede funcionar. «Refuerza músculos» suena mucho más interesante y divertido que bistec, chuleta de cerdo o muslo de pollo. ¡Los que elaboran los menús de los restaurantes hacen lo mismo!

Intenta diversificar la textura o el aspecto de estos alimentos habituales:	
Huevos	Duros, revueltos, con queso, ensalada de huevo, huevos rellenos, *muffins* de huevo, *frittata*, quiche o tortilla
Carnes	Palitos rebozados, triturada, picada, en salsa, hamburguesas, albóndigas, *muffins* de carne, kebabs, chili o estofado
Legumbres	Alubias refritas, humus o salsas para mojar, añadidas a quesadillas, croquetas de legumbres (faláfel) o mezcladas con carne triturada en salsa
Verduras	En ensalada, salteadas con ajo, troceadas con huevos revueltos, troceadas en hamburguesas o albóndigas, añadidas a salsas o en batidos
Frutas	En rodajas, apiladas o en forma de kebabs, mezcladas con yogur, cocidas al horno o mezcladas con avena

Nosotras no somos partidarias de esconder los alimentos o ser deshonesto con tu hijo. Permítele ayudarte en la cocina y trabajar con las diferentes texturas y métodos de preparación de los alimentos. Aunque decida no probar o comer lo que prepare, sirve de ayuda que juegue con la comida y aprenda nuevas habilidades en la cocina. Recuerda que las manías alimentarias o tener algún que otro capricho son algo normal a veces. Si crees que tu hijo sufre manías exageradas, consulta las sugerencias de la doctora Rowell en el capítulo 8.

¿De verdad vas a comerte eso?

Esta puede ser una época difícil para los padres, ¡lo sabemos perfectamente! Como dietistas, oímos con frecuencia comentarios como: «¿Dejas que tu hija coma eso?». Nos gustaría responder así: «Es de mala educación hacer comentarios sobre lo que mi hija o yo comemos y, además, no es de tu incumbencia», pero nos contenemos... normalmente. La mayoría de las veces, solemos decir: «Creemos que la variedad y el equilibrio son importantes para los niños». Recuerda que somos partidarias de los alimentos naturales y reales, pero los consumimos de todo tipo, incluso excesivamente procesados a veces. Es más, incluso tenemos algunos en nuestras despensas. En nuestras consultas, nos preguntan una y otra vez si se deben tener ciertos alimentos en casa. Los padres quieren saber si deberían eliminar por completo esos alimentos en concreto de su casa. A menos que tu hijo o un miembro de la familia padezca una alergia alimentaria, la respuesta es no, y este es el motivo.

Leslie usa este ejemplo constantemente en su consulta. Solo se trata de un ejemplo, pero ha presenciado esta situación muchas veces. Dos padres preocupados entraron en su consulta para hablar de las opciones alimenticias de la familia, pero sobre todo de las del pequeño Johnny, que tenía tres años. Le explicaron a Leslie qué alimentos había en su casa y luego le contaron lo que ocurrió la semana anterior en la fiesta de un amiguito. Al pequeño Johnny no se le permitía comer patatas fritas ni galletas en casa. Sus padres opinaban que no eran buenas opciones y habían decidido no tenerlas en casa. Ellos, sus padres, eran los guardianes nutricionales del hogar. Sin embargo, al pequeño Johnny lo invitaron a una fiesta de cumpleaños en la que había patatas fritas y galletas. El niño comió todo lo que pudo hasta que le dolió el estómago por comer demasiado. Sus padres le dijeron que se equivocó al comer esos productos y que no eran saludables. Estaban muy disgustados con él y opinaban que les vendría bien un poco de ayuda con respecto a la selección de alimentos. Por eso se encontraban en la consulta de Leslie sin el pequeño Johnny.

Leslie y los padres hablaron de sus papeles como proveedores de alimentos y del papel del pequeño Johnny como comedor. Comentaron que es cierto que algunos alimentos están excesivamente procesados y no poseen una gran calidad nutritiva. No obstante, a pesar de que no es aconsejable consumir este tipo de alimentos todo el tiempo, tenemos que aprender a lidiar con ellos cuando nos los encontramos delante. Si el pequeño Johnny sentía que esos alimentos estaban prohibidos o eran algo tabú, era muy probable que se excediera cuando tuviera la oportunidad. ¡Cuando se le da excesiva importancia a la comida, se convierte en un asunto excesivamente importante! Leslie y los padres de Johnny elaboraron un plan para incorporar esos alimentos a los menús semanales. Leslie les sugirió que no hicieran ningún comentario con respecto a haberlos incluido en su plato o en la fiambrera. También les propuso que formaran parte de un plato sin ningún tipo de denominación especial y que no fueran algo que viniera después de la comida, como un postre. Esto le permitiría al pequeño Johnny autorregularse en vez de terminarse la comida simplemente para llegar a las galletas y posiblemente comer demasiadas. Ellos, como los guardianes nutricionales, aprendieron que podían confiar en que Johnny supiera gestionar esos alimentos y que cuando no le daban excesiva importancia a un alimento, este se volvía menos deseable, o especial, para él. Al principio se los comía todos, y en primer lugar. Pero, con el tiempo, el pequeño Johnny incluso dejaba parte de la galleta en el plato durante la cena. La galleta ya no era excesivamente importante.

> Lo que les dices a tus hijos acerca de la comida y el peso puede afectarles el resto de sus vidas. Piensa en su bienestar, no en su peso.
>
> MARSHA HUDNALL, dietista

Nosotros, como guardianes nutricionales, debemos desempeñar la importantísima labor de proporcionarles variedad de alimentos, incluso aquellos que preferiríamos que nuestros niños comieran con menos frecuencia. Como ya hemos mencionado anteriormente, cómo comemos en esta etapa de la vida puede muy bien ser tan importante como qué comemos. El qué ya llegará con el tiempo. Si tu hijo sabe que puede confiar en su cuerpo, y que tú también lo haces, es más probable que se atreva a ser aventurero con alimentos de todo tipo más adelante.

> Como padres en el *baby-led weaning*, no solo debemos proporcionarles una gran variedad de alimentos a nuestros hijos, sino que también disponemos del placer y la oportunidad de enseñarles cómo gestionar todo tipo de alimentos, independientemente de su calidad nutricional, de una manera saludable.

Variedad y exploración

La variedad y la exploración comienzan en casa y continúan durante las experiencias de la infancia. Una de las experiencias o retos más habituales en cuanto a la variedad puede tener lugar cuando tu hijo comienza a asistir a la guardería o al jardín de infancia. Ambas hemos tenido que preparar almuerzos y tentempiés para comer fuera de casa. Estas son algunas de nuestras opciones favoritas para llevar.

Tentempié matutino	Almuerzo	Tentempié vespertino
Muffin de queso *cottage* y naranja (pág. 260)	Quesadilla de jamón y queso + brochetas de fresas y arándanos (con pajitas) + tomates *cherry*	Galletas untadas con crema de almendras + orejones
Pretzels	*Parfait* con yogur griego, granola y bayas	Palitos de queso + tomates *cherry*
Crema de cacahuetes + plátano	Nachos con ternera y queso fundido + aguacate en rodajas	Yogur griego natural + fruta en rodajas
Yogur griego + batido de frutas congeladas	Burrito de ensalada de pollo y aguacate (pág. 271) + palitos de zanahoria	Cóctel de frutos secos
Compota de manzana	Cuadrados de sándwich de pavo y manzana + tirabeques	Galleta + leche

Si te preocupa que el personal de la guardería o el jardín de infancia no apoye la habilidad de tu hijo para autorregularse y usar la división de responsabilidad, intenta usar una tarjeta para fiambrera cortesía de nuestra amiga la doctora Katja Rowell, «la doctora de la comida». Ella sugiere que si alguien le pide que coma ciertos alimentos, tu hijo le entregue la tarjeta que figura en la página 162. Leslie la usa en la fiambrera de CC. No dudes en hacer copias de la tarjeta.

Referencias del capítulo 9

1. Williams, C. L.; Bollella, M., y Wynder, E. L., «A New Recommendation for Dietary Fiber in Childhood», *Pediatrics*, noviembre de 1995, vol. 96, n.º 5, págs. 985-988. Fecha de acceso: 4 de agosto de 2016, <http://pediatrics.aappublications.org/content/96/5/985>.

Tarjeta para fiambrera

> Querido/a amigo/a de: ____________________
> Por favor, permite que __________ decida cuánto comer, y en qué orden, de lo que le he preparado. Aunque eso signifique que lo único que almuerce sea el «postre» o que empiece por el postre. Confío en que ____________________ se base en las señales de hambre y saciedad para saber cuánto debe comer.
> Por favor, llámame a este número ______________ si tienes alguna pregunta. Lo bueno es que esto debería suponer menos trabajo para ti. Si __________ necesita ayuda para abrir algún recipiente, te agradecería que se la prestaras; en caso contrario, debería apañárselas bien solo/a.
> Gracias por todo lo que haces por nuestros hijos.

Utilizado con permiso de la doctora Katja Rowell. Sacado de su libro de 2012 *Love Me, Feed Me.*

PARTE 3

La familia *baby-led weaning*

El *baby-led weaning* no es solo una manera de fomentar que un niño se alimente de forma autónoma o se autorregule: es una filosofía. Creemos que el proceso de mantener una relación saludable con la comida comienza en casa, aunque tú no te criaras de ese modo. El enfoque *baby-led weaning* comienza con el bebé, pero debe promoverse en el entorno familiar apoyando la confianza en el cuerpo, aceptando que existen diferentes tipos de cuerpos, encontrando placer al comer, cuidándonos y planeando comidas en familia. Estamos convencidas de que todos shemos nacido con la habilidad de comer, no solo nuestros hijos. En esta parte del libro, te mostraremos cómo abrazar esta idea.

> Cuando apoyas a tu cuerpo, comes basándote en el hambre y el apetito y admites qué te produce placer, es más probable que mantengas un peso corporal estable y disfrutes de una mejor nutrición... y que les transmitas esos valores y habilidades a tus hijos.
>
> Doctora KATJA ROWELL

10.
Es un asunto de familia

> No podemos resolver nuestros problemas empleando el mismo razonamiento que cuando los creamos.
>
> ALBERT EINSTEIN

Kelly no confiaba en sí misma en lo relativo a la comida. Y estaba convencida de que su mamá tampoco. Cuando era más pequeña, su madre se la escondía. Al principio, no se daba cuenta, pero luego se convirtió en la tónica. Se acordaba de estar con ella en el supermercado cuando compraron patatas fritas y galletas, pero al ir a buscar un tentempié, no estaban allí. Un día encontró las patatas fritas. No en un lugar normal para guardar comida, sino un sitio extraño que solo podía ser un escondite.

Como adulta, comprendía que su madre podría haber estado escondiéndole las patatas para poder comerse algunas. Aunque estaba claro que no escondía las manzanas. Cuando era pequeña, Kelly lo interpretaba como una señal de que no se podía confiar en ella en lo relativo a la comida y, a su vez, que ella no podía confiar en su propio cuerpo. Debía pasarle algo malo. A medida que Kelly se hacía adulta, tuvo dificultades con la autorregulación y la confianza en el cuerpo. Pasó de una dieta a otra hasta que se dio cuenta de que la respuesta no era hacer dieta. Empezó a ver a un consejero que la ayudó a comprender el impacto que esa experiencia tuvo en sus hábitos alimenticios y la confianza en su cuerpo. Había cargado con mucha vergüenza por no ser alguien en quien se pudiera confiar en lo relativo a la comida y había basado muchas de sus elecciones sobre su salud y su cuerpo en esta experiencia.

Fuera cual fuese la intención inicial de la comida escondida o restringida, había dejado huella en la vida de Kelly. Pero se dio cuenta de que no tenía por qué seguir siendo así. Estaba preparada para cuidar de verdad de sí misma y eso significaba olvidarse de hacer dieta, de las herramientas de dieta, la comida de dieta y aquellos que no apoyaran que confiara en su propio cuerpo. Comprendió que confiar en su cuerpo, cuidarse y combatir la voz negativa de su cabeza requeriría algo de trabajo. Puede que esto hubiera tenido un impacto en su vida, pero no iba a permitir que le pasara lo mismo a su hija. Sabía que controlar, restringir o demonizar la comida de cualquier modo en casa podría socavar la autorregulación y la confianza en el cuerpo de todos los que vivían bajo su mismo techo. La desconfianza y el odio hacia el cuerpo son algo que se aprende. Kelly iba a hacer todo lo posible por convertir su hogar en una zona segura.

> Crecimos en una época en la que hacer dieta era algo que los profesionales de la salud recomendaban de forma habitual y se consideraba saludable. A pesar de que muchos todavía lo recomiendan para llevar un estilo de vida saludable, ahora sabemos la verdad. Nuestros hijos no tienen que pasar por las mismas experiencias que nosotros con las dietas y la desconfianza en el cuerpo. Podemos romper el ciclo con este enfoque.

Esta es solo una historia de cómo nuestro desarrollo en torno a la comida y la forma de comer pueden afectar nuestras vidas y, posteriormente, las de nuestros hijos. No todas son como esta.

Algunas quizá sí; sin embargo, muchos de nosotros recibimos maravillosas influencias de nuestras familias, pero puede que nos afectara negativamente la comercialización predatoria de las dietas y la industria de la pérdida de peso. Y también están los medios de comunicación y Photoshop y, ahora, los filtros para todo. Recuerda aquellos días en los que lo único que necesitábamos filtrar era el café..., sin calorías que contar, sin complicadas etiquetas de información nutricional ni aplicaciones para controlar de manera obsesiva las cifras mencionadas anteriormente que quizá no influyan para nada en nuestra salud. Comíamos la comida de toda la vida (la mayor parte de la cual no llevaba etiquetas), ni siquiera sabíamos qué eran las calorías y salimos adelante. Es muy probable que en aquella época la autorregulación en cuanto a la comida que se desarrollaba y fomentaba en la infancia y a lo largo de toda la niñez generara adultos que se autorregulaban. No tenían todas esas cifras impidiéndoles escuchar a sus cuerpos.

Según las investigaciones de las que disponemos hasta la fecha, no es ético recomendar ningún tipo de dieta.

EVELYN TRIBOLE, dietista y coautora de *La dieta intuitiva*

En nuestra cultura obsesionada con las dietas, pocas personas llegan a la edad adulta confiando en sus cuerpos. Hoy en día hay mucho ruido de fondo diciéndonos no comas esto o aquello, ahora no comas eso, vale ahora puedes comer eso pero solo si está limpio (signifique lo que signifique), es orgánico y ha pasado por un filtro de oro macizo (una ligera exageración). No es de extrañar que nos resulte complicado sentir que nos estamos alimentando bien con todo ese ruido de fondo que podría ir asociado o no a nuestros propios problemas con la conducta y el desarrollo alimentarios. Pero hay esperanza. ¡Y, gracias a Dios, somos de esas personas que opinan que tú decides qué comer!

¡Los niños *baby-led weaning* necesitan padres *baby-led weaning*!

Con nuestra experiencia conjunta, llevamos unos treinta años asesorando a adultos, familias y niños con la edad apropiada. Durante ese tiempo, hemos descubierto que es posible recuperar la autorregulación y la confianza en el cuerpo, y lograrlo viviendo en una cultura de la dieta. Los pacientes con los que hemos tenido el privilegio de trabajar nos han enseñado mucho. Si bien todos ellos llevan vidas muy diferentes, todos tienen una cosa en común: se sentían demasiado ocupados y abrumados para tomar las medidas necesarias para llevar un estilo de vida más saludable que no tuviera nada que ver con las dietas. De hecho, nos dimos cuenta de que ni siquiera sabían que existiera otro modo. Nos gusta pensar que «sé razonable y escucha a tu cuerpo» es un mensaje muy sexi, pero no ha calado en la mayoría de la población.

Si un programa de dieta o pérdida de peso sugiere que debes comprometerte de por vida, agarra la cartera y huye. Corre lo más rápido que puedas. Es aconsejable evitar las dietas por completo. Hacer dieta favorece el sobrepeso y es un factor de riesgo para sufrir trastornos de alimentación compulsiva.

¿Cómo podemos empezar a escuchar a nuestros cuerpos y confiar de nuevo en ellos si la cultura de la dieta nos ha influenciado? Es posible porque todos nosotros, jóvenes y mayores, nacimos con el impulso de comer. Tenemos lo que hace falta. Simplemente necesitamos un poco de tiempo para subir el volumen de nuestra autorregulación que el mundo de la dieta puede haber silenciado. Ahora nos damos cuenta de que no todo el mundo está atrapado en las redes de vergüenza del mundo de las dietas, ¡y eso es fantástico! Sin embargo, muchos sí lo están, y eso afecta a nuestra salud y felicidad no solo como individuos, sino también como familias.

Esto es un asunto de familia, y no hay mejor momento para crear toda una familia de seres humanos que se autorregulan y confían en sus cuerpos que cuando estás enseñando a tu pequeñín a hacer eso mismo.

Al igual que muchos de nuestros pacientes, a veces nos sentimos demasiado ocupadas para cuidarnos u observarnos. Pero sin observar cómo nuestro propio desarrollo alimentario y conducta para comer nos han influido, ni siquiera sabremos por dónde empezar. Este es el único modo de averiguar qué puede suponer cuidarnos en el plano individual. Nada cambia definitivamente sin observar sin prejuicios nuestros propios hábitos.

Tú, además de tu hijo, debes ser lo prioritario, y eso no es ser egoísta. Has leído bien: cuidarse no es ser egoísta. Se parece a la advertencia que te hacen en un vuelo de que debes ponerte la mascarilla de oxígeno antes de ayudar a otros. En realidad, no solo se parece, es exactamente lo mismo: cuídate para que puedas ayudar a tu prójimo. Pero, en este caso, la mascarilla es la investigación u observación de tus propios hábitos. En cuanto dispones de esa información (el flujo de oxígeno), puedes empezar a ayudarte al saber qué tipo de cuidados necesitas para sentirse revitalizado y nutrido. Todos tendemos a funcionar mejor con el depósito lleno, ya lo llenemos por medio de la nutrición, aceptando ayuda, planeando una comida, dando un paseo, leyendo un libro, disfrutando de la compañía de un amigo o simplemente descansando lo suficiente.

Cuando practicas el cuidar de tu cuerpo, te sientes mejor viviendo en él.

LESLIE

Ambas hemos trabajado con padres que llegaron agotados de planear menús o llevar una vida saludable en familia. Muchas veces debemos centrarnos únicamente en el progenitor que tenemos sentado delante de nosotras, porque es probable que esa persona sea el guardián de la nutrición en el hogar. Ellos deciden qué entra en la casa, qué se sirve, cuándo se sirve, cómo se planifica la comida y, por lo general, la definición de salud para la familia. Si este progenitor, algo que vemos una y otra vez, no cuida de sus propias necesidades, es probable que toda la familia se resienta. Por ejemplo, si papá suele hacer la compra y cocinar y tiene problemas en el trabajo o está enfermo, la familia podría no contar con los alimentos habituales o los menús podrían no estar planificados. Cuando nos cuidamos, cuidamos de los demás aún mejor.

> Si cuidaras de otra persona como cuidas de ti mismo, ¿serías culpable de negligencia?
>
> D. Estep

Pensar en cuidarnos como una elección hace que muchas de las actividades sean más factibles. Por ejemplo, si sabes que te sientes mejor después de dar un paseo y te recuerdas que estás eligiendo invertir en tu bienestar físico y mental, es mucho más agradable que mentalizarte o convencerte de que deberías hacer ejercicio.

Otro ejemplo: «Debería prepararme un almuerzo saludable para mañana». Esto suena mucho mejor y es más probable que suceda: «Mañana me voy a comer esta hamburguesa que sobró acompañada de una ensalada porque me siento mejor durante toda la tarde cuando tomo un almuerzo sabroso». Por lo general, no obtenemos nada positivo imponiéndonos obligaciones.

A lo largo de los años, hemos recopilado numerosas estrategias para cuidarse uno mismo que a nuestros pacientes les han resultado útiles y queremos compartirlas contigo. Nuestros pacientes provienen de ámbitos sociales y situaciones familiares de todo tipo. Puedes escoger uno o dos puntos que encajen contigo y tus necesidades. Está bien así.

Ejemplos de actividades para cuidarse a uno mismo dirigidos a padres, cuidadores o a cualquier adulto viviente

- Intento dormir de 7 a 8 horas.
- Me levanto de 15 a 30 minutos antes para leer, rezar o escribir un diario.
- Paseo al perro y disfruto de un bonito día.
- Planeo y preparo el almuerzo la noche anterior.
- Planeo las cenas o recibo ayuda con la planificación.
- Hago una lista de la compra al menos una vez a la semana y hago la compra al menos una vez a la semana.
- Salgo con mis amigos una vez a la semana a tomar café o una copa.
- Uso ejercicios de respiración o meditación cuando me estreso en casa o en el trabajo.
- Pido ayuda para cocinar, limpiar o hacer recados.
- Evito hábitos de dieta como saltarme comidas, restringir mi ingesta de energía o consumir alimentos dietéticos.
- Dejo que mi cuerpo me guíe en cuanto al hambre y la saciedad.
- Evito centrarme en cifras como calorías o peso.
- Ignoro o bloqueo a aquellos que me hacen cuestionarme la confianza en mi propio cuerpo.
- Comparto las alegrías y las dificultades con otros padres o amigos en los que confío.
- Llamo a un amigo a una hora determinada cada semana.
- Escucho mi lista de reproducción favorita mientras doy un paseo.
- Programo el período de ejercicio o descanso en mi agenda (para que exista de verdad).
- Llevo una botella de agua conmigo todos los días para mantenerme hidratado.
- Pongo una alarma en el móvil para llevar a cabo una comprobación de cuidados y me pregunto: «¿Cómo lo llevo?» y «¿Qué necesito?».
- Soy consciente del soliloquio negativo (el crítico inter-

no) y trato de cambiar ese diálogo. Por ejemplo, «Todo esto del *baby-led weaning* se me da fatal, mi hijo se merece algo mucho mejor» (vaya, eso es duro) es la voz del crítico interior. «Aguanta, esto es nuevo para ambos y pronto le pillaremos el tranquillo» supone una charla mental más útil y que brinda más apoyo. Puedo elegir cambiarla.

Si logramos ayudar a mamá, a papá o al tío Joe a ver el impacto que los cuidados que se brinda a sí mismo tiene en la familia, estamos realizando un gran progreso para todos. Cuidarse no es ser egoísta. Tómate un momento ahora mismo para pensar en las cosas que necesitas como individuo, padre, cuidador, amigo, compañero de trabajo o guardián nutricional. Esperamos que estos ejemplos te hagan pensar acerca de tus propias necesidades y tu situación.

> Atrevernos a establecer límites supone tener el coraje de amarnos a nosotros mismos, incluso cuando nos arriesguemos a decepcionar a otros.
>
> BRENÉ BROWN

Rompiendo el molde de la dieta

A muchos de nuestros pacientes adultos les preocupan sus propios problemas de desarrollo en torno a la comida y la alimentación y cómo podrían superar las heridas o fortalezas de su pasado. Tenemos el placer de trabajar individualmente con ellos para avanzar hacia una mentalidad más saludable en cuanto a la comida y el cuerpo. Si eres una de esas personas o simplemente quieres una gran ayuda en pos de la confianza en el propio cuerpo, estas son algunas de nuestras recomendaciones o pasos de cuidado personal favoritos.

Estos son nuestros recursos favoritos para los adultos que quieren recuperar la confianza en su cuerpo y oponerse a la cultura de la dieta.

- *La dieta intuitiva*, escrito por las expertas en nutrición Evelyn Tribole y Elyse Resch.
- *El poder de ser vulnerable*, escrito por la doctora Brené Brown (nos encantan todos sus libros).

Todo comienza bajando el ritmo lo suficiente y disminuyendo las distracciones para que podamos escuchar las señales que nos envía nuestro cuerpo. Esto significa fijar límites de tiempo de modo que dispongamos de la oportunidad de hacernos algunas preguntas sobre lo que podríamos necesitar. ¿Tengo hambre? ¿Sed? ¿Estoy lleno? Con mucha frecuencia, solemos comer guiándonos simplemente por la hora o nos comemos todos los alimentos que introdujimos en la aplicación de seguimiento. Comer guiándonos por la hora o por un recuento calórico no nos conduce a la autorregulación. Tomarnos el tiempo necesario para esperar y actuar guiados por el hambre supone un paso en la dirección correcta. Es posible volver a confiar en nuestro cuerpo después de años de dieta (hemos visto que sucede una y otra vez), pero se necesita paciencia y confianza en que el cuerpo hará lo que se supone que debe hacer. El cuerpo es capaz de ofrecerte señales físicas para que comas y ayudarte a sentirte satisfecho para que lo dejes cuando hayas comido suficiente. Somos capaces de comer de forma tanto intuitiva como inteligente. Si estamos acostumbrados a cuantificar las cosas y queremos saber cuánto comer si no contamos algo, podemos probar con esto.

El indicador de hambre y saciedad puede ayudarnos a reconocer las señales si no solemos prestarles atención o no estamos acostumbrados a permitir la autorregulación. Antes de empezar a comer, podemos intentar identificar dónde nos encontramos en la parte del hambre de la escala. Mientras comemos, con calma, podemos ver cómo este nivel se desplaza de hambriento a satisfecho a agradablemente lleno. A veces, los comedores normales y que se autorregulan también llegan al punto de demasiado lleno (como cada vez que Leslie va a un restaurante mexicano), y eso está bien.

Usar tu propio medidor de hambre y saciedad

Piensa que debes abastecer tu cuerpo de combustible igual que lo haces con tu coche. Si no hay gasolina, no vas a ninguna parte. El cuerpo es una máquina compleja que necesita repostar varias veces al día para mantenerte satisfecho y que puedas moverte con eficiencia. Estaría bien, pero el cuerpo no cuenta con un indicador externo que te muestre cuándo comer o dejar de hacerlo. Debemos volver a aprender a sentir cómo funciona el indicador interno de nuestro cuerpo, o la autorregulación. Comienza con una pregunta: «¿Estoy físicamente hambriento?».

1-2 =	De estómago vacío a hambriento.
3-4 =	De punzadas de hambre/rugido de tripas a una sensación sutil de hambre.
5 =	Neutral, ni hambriento ni lleno, no estoy seguro de si tengo hambre.
6-7 =	Satisfecho pero no lleno en exceso, cómodo.
8 =	Lleno, malestar leve.
9 =	Demasiado lleno (como en Nochebuena).
10 =	Tan lleno que tengo ganas de vomitar (como en Nochebuena después del postre).

Al principio, podrías llevar un diario para anotar cómo te sientes antes y después de comer (ya sea una comida o un tentempié). Puedes omitir todas las cifras, como calorías y gramos de productos. Esa información no te ayuda a determinar si tienes hambre o no. En primer lugar, establece dónde te encuentras en el indicador antes de tomar una comida o un tentempié. Luego dedica un momento durante la comida o el tentempié a preguntarte cómo sabe lo que estás comiendo y si tu grado de satisfacción está empezando a cambiar. ¿Necesitas un poco más o estás empezando a sentirse cómodo y satisfecho? Cuando termines, usa la escala para determinar en qué punto te encuentras después de comer. Podría ser el nivel perfecto (de 6 a 7), insuficiente (de 4 a 5) o demasiado alto (de 8 a 10). Recuerda que los comedores que se autorregulan a veces comen muy poco («Maldita sea, me dejé el almuerzo en casa y me las tuve que apañar») y otras, demasiado («No debería haberme comido esa última porción de *pizza*»). Es algo normal de vez en cuando y te proporciona experiencia gracias a estos puntos de referencia. Y por último, pero no por ello menos importante, volver a aprender a ser un comedor intuitivo y que se autorregula requiere práctica y paciencia.

10 formas en las que los padres *baby-led weaning* pueden fomentar la confianza en su cuerpo de los niños *baby-led weaning*

1. Háblales de escuchar y honrar a nuestros cuerpos. Por ejemplo, si tienes hambre, honras a tu cuerpo al comer. Si estás lleno, lo honras al dejar de comer. Si estás cansado, lo honras acostándote. Si estás comiendo un alimento y decides que no está muy bueno, honras tu cuerpo al no comer algo que no te resulta satisfactorio.
2. Haceos cumplidos sobre cosas que no estén relacionadas con la apariencia o el peso. Por ejemplo: «A, les estás sacando mucho provecho a tus habilidades de aprendizaje, ¡escribes las letras genial!» o «CC, corriste muy rápido en el patio, ¡debes tener muchísima energía!». Está bien decirle a un niño que es bonito o guapo, pero necesitan saber que son mucho más: fuertes, valientes, inteligentes, cariñosos, capaces, etcétera.
3. Habla de todas las cosas asombrosas que pueden hacer nuestros cuerpos, como correr, saltar, abrazar, aprender y obtener energía de los alimentos que comemos.
4. No hables negativamente de tu propio cuerpo. Tú eres el ejemplo más hermoso para ellos, independientemente de lo que opines de tu cuerpo..., acéptalo.
5. No hables negativamente del cuerpo de los demás. Nunca. Reorienta las palabras negativas sobre los demás.

6. Acepta las diferencias que nos hacen únicos, desde la forma del cuerpo a las preferencias alimenticias. Algunas personas viven en cuerpos más pequeños mientras que otras viven en cuerpos más grandes. A algunas personas les gustan los espárragos y a otras no.
7. Cuídate y diviértete. Ese es el mejor ejemplo que un niño puede tener de lo que supone llevar una vida saludable y feliz.
8. Nunca permitas los insultos, sobre todo los que aluden al cuerpo de alguien, su forma de comer o su singularidad. El estigma acerca de diferencias en torno a cosas como el peso o el aspecto es algo que se aprende. Y no es necesario hacerlo.
9. Habla acerca de tus propias preferencias en cuanto a comida y cuidar de tu cuerpo a la vez que te muestras dispuesto a probar nuevos alimentos y actividades.
10. Haz que llevar un estilo de vida saludable y feliz sea un asunto de familia.

El estrés del padre reciente

Estrenar paternidad conlleva muchas alegrías. Solemos bromear con nuestros amigos acerca de todas las cosas no tan gozosas que la gente se olvidó de mencionarnos. La mayoría somos conscientes de que sufriremos falta de sueño, pero no tenemos ni idea de lo que implica realmente hasta un mes o dos después de que nazca el bebé. Durante el primer año del bebé, los padres acumularán un déficit de sueño de 350 horas.[1] Esto equivale aproximadamente a dos semanas de sueño perdido. El sueño perdido puede ocasionar muchos otros problemas, como comer demasiado, comer muy poco, sufrir depresión, ser un conductor soñoliento o ser el progenitor con mal genio (nos ha pasado), y la lista sigue y sigue. Cuando no descansamos lo suficiente, con frecuencia buscamos algo de comer o beber para combatir la fatiga y la somnolencia. La privación de sueño también afecta a la cognición y las enfermedades y puede provocar envejecimiento prematuro. Pero estas cosas son lo que cabría esperar.

Lo que no esperamos es lo que causa problemas. Y de los grandes. De los que conllevan negligencias. No estamos sugiriendo que vayas a desatender a tu hijo; solo que, al igual que la mayoría de los padres, acabarías descuidándote a ti mismo para asegurarte de que eso no ocurriera. Y así lo hacemos, hasta que ya no podemos seguir haciéndolo. Este es el motivo por el que es especialmente importante para los padres recientes convertir en una prioridad el hábito de cuidarse, implique lo implique para ti.

Referencias del capítulo 10

1. Ding, K., «Sleep Deprivation and New Parents», *Health-Day*, 20 de enero de 2016. Fecha de acceso: 20 de septiembre de 2016, <https://consumer.healthday.com/encyclopedia/parenting-31/parenting-health-news-525/sleep-deprivation-and-new-parents-643886.html>.

11. Tú decides qué comer: elegir alimentos para tu familia

> No definas tu mundo en blanco y negro, porque hay muchas cosas escondidas entre los tonos grises.
>
> Desconocido

CC tenía poco más de un año cuando visitó Wisconsin por primera vez. A Leslie y su marido les entusiasmaba que fuera a conocer a amigos y familiares y a las vacas de la tía Bonnie. CC ya llevaba unos nueve meses comiendo sola. Le encantaba explorar su comida y jugar con ella en el plato antes de metérsela en la boca. Esta era la primera vez que veía de dónde salía la comida: del huerto y la granja. La tía Bonnie y los primos estaban deseando mostrarle el huerto. CC fue directa a por los tomates. Arrancó uno de la planta y se lo llevó a la boca. En ese momento, Leslie comprendió lo maravillosa que era esta experiencia para su hija. Pudo ver un tomate en su momento de mayor frescura, no empaquetado en el supermercado, sino brotando de la tierra. Unos kilómetros carretera abajo, en la casa de los abuelos, se comió una manzana que arrancó directamente del árbol, junto con pepinos, zanahorias, ruibarbo y frambuesas del huerto. Leslie se dio cuenta de lo importante que era esta experiencia:

no todo el mundo llega a ver de dónde procede realmente su comida.

Todo el mundo es un experto

Hoy en día todo el mundo es un experto. Parece que siempre hay alguien diciéndonos lo que debemos hacer, dónde comprar la comida, cómo debe cultivarse, cómo servirla y de qué abstenerse. Es agotador para los consumidores y exasperante para muchos profesionales de la nutrición. La desinformación y las recomendaciones inútiles campan a sus anchas. Resulta difícil saber a quién creer en cuanto a asesoramiento nutricional, sobre todo porque parece cambiar a diario. No es únicamente que todo el mundo tenga una opinión, ¡sino que se muestran inflexibles! Si añadimos las redes sociales a la mezcla, publicando información sobre alimentación y nutrición en tiempo real, estar seguro de cómo debemos alimentar a nuestros hijos puede resultar todo un desafío o, como mínimo, sumamente frustrante.

Incluso siendo dietistas, a veces nosotras también debemos filtrar las tonterías y evaluar los detalles para separar los hechos de la ficción y así tomar decisiones fundadas. Todos los días podemos vernos absortas por mensajes que pueden llevarnos a cuestionarnos ciertos alimentos o ingredientes. ¿Podría x, y o z estar vinculado con esto, aquello y eso otro y si nos lo comemos, nos va a salir un tercer ojo (entiéndase el sarcasmo)? Todos queremos lo mejor para nuestros hijos, y las redes sociales hacen que sea difícil saber diferenciar entre un consejo válido, un argumento de ventas o simple propaganda del miedo (a veces se trata de *marketing* apenas velado). Es fácil ser presa de un mensaje aleatorio que inspira miedo.

Dicho esto, recuerda que puedes filtrar gran parte de esa información negativa. A Leslie le gusta decirles a sus pacientes que intenten activar en sus mentes el filtro de «eso no se aplica necesariamente a mí» cuando vean aparecer información nutricional en las redes sociales o los principales medios de comunicación. Es muy posible (y muy probable) que la interpretación de alguien de dicha investigación pueda estar directamente equivocada, puede que ni siquiera sea una investigación legítima, y podría llevarnos por un camino peligroso.

Cuando no estés seguro de adónde recurrir para obtener esta información, no te preocupes: tenemos la solución. Si de verdad quieres profundizar en la ciencia que rodea preguntas como «¿Qué pasa con los organismos genéticamente modificados (OGM)?», «¿Debo comer alimentos frescos o congelados, orgánicos o no orgánicos?», etcétera, el libro de Marion Nestle *What to Eat* te resultará un recurso muy útil. Pero vamos a hacer todo lo posible por dar respuesta a algunas de estas preguntas para ayudarte de una forma rápida, práctica y sencilla. Recuerda estas cuatro palabras en todo momento: tú decides qué comer. Tú puedes decidir qué es lo mejor para ti y tu familia basándote en la información que decides absorber de las personas (u organizaciones) en las que decidas confiar.

Permítenos ser realistas contigo: a ambas nos gusta comprar productos locales cuando están disponibles, orgánicos cuando parecen una elección inteligente y muchas opciones cotidianas convencionales. Lo hacemos lo mejor que podemos con la información y los recursos de los que disponemos (tiempo, dinero, disponibilidad, etcétera). Ambas estamos de acuerdo en que no vamos a permitir que esto cause un estrés injustificado en nuestras vidas o a hacer que nuestras hijas se preocupen por si la comida que tienen delante es orgánica. Nosotras (y nuestras familias) nos sentimos muy agradecidas de tener comida delante. Una vez dicho esto, empecemos...

¿Orgánico, convencional o natural?

Etiqueta	Alimentos orgánicos	Alimentos convencionales	Natural
Definición	Solo se puede cultivar empleando pesticidas químicos aprobados a nivel orgánico o fertilizantes orgánicos, como el estiércol. Los alimentos orgánicos son no-OGM (organismos genéticamente modificados).	Se pueden utilizar fertilizantes, pesticidas y herbicidas en los cultivos. Se pueden utilizar cultivos transgénicos.	Actualmente no existe una definición establecida (no confundir con nuestra definición de «alimento natural»). Cualquier fabricante puede etiquetar su producto como «natural». No tiene ningún valor, ni nutricional ni de otro tipo.
Pros	La ideología general de las prácticas de agricultura ecológica consiste en conservar y preservar los recursos naturales y reducir la contaminación. No emplea pesticidas sintéticos y, en general, genera menos residuos de pesticidas.	Posee la capacidad de cultivar anualmente cosechas más constantes, fructíferas y abundantes. El cultivo convencional satisface las demandas de una población cada vez mayor. Suele ser más barato.	En este momento, no significa nada, por lo que no tiene pros.

Etiqueta	Alimentos orgánicos	Alimentos convencionales	Natural
Contras	La mayoría de las granjas orgánicas son mucho más pequeñas que sus homólogas convencionales y requieren mayores esfuerzos para mantener los cultivos sanos. Las explotaciones a gran escala siguen utilizando métodos convencionales aprobados por la normativa orgánica del Departamento de Agricultura del Gobierno de Estados Unidos. Los alimentos orgánicos suelen ser más caros. Los alimentos orgánicos pueden tener un halo de producto saludable, creando la impresión de que siempre son saludables: una galleta orgánica sigue siendo una galleta (no es que tengamos nada en contra de las galletas, solo es un ejemplo).	Existe la posibilidad de dañar el terreno debido al uso intensivo de pesticidas y fungicidas. Los insectos desarrollan resistencia a los productos químicos empleados, haciendo que con el tiempo sea más difícil controlarlos o lidiar con ellos. Es más probable encontrar residuos de pesticidas en los alimentos convencionales. Contaminación cruzada en las explotaciones orgánicas.	En este momento, no significa nada, por lo que no tiene contras. El arsénico (un veneno) es natural, pero no intentes comerlo.

Nuestra opinión en este acalorado debate es esta: elegir un bando entre orgánico o convencional es como decir que hay una forma buena y una mala de cultivar. Basándonos en la ciencia, disfrutamos, apreciamos y entendemos ambas formas de cultivar alimentos. Reconocemos que vivimos en un mundo en crecimiento, y queremos que más personas coman frutas y verduras, sin importar qué método de cultivo pueda adaptarse mejor al presupuesto de una persona y sus decisiones medioambientales personales. Ambas nos hemos reunido con muchos agricultores convencionales que están realizando grandes progresos para reducir su huella ecológica y minimizar los residuos. También nos hemos reunido con agricultores orgánicos y hemos visto sus granjas orgánicas en pleno funcionamiento y sus modos innovadores de utilizar sus recursos. Es fácil verse envuelto en el debate, pero uno adquiere una perspectiva diferente al hablar con los agricultores o ganaderos implicados en el cuidado de nuestras almendras, aguacates, patatas, uvas, vacas lecheras, ganado vacuno de engorde y mucho más. En cuanto a las diferencias nutricionales, esto también supone un debate en curso en el plano científico: un estudio sugiere superioridad nutricional un día, mientras que el siguiente no incluye ninguna. Depende de demasiadas variables. Basta para hacer enloquecer a una persona cuerda.

Estirando el presupuesto para comida

Es importante tener en cuenta nuestro presupuesto para comida y cómo podemos hacer que sea factible consumir más alimentos naturales con ese presupuesto. Existen estupendos alimentos naturales que resultan económicos y nutritivos. No te olvides de las legumbres secas, los productos congelados y enlatados y los artículos perecederos. Algunos supermercados de bajo coste ofrecen frutas y verduras, lácteos, carnes, enlatados, congelados y mucho más a un precio económico. Muchos mercados agrícolas también aceptan pagos mediante el Programa Asistencial de Nutrición Suplementaria (SNAP, por sus siglas en inglés) del Gobierno de Estados Unidos.

Una de nosotras (no es Leslie) es una gran jardinera. Wendy Jo ha tenido el placer de vivir en muchos estados a lo largo de todo Estados Unidos y también en el extranjero, en Alemania. Mientras vivía en Texas y Virginia, Wendy Jo comprobó la necesidad de emplear productos que la ayudaran a mantener sus cultivos vivos o que impidieran que se los comieran los depredadores. Mientras estaba en California, descubrió que debía competir con pocos bichos y empleaba pocos productos para cultivar sus cítricos, granadas, higos y verduras. En Alemania, podía cultivar cosechas abundantes sin utilizar nada más que estiércol (tampoco es aconsejable comerse eso). Wendy Jo prefiere cultivar sin pesticidas ni fungicidas, ¿y quién no? También quería proteger sus calabacines en Virginia sin tener que estar de guardia a toda hora para ahuyentar a los invasores de su jardín.

El enfoque de Wendy Jo siempre ha sido trabajar la tierra e intentar entender el clima y el terreno en el que vive y luego, a partir de ahí, cultivar alimentos para su familia. Cultiva únicamente para su familia y no concibe los esfuerzos necesarios para abastecer y alimentar a un país tan grande como Estados Unidos. Adoramos a nuestros productores locales y sabemos que intentan ganarse la vida de forma honrada, trabajar duro para llevar alimentos a nuestros supermercados y (como el resto de nosotros) alimentar también a sus propias familias. Así que, al igual que ocurre con otros temas discutibles, esta historia tiene muchas facetas. Sal a conocer a tus proveedores locales y toma una decisión factible basada en tu lugar de residencia. ¡Tú decides qué comer!

Alimentos de origen local

Seamos sinceras: puesto que nosotras vivimos en el soleado sur de California, donde se cultiva todo el año, y en Las Vegas, puede que tengamos una ligera ventaja sobre los demás cuando se trata de comer productos locales todo el año. Una vez más, somos afortunados y estamos agradecidas por ello. Sin embargo, las dos hemos vivido en diferentes partes de Estados Unidos. Lo entendemos: los productos locales y frescos pueden parecer la mejor opción, pero la realidad es que esto no es factible o deseable durante todo el año en muchos lugares de Estados Unidos. Puedes centrarte en obtener ciertos artículos de origen local, como lácteos, carnes, frutas y verduras de temporada y huevos.

A veces podemos encontrar arándanos estupendos en el supermercado o en el mercado, pero otras no tienen mucho sabor. Nos encantan los arándanos, y también a nuestras familias, así que es agradable conseguirlos todo el año. Si eres como nosotras, puedes disfrutar del sabor independientemente de la época del año congelando esas bayas de temporada cuando están más sabrosas. Las frutas y verduras de origen local, ya sean orgánicas o no, son una gran opción para conseguir productos recolectados en su mejor momento y obtener de ellos el mayor valor nutritivo posible. Los arándanos no crecen en todas partes, pero cuando están frescos, los compramos. Cuando no podemos conseguirlos, nos dirigimos a la sección de congelados y nos los llevamos así. Secos también son bastante sabrosos. Esto es aplicable a la mayor parte de las frutas y verduras, no solo a los arándanos. Es aconsejable centrarse primero en los productos locales disponibles.

Muchas personas no son conscientes de que las frutas y las verduras locales pueden aportar mayor nutrición. Sí, has leído bien. Lo local puede ser más nutritivo porque cuenta con menos tiempo de transporte. Si algo se recolecta por la mañana y tú lo compras en el mercado agrícola esa misma tarde, está fresco. Esto también significa que la fruta o la verdura ha tenido menos tiempo para oxidarse, estar expuesta a la luz y perder nutrientes. Un mercado agrícola no solo ofrece estupendos productos locales, sino que también supone una magnífica experiencia para que niños (y adultos) visiten a los agricultores y hablen con ellos. Si tienes dudas, consulta la página web del Departamento de Agricultura del Gobierno de Estados Unidos (<www.localharvest.org>) para encontrar puestos cercanos de agricultura sostenida por la comunidad, mercados agrícolas y recursos estupendos, y a menudo económicos, basados en lo que haya disponible en tu zona.

Compra productos de temporada

Aunque nos encante comer fresas en diciembre, y ese es el caso de nuestras hijas, no serán el producto más dulce ni fresco de tu mercado local. Pásate a los productos de temporada para maximizar el potencial nutricional y el sabor de frutas y verduras. Seamos realistas de nuevo: lo fresco es mejor cuando está en temporada. Eso no quiere decir que no vayamos a comprar fresas en invierno; simplemente que somos conscientes de este hecho. Nos encantan las guías de referencia rápida (somos protarjetas y las llevamos a todas partes), así que aquí tienes nuestra tabla práctica de temporadas.

Guía de verduras de temporada		
De primavera a verano	*De otoño a invierno*	*Todo el año*
Alcachofas	Boniatos	Acelgas
Berenjenas	Brócoli	Champiñones
Calabazas de verano	Calabaza	Espinacas
Espárragos	Calabaza moscada	Remolachas
Guisantes	Col rizada	Rúcula
Judías verdes	Coliflor	Zanahorias
Maíz	Lechuga	
Pepinos		
Pimientos		
Tomates		

Guía de frutas de temporada		
De primavera a verano	*De otoño a invierno*	*Todo el año*
Albaricoques Arándanos Cerezas Frambuesas Fresas Melocotones Melones Moras Nectarinas Piñas	Ciruelas Granadas Higos Kiwis Manzanas Peras	Aguacates Limas Limones Manzanas Naranjas Pomelos

Formas de sacarle el máximo partido a cada temporada

- Regístrate en un puesto de agricultura sostenida por la comunidad si hay alguno disponible en tu zona.
- Busca un mercado agrícola local y compra allí cuando esté disponible.
- Revisa la publicidad de los supermercados en busca de frutas y verduras de temporada.
- Compra a granel y congela o pon en conserva una parte para poder disfrutarlo durante todo el año.
- Deshidrata tu fruta favorita de temporada entera o en láminas (pág. 285).
- Céntrate en recetas y planea menús que incluyan frutas y verduras de temporada.
- ¡Cultívalo tú mismo! La lechuga, los tomates, la col rizada y las especias son plantas estupendas para poner en macetas en el patio o en el alféizar de una ventana.

Comprar y congelar productos de temporada

Ya haya abundancia de bayas o una gran cosecha de tomates, si eres como Wendy Jo, puedes hacer que tus cultivos de verano o las compras en el mercado agrícola te duren todo el año. Para congelar las bayas, lávalas y sécalas con suavidad. Una vez secas, coloca una lámina de silicona antiadherente para hornear o un trozo de papel de horno en una bandeja y luego extiende las bayas en la bandeja formando una sola capa. Las bayas se pegan si están amontonadas, así que déjales un poco de espacio y mantenlas en una sola capa. Coloca la bandeja en el congelador y déjala allí durante 4 horas como mínimo. Una vez congeladas, guarda las bayas en un recipiente apto para el congelador, etiquétalas y consúmelas en un período de 6 meses o un año.

Las bayas y la mayoría de las frutas con hueso (como melocotones, ciruelas y nectarinas) se congelan con relativa facilidad, mientras que las verduras requieren un poco más de esfuerzo. Pero ¡ese esfuerzo vale la pena! Con las judías verdes, las zanahorias y el maíz, simplemente escáldalas (introdúcelas en agua hirviendo y hiérvelas durante tres minutos, luego sumérgelas en un baño de hielo durante un minuto para interrumpir la cocción), después sécalas con suavidad y congélalas de la misma forma que las bayas.

Los tomates son probablemente una de las mejores verduras (vale, sí, son frutas, pero para el tema de la preparación vamos a denominarlos verduras) para congelar, porque ¿a quién no le encanta el sabor de un tomate madurado en la planta? Ñam. En primer lugar, lava los tomates y, con un cuchillo de pelar, marca una X en la parte inferior de cada uno, perforando suavemente la piel. Luego vierte agua hirviendo sobre los tomates y déjalos reposar durante un minuto. Si los dejas demasiado tiempo, se ablandarán. A continuación, introdúcelos en un baño de hielo durante un minuto. Probablemente notarás que la piel se les empieza a despegar, así que utiliza los dedos para retirar con cuidado el resto de la piel. Puedes congelarlos por separado o meter unos cuantos en una bolsa de congelación para preparar salsa de tomate o sopa más tarde en invierno.

Ahora bien, si eres como Leslie, puedes encontrar todos estos artículos en la sección de congelados de tu supermercado local:

la definición de Leslie de producto local (es broma, también le gustan los mercados agrícolas). Opinamos que las frutas y las verduras congeladas que puedes encontrar en el supermercado son una estupenda opción que se suele subestimar. Los alimentos congelados se recolectan, se preparan y se envasan en temporada alta para que puedas disfrutar fácilmente de su gran valor nutritivo en cualquier momento del año. Hablando de congelar, no te apresures a pasar por alto la sección de conservas y enlatados de tu supermercado local. Mientras que Wendy Jo es el tipo de persona que prepara conservas con su propio excedente, tú puedes hacer lo mismo que Leslie y optar por conseguirlas en el supermercado. Si tienes reticencias medioambientales o de salud con respecto a las conservas y los enlatados, considera las conservas en tarros de cristal, las verduras embolsadas o las latas sin revestimiento de BPA. Échale un vistazo a nuestras conservas y congelados básicos favoritos en el capítulo 13.

Céntrate en lo real

Nosotras creemos en este lema: «*Eat real food, feel real good*®» («Come comida real y te sentirás realmente bien»). ¡Creemos tanto en ello que una de nosotras (quizá Leslie) lo registró como marca! A lo largo de los años, nos hemos percatado de que este término, «real», puede irritar mucho a la gente. Eso no nos preocupa porque tenemos nuestra propia definición de lo que significa «real» para nosotras (como ya lo definimos al principio, en la introducción de *Todo sobre el baby-led weaning*). Opinamos que centrarse en lo real significa consumir alimentos naturales la mayor parte del tiempo (es decir, ni alimentos dietéticos ni excesivamente procesados) y poder agregar alimentos placenteros (*cupcakes*, evidentemente) sin tener en cuenta su contenido nutricional y sin preocuparnos. Así que ahora nuestro lema es: «Come comida real y te sentirás realmente bien, pero ¡no te obsesiones!». En serio. No te agobies buscando productos orgánicos, locales, sin hormonas, sin colorante, etcétera. Elige lo que te parezca adecuado para ti y tu familia. Unas veces eso implica alimentos orgánicos; otras, sin colorantes, y otras, comida clásica de toda la vida.

¿La alimentación saludable puede llegar demasiado lejos?

Puede que sí o puede que no hayas oído hablar de la ortorexia. El primero en emplear ese término fue el doctor Steven Bratman. Actualmente la ortorexia nerviosa no se considera un diagnóstico clínico; no obstante, esta obsesión malsana con una alimentación más correcta y de mayor calidad puede provocar deficiencias nutricionales, aislamiento social e incluso un diagnóstico clínico de un trastorno alimenticio. Así que sí, a veces la percepción de una persona de lo que es una alimentación saludable puede llegar demasiado lejos.

Es imposible llevar una dieta perfecta, por lo que el equilibrio es nuestra mejor opción. Buscar la perfección no solo es algo inalcanzable, sino que también puede acabar desquiciándote y, posiblemente, empujándote a un trastorno alimenticio o a ponerte constantemente a dieta. Queremos salvarte de esta locura. Hazte un favor y céntrate en lo real (dentro de tu realidad) lo mejor que puedas.

Una guía de compras útil

A ambas nos gusta usar, y les recomendamos a nuestros pacientes, una guía de compras llamada «The Dirty Dozen and Clean Fifteen» [«La docena sucia y los quince limpios»] creada por la organización Environmental Working Group. Esta guía desglosa qué alimentos contienen más residuos de pesticidas (los sucios) y cuáles menos (los limpios).

La docena sucia	
1. Fresas 2. Manzanas 3. Nectarinas 4. Melocotones 5. Apio 6. Uvas	7. Cerezas 8. Espinacas 9. Tomates 10. Pimientos rojos dulces 11. Tomates *cherry* 12. Pepinos

Los quince limpios	
1. Aguacates 2. Maíz dulce 3. Piña 4. Repollo 5. Guisantes dulces congelados 6. Cebollas 7. Espárragos	8. Mangos 9. Papayas 10. Kiwis 11. Berenjenas 12. Melón verde 13. Pomelos 14. Melón cantalupo 15. Coliflor

No siempre la seguimos al pie de la letra, pero es una buena guía. Estas listas pueden ayudarte a decidir cuándo y si vale la pena gastarse algo más en una manzana. Asegúrate de comprobar cada año si la guía ha sido modificada porque las cosas cambian. No te obsesiones. Aunque no te ciñas a esta lista, aun así puedes comer frutas y verduras. Se trata de equilibrio. Simplemente lávalas bien o, si te inquieta mucho, pela las frutas y verduras que ocupan los primeros puestos de la lista de las sucias. Wendy Jo les aplica a las frutas y verduras una solución de vinagre blanco y agua a partes iguales para ayudar a limpiar la superficie exterior.

Hay que buscar el equilibrio en la vida y la comida, así que en lugar de vivir con miedo por consumir productos cultivados de forma convencional o evitarlos por completo, simplemente procura comer más alimentos locales y de temporada tan a menudo como puedas. En resumidas cuentas, tú decides qué comer. Céntrate en lo real para ti y tu familia de comedores natos. Y no olvides que te corresponde a ti crear tu propia definición de «real» en lo relativo a tu familia.

> Se trata de #comerlimpio, así que lavo los dónuts con jabón antes de darles un bocado. #Esbroma #Nolohagas #Sítambiénnosgustanlos-dónuts.
>
> WENDY JO

12. Comidas familiares y planificación de menús

> No hace falta preparar sofisticadas o complejas obras de arte, simplemente buena comida con ingredientes frescos.
>
> JULIA CHILD

Era el primer día de colegio y toda la familia había estado muy liada. Jane tenía dos años y acababa de entrar en el jardín de infancia, mientras que Henry tenía cinco años e iba a entrar en preescolar. Elizabeth estaba agotada después de haberse pasado los últimos días preparando a sus hijos para ir al colegio y llevando a cabo un proyecto en el trabajo. Por suerte, se había acordado de sacar la olla de cocción lenta durante el fin de semana y tenía planeado preparar pollo para tacos esa noche. Cuando llegaron a casa, la parte principal del plato (el pollo en salsa) estaba lista. Supuso una ayuda inestimable después de un día tan ajetreado.

Hasta que se sentaron todos a cenar no tuvieron tiempo para hablar de verdad. Jane había hecho dos nuevas amiguitas y estaba entusiasmada con su plato redondo y sus nachos con forma de triángulo. Henry intervino y dijo que los tacos estaban buenísimos y que tenía mucha hambre. También mencionó que le entristecía que hubieran puesto a algunos de sus amigos del curso anterior en una clase diferente. Elizabeth disfrutó de la cena mientras hablaba con sus hijos acerca de la amistad y lo maravilloso que es tener amigos..., tanto antiguos como nuevos. Los tacos fueron todo un éxito a pesar de valerse de un producto preparado previamente (el pollo en olla de cocción lenta), pero la estrella de la cena fue la conexión que establecieron unos con otros a través de conversación. Las comidas familiares implican mucho más que comer.

Compartir una sabrosa comida con amigos y familiares supone siempre un placer, pero las investigaciones sugieren que llevar a cabo comidas en familia proporciona beneficios mucho mayores que simple nutrición física. Sentarse a comer en familia de forma habitual puede reducir la probabilidad de que un niño desarrolle hábitos relacionados con los trastornos alimenticios y se ha vinculado con menores síntomas depresivos.[1] Pasar este tiempo juntos como familia también puede favorecer que un niño consuma alimentos más saludables y sea menos propenso a preocuparse por el peso. Los beneficios de las comidas familiares no acaban ahí. A medida que nuestros hijos crecen, practican deportes y tienen más deberes, las comidas familiares podrían suponer una de las pocas oportunidades para conectar durante una semana ajetreada. Puede que nunca nos hubiéramos enterado de que hirieron los sentimientos de nuestra hija en el colegio si no hubiéramos tenido tiempo para hablar de ello mientras comíamos tacos.

A lo largo de los años, hemos trabajado con familias que están deseando comer todos juntos, pero no saben cómo conseguirlo teniendo en cuenta su realidad. No todas las familias son iguales ni tienen un horario que permita organizar comidas familiares de forma habitual. Algunas realidades son simplemente eso: la realidad. Puede que papá tenga que viajar durante una hora para ir al trabajo y no llegue a casa hasta las 7:30, pero los niños ya se están muriendo de hambre a las 6. La realidad es que no pueden esperar a papá para cenar, pero papá siempre está allí para prepararles el desayuno y se sienta a comer con los niños por la mañana. A otra familia puede costarle conseguir que los tres niños estén listos para cenar a la misma hora todas las noches, pero sí pueden encontrar la forma de planear que mamá, papá y los tres niños coman juntos todos los martes, jueves y domingos. Aunque la cena es el momento más habitual para llevar a cabo una comida familiar, no hay ninguna norma que diga que debe ser entonces. Una comida familiar puede ser cualquier comida (o tentempié si ese es el único momento del que dispones) a lo largo del día en la que estén presentes al menos un niño y un progenitor (o ser querido).

> Las cenas aportan nutrición de todo tipo.
>
> MIRIAM WEINSTEIN

Si tu familia y tú no tenéis por costumbre comer en familia, al principio puede suponer todo un reto conseguir que todos participen. Estas herramientas y consejos nos resultaron útiles en nuestras prácticas.

- Hacer que los niños ayuden con los preparativos de la cena, como cortar o reunir los alimentos.
- Hacer que los niños ayuden a poner la mesa.
- Hacer que los niños decoren la mesa o elijan la distribución.
- Colocar un tarro en la mesa lleno de temas para empezar una conversación, como: «¿Quién es tu actor favorito?», «¿Cuál es tu libro favorito?» o «¿Qué es lo más raro que has visto hoy?».
- Turnarse para que todos cuenten un chiste.
- Permitir que todos compartan lo positivo y lo negativo que les ha pasado a lo largo del día. Por ejemplo: «Para mí, lo positivo de este día ha sido salir a dar un paseo con mamá y lo negativo, que no he podido jugar con mi mejor amigo».

- Turnarse para que todos cuenten algo por lo que se sienten agradecidos ese día.
- Mantener el tono de la conversación positivo durante la comida. Este no es el momento de regañar a los niños por una mala nota o su mala actitud. También es aconsejable apartar de la mesa los temas de adultos, como un compañero de trabajo irritante o las preocupaciones financieras.
- Pedirles a todos los miembros de la familia que permanezcan en la mesa hasta que todo el mundo haya terminado (recuerda que todo ese condicionamiento que llevas a cabo con un bebé da frutos más adelante). Si tu pequeño no tiene demasiada hambre y está distrayendo a los demás, puedes dejar que se levante de la mesa siempre y cuando no interrumpa a los que siguen comiendo. Haz lo que funcione mejor para tu familia.
- Recuerda que las palabras «no tienes que comértelo» pueden aplacar una tormenta durante la comida y ayudarte a redirigirla con menos esfuerzo.

Reducir el ritmo

En algún momento nos hemos encontrado almorzando a toda prisa, comiendo de camino a algún sitio o acercándonos con el coche a la ventanilla de un restaurante de comida rápida para recoger algo de comer de camino a casa después del entrenamiento. Esta locura autoinfligida no siempre es bienvenida, pero suele ser la realidad en la sociedad estadounidense del siglo XXI. Para Wendy Jo, mudarse al extranjero debido al trabajo de su marido fue en cierto sentido como retroceder en el tiempo. Donde vivía, no había comida rápida, la mayoría de los restaurantes cercanos cerraban los domingos y los lunes y todas las tiendas de comestibles cerraban desde el sábado a la 1 de la tarde hasta el lunes a las 8 de la mañana. Si resultaba que te quedabas sin huevos el sábado o necesitabas leche para el lunes por la mañana, pues mala suerte. Mirando el lado positivo, nadie les metía prisa a los clientes para que despejaran la mesa cuando salías a comer fuera y existían pausas para tomar un tentempié a media mañana, así como para tomar tarta por la tarde. ¿A quién no le encantaría hacer una pausa para tomar tarta?

Huelga decir que Wendy Jo descubrió que en Europa no se le da excesiva importancia a la comida, lo que quiere decir que no la inspeccionan, seleccionan y sirven con un aliño *light* aparte. La comida es real, saludable, se saborea y lleva mantequilla por encima. Wendy Jo era la primera en admitir que echaba de menos algunas de las agradables comodidades disponibles en Estados Unidos (sobre todo cuando la mencionada necesidad de huevos o lácteos surgía a las 6 de la tarde de un sábado), pero también comenzó a apreciar cómo la vida reducía el ritmo, que no se demonizara la comida y que las frutas y las verduras de temporada se valoraran de verdad. Sin esta experiencia, es posible que no hubiera repasado de forma tan concienzuda sus habilidades para planificar menús. Wendy Jo se dio cuenta de que sin planificar las comidas ni saber cocinar los platos básicos, mudarse al extranjero o simplemente a una zona más rural podía resultar frustrante.

Es evidente lo fácil que podría ser depender de comodidades como los restaurantes de comida rápida cuando una persona no sabe cocinar o planificar menús. Lo entendemos, y también hemos ido a algún que otro restaurante de comida rápida. No todo el mundo es un gastrónomo ni quiere ser chef, pero suponemos que, al leer este libro, deseas alimentar a tu bebé, y a tu familia, lo mejor posible. Estamos aquí para hablarte de enseres de cocina y darte consejos para planificar menús. En los capítulos siguientes, también tocaremos las habilidades básicas para convertirnos en mejores cocineros por medio de recetas sencillas para ayudarte a brindarle apoyo a tu familia *baby-led weaning*. Pero, primero, pongamos cada cosa en su sitio.

Cada cosa en su sitio

Nuestras cocinas no necesitan ser restaurantes de cinco estrellas, pero podemos aprender buenos consejos de aquellos que han convertido el preparar y servir buena comida en su negocio. Opinamos que la expresión francesa «*mise en place*», que significa «cada cosa en su sitio», puede sentar las bases para una cocina eficiente y útil. En el mundo de la restauración, los chefs suelen referirse a la *mise en place* como el arte de preparar los artículos antes de comenzar a cocinar un plato o un menú. En el mundo real de las cocinas de nuestras casas, esto también se aplica. Acuérdate de todas las veces que has empezado a hacer galletas y te has dado cuenta de que te hace falta un huevo más. Admitiremos que incluso Wendy Jo, con su formación culinaria, ha comenzado a preparar una hornada de galletas y se ha dado cuenta poco después de que no tenía suficiente cantidad de un ingrediente fundamental. Resulta enormemente valioso planificar los menús, hacer la compra en consecuencia y luego preparar de antemano los artículos que necesitarás para elaborar un plato.

Existe un motivo por el que las empresas que ofrecen platos preparados en su mayor parte, acompañados de recetas, se han puesto de moda en Estados Unidos. Nos gusta que las cosas estén en su sitio, y estas empresas se encargan de la planificación y la preparación en nuestro lugar. Lo único que nosotros debemos hacer es cortar y cocer. Tenerlo todo en su sitio, o la *mise en place*, nos resulta útil a todos. Comencemos con las principales zonas de almacenamiento de alimentos.

Comestibles no perecederos, o la despensa

Los comestibles no perecederos son alimentos o ingredientes que pueden permanecer en los estantes bastante tiempo, como enlatados, pastas, arroz, granos, legumbres, especias, hierbas secas, vinagres, frutos secos, cremas de cacahuetes y tentempiés como mezclas de frutos secos, barritas de fruta y frutos secos y galletas integrales. Estos artículos deben guardarse en un armario o en una despensa.

Almacenamiento en frío, o el frigorífico

Guarda en el frigorífico artículos como yogures, leche entera, mantequilla, quesos, fiambres, bayas, zanahorias, apio, cítricos, cremas de cacahuetes, tus aliños favoritos y verduras de temporada. Nota: ten el frigorífico limpio y no lo llenes demasiado para que el flujo de aire lleve aire frío hasta todos los alimentos, manteniendo así tu comida protegida y a la temperatura adecuada (a menos de 4 °C).

El congelador

Llena tu congelador de carne, pescado, aves de corral, frutos secos, frutas y verduras de primera necesidad, platos precocidos y alimentos preparados que te echen una mano las noches en las que no tengas tiempo para preparar la cena. Al igual que con el frigorífico, evitar llenar demasiado el congelador, ya que los alimentos no recibirán suficiente frío y podrían sufrir quemaduras. Además, resulta más difícil saber de qué dispones si no puedes ver con rapidez lo que tienes guardado. Mantén la temperatura de tu congelador por debajo de –18 °C.

Almacenamiento perecedero no refrigerado, o el frutero

Entre las mejores frutas para tener a mano se incluyen manzanas, peras, plátanos, naranjas, kiwis y las frutas deshidratadas, en conserva y en láminas. Compra solo lo que vayas a comerte a lo largo de la semana para evitar desperdiciar alimentos.

Mantén los plátanos separados del frutero, ya que los gases que emiten pueden hacer que las otras frutas maduren demasiado rápido. Contar con un colorido centro de mesa compuesto de frutas frescas invita a todo el mundo a comer más fruta a lo largo del día. Si la tienes a la vista, te acordarás de ella.

Alimentos básicos			
Despensa	*Frigorífico*	*Congelador*	*Cesto de tentempiés*
Especias (sal, pimienta, ajo en polvo, comino, cilantro, chile en polvo, canela, cúrcuma, vainilla...)	Leche	Bistecs	Galletas con pocos ingredientes
Hierbas secas (tomillo, romero, perejil, orégano...)	Queso, palitos de queso	Carne picada	*Pretzels*
Aceites (de oliva, coco, colza, sésamo...)	Yogures	Beicon	Barritas de frutas y frutos secos
Vinagres (blanco, de manzana, de vino, balsámico, de arroz...)	Fiambres	Pollo entero y pechugas de pollo	Mezclas de frutos secos

Alimentos básicos			
Despensa	*Frigorífico*	*Congelador*	*Cesto de tentempiés*
Salsa de soja	Aliños (kétchup, mayonesa, mostaza, salsa Worcestershire, salsa barbacoa, aderezos para ensaladas, mermeladas, encurtidos, aceitunas, alcaparras...)	Verduras congeladas (brócoli, cebolla, pimientos, maíz, judías verdes, espinacas...)	Frutas deshidratadas sin azúcar añadido como pasas o rodajas de mango
Harinas	Bayas	Frutas congeladas (bayas, mangos, plátanos, melocotones, cerezas...)	
Azúcares	Zanahorias	Platos precocidos (lasaña, estofado de pollo, pastel de carne...)	
Agentes leudantes (levadura en polvo, bicarbonato...)	Apio	Alimentos preparados (masa de pan congelada, *pizzas*, mezclas de verduras precortadas, salsa de carne...)	

Alimentos básicos			
Despensa	*Frigorífico*	*Congelador*	*Cesto de tentempiés*
Cereales o alternativas a los cereales (arroz, quinua, cuscús, avena...)	Cítricos	Pescados y mariscos congelados (gambas, pescados...)	
Pastas	Manzanas		
Conservas (tomates, concentrado de tomate, salsa de tomate, legumbres, judías verdes, maíz...)	Cremas de cacahuetes		
Legumbres secas	Verduras de temporada (lechuga, col rizada, acelga, espinaca, rúcula...)		
Verduras no perecederas (cebollas, chalotes, ajos, patatas, calabazas de invierno, boniatos...)	Mantequilla		

Recomendamos tener un frutero sobre las encimeras. Tampoco viene mal tener verduras a la vista..., ¡nos ayuda a acordarnos de cocinarlas! Todos los demás alimentos deben guardarse fuera de la vista, en un lugar fresco y seco. Esto favorece que sean nuestros cuerpos los que nos envíen señales para comer en lugar de que un tentempié dejado sobre la encimera estimule visualmente nuestro apetito.

Herramientas de trabajo

- Cuchillos: Te recomendamos tener un juego con un resistente cuchillo de chef de 20 centímetros, uno de pelar, uno de pan (serrado) y uno de carne para completar tus necesidades básicas de cuchillos de cocina.
- Tablas de cortar: Las tablas de cortar de madera son las preferidas, ya que desgastan menos los cuchillos; sin embargo, no se pueden introducir en el lavavajillas. Para la carne, las aves de corral y el pescado, ten a mano una tabla de cortar de plástico que se pueda colocar con seguridad en el lavavajillas para desinfectarla y limpiarla. Aunque estén de moda, las tablas de cortar de piedra no son recomendables, pues embotan rápidamente el filo de los cuchillos, y es peligroso tener un cuchillo embotado.
- Ollas y sartenes: Recomendamos tener un cazo pequeño y otro grande, una cacerola de hierro fundido, una sartén antiadherente o de acero inoxidable de 20 centímetros y una sartén grande para saltear.
- Recipientes: Si deseas que los recipientes sean aptos para el lavavajillas y el microondas, opta por los de cristal. Si no te importa lavar a mano, o servir solo alimentos fríos, puedes utilizar los de plástico con este fin. Hoy en día existen estupendas fiambreras de estilo japonés con forma de caja disponibles en Internet o en tiendas populares. Nuestras favoritas son las ligeras cajas de acero inoxi-

dable que se pueden lavar fácilmente en el lavavajillas o cajas de plástico sin BPA (que hay que lavar a mano y solo sirven para refrigerar). También son resistentes a golpes contra superficies duras. Además, también nos gustan los recipientes de vidrio normal y corriente con tapas de plástico para mantener los alimentos frescos en la encimera o en el frigorífico.

¿Sabías que...?

Cuando una sartén antiadherente se raya, es hora de deshacerse de ella. Compra una barata para que no te arrepientas ni te lo pienses dos veces antes de tirarla a la basura cuando se estropee. Evita emplear limpiadores abrasivos o para metales, incluyendo el lavavajillas, con una sartén antiadherente. Por muy fácil que resulte desechar las instrucciones de ollas y sartenes, por favor, tómate la molestia de leerlas. Todas las sartenes antiadherentes que hemos visto traen una advertencia acerca de calentarlas demasiado o emplear temperaturas muy altas. Los materiales antiadherentes emiten un gas cuando se calientan demasiado: un gas que puede matar a un pájaro en una habitación cerrada.[2] Por lo tanto, si tienes un loro de mascota, no compres sartenes antiadherentes. Es mejor calentar las sartenes antiadherentes a fuego moderado como mucho, pues nadie quiere que sus hijos respiren estos gases tóxicos.

Mantén el fuego a una temperatura moderada al usar sartenes antiadherentes

Además, procura que tus sartenes antiadherentes no tengan arañazos ni abolladuras o utiliza para cocinar una sartén metálica sin revestimiento, por ejemplo, de acero inoxidable o de hierro fundido.

Los 10 principales consejos de seguridad alimentaria

Afrontémoslo: las intoxicaciones alimentarias no están hechas para quienes se amilanan fácilmente, pero resultan particularmente peligrosas para niños, embarazadas o cualquier persona con el sistema inmunológico comprometido. Vale la pena tomar precauciones a la hora de manipular los alimentos. Aunque nuestros abuelos o padres hacían las cosas de cierta manera, ahora sabemos lo que recomienda la ciencia para mantener los alimentos protegidos.

1. Descongela la carne, las aves de corral o el pescado en el frigorífico sumergiéndolos durante toda la noche en agua fría o en el microondas (si eliges este método, úsalos de inmediato). ¡No, no los dejes sobre la encimera!
2. Cocina todos los alimentos proteicos hasta alcanzar las temperaturas internas correctas. La temperatura interna mínima recomendada por el Departamento de Agricultura del Gobierno de Estados Unidos para la ternera y el cordero (en bistecs y asado) y el pescado es de 60 °C; para el cerdo y la carne picada, 70 °C, y para las aves de corral, a 75 °C.
3. Mantén la temperatura de tu frigorífico por debajo de 4 °C (cada vez que lo abras, la temperatura subirá; el objetivo es mantener en todo momento los alimentos refrigerados a menos de 4,5 °C, por lo que fijar la temperatura a 4 °C ayuda a conseguirlo).
4. Evita comer huevos crudos. Incluso aunque sientas la tentación de probar la masa para galletas, asegúrate de hornearla primero.
5. Lávate siempre las manos con agua tibia y jabón cuando manipules huevos o carne cruda.
6. Asegúrate de lavar a conciencia todo lo que entre en contacto con carne cruda para evitar la contaminación cruzada. Esto incluye las pinzas al cocinar. Si utilizas pinzas para colocar los alimentos en una parrilla o una plancha, asegúrate de lavarlas antes de darle la vuelta a la comida, de lo contrario el producto crudo contaminará la superficie cocida.
7. Recalienta siempre los alimentos hasta que alcancen una temperatura interna de unos 75 °C.

8. Si un alimento preparado ha permanecido a temperatura ambiente durante más de dos horas, es momento de tirarlo a la basura. Mantén refrigerados los alimentos fríos y calientes los alimentos calientes para evitar la proliferación de bacterias.
9. Lava la superficie de todas las frutas y verduras antes de cortar la piel. Incluso un melón o una sandía tienen cosas en la superficie que no quieres que contaminen la parte comestible al atravesarla con un cuchillo.
10. Mantente al tanto de los rechazos de alimentos.

Pongámonos a planificar

Como dietistas y amantes de todo tipo de alimentos, nos reconforta planificar y preparar un menú. Cocinar es una de las cosas que nos ayuda a realizar la transición mental de un día ajetreado a una noche en familia. A nosotras nos ayuda a desestresarnos, pero comprendemos que cocinar y servir un plato no tiene el mismo efecto en todo el mundo. En numerosas ocasiones, la gente nos hace preguntas relacionadas con cocinar, planificar menús y sentarse a cenar. Nosotras cocinamos casi todas las noches, y realizar los preparativos siguiendo la norma de la *mise en place* lo simplifica todo muchísimo.

Barreras habituales a la hora de planificar menús

- Puede dar la sensación de ser restrictivo o estricto
- No me parece que todos los alimentos encajen
- Es difícil ser constante
- A la gente no le gusta lo que cocino
- No sé cocinar

Una de las principales barreras que impiden que las familias coman juntas es la planificación de menús. Podemos tener la sensación de que es demasiado difícil preparar una buena comida, así que nos olvidamos de intentarlo siquiera. A lo largo de los años, hemos trabajado con miles de familias para conseguir que la planificación de menús sea algo factible, logrando al mismo tiempo que los niños participen en el proceso. Reinstaurar las comidas en familia no tiene por qué ser como un programa televisivo de cocina, pero requiere un plan o estrategia. Así es como nosotras planificamos y enseñamos a las familias a las que asesoramos.

En primer lugar, fija un horario semanal para que toda la familia participe en una reunión de planificación de menús. Los niños que toman parte a la hora de cocinar, hacer la compra y planificar suelen ser comedores más aventureros. No es lo mismo decir que vas a planificar que fijar un momento específico para ello. Nosotras denominamos este paso esencial «planificar la planificación». Por ejemplo, Leslie y su familia planifican los menús los sábados por la mañana o los lunes por la tarde, dependiendo de sus agendas semanales. Vamos a encaminar a tu familia al éxito eligiendo ahora un día y hora.

> Lo decimos en serio. ¡Ahora mismo! *Planificaremos* la *planificación* y el mejor día y hora para llevar a cabo una reunión semanal para planificar menús es ______________________________.

Utilizamos una estrategia de planificación de menús, que ya mencionamos en la parte dos, llamada el método del plato. Visualiza tu plato con la mitad llena de verduras y la otra mitad dividida a partes iguales en alimentos ricos en hidratos de carbono y alimentos ricos en proteínas. Estos son los componentes básicos de un menú completo:

1. Alimentos ricos en proteínas: carne, huevos, pescado y marisco, aves de corral, queso, yogur griego, alubias, etc.
2. Verduras/frutas de acompañamiento: lo mejor es la variedad. Los diferentes colores significan que nos aportan diferentes nutrientes, como las verduras de hojas

oscuras, pimientos, coles de Bruselas, coliflor, zanahorias, judías verdes, brócoli, bayas, melocotones, peras, manzanas, etcétera.
3. Hidratos de carbono de acompañamiento: verduras ricas en carbohidratos como guisantes, maíz, patatas, galletas, arroz, quinua, tortillas de trigo, panes, pasta, fideos, etcétera.
4. Grasas: aceites, frutos secos, aguacate, mantequilla, aliños, nata agria, etcétera.

Ahora que ya estás preparado, elabora tu plan de menús incluyendo en cada categoría listas de alimentos que os gusten a tu familia y a ti. Sé lo más específico posible. Por ejemplo, hay más de una forma de servir ternera, como puntas de solomillo, hamburguesas, bistec a la plancha, asada, etcétera. Ocurre lo mismo con el pollo, el pescado, el cerdo, etcétera. Especifica y no te olvides de ir agregando alimentos que te gustaría sumar a tus menús a medida que vayas ampliando horizontes. Estas listas nos ofrecen más opciones para elaborar los menús. Para que te sirva de ejemplo, en la página siguiente te mostramos tres formas diferentes de servir el mismo ingrediente proteico principal: pechuga de pollo y ternera picada.

En tu primera reunión estratégica, pídeles a todos los de la casa que te ayuden a elaborar una lista exhaustiva de formas de preparar un alimento, profundizando más allá del tipo de proteína o verdura del que se trata. Piensa en las cosas que has probado en restaurantes o en casa de un amigo. Si tienes hijos mayores u otros miembros de la familia, pídeles que hagan lo mismo. Si la mayor parte del tiempo solo estáis el bebé y tú, puedes hacer una lista de alimentos que te gustan y que te gustaría probar, ofrecerle al bebé o preparar de forma diferente. Esto puede proporcionarte una buena cantidad de opciones con las que trabajar más adelante. Ahora, cada miembro de la familia debe planificar unos cuantos menús. La exhaustiva lista de ingredientes te servirá de ayuda en cada reunión de planificación de menús.

Carne / Proteínas	Verduras / frutas de acompañamiento	Hidratos de carbono de acompañamiento	Grasas saciantes
Pechuga de pollo a la parrilla	Salteado de brócoli con queso parmesano	Arroz salvaje	Aceite de oliva en el arroz y el brócoli
Pollo al horno con salsa barbacoa	Coliflor al horno con queso *cheddar*	Boniatos al horno	Mantequilla en los boniatos y aceite de oliva en el pollo al horno
Pechuga de pollo con salsa picante preparada en una olla de cocción lenta	Lechuga, tomate y salsa	Tortillas para tacos	Nata agria y rodajas de aguacate

Carne / Proteínas	Verduras / frutas de acompañamiento	Hidratos de carbono de acompañamiento	Grasas saciantes
Ternera picada en salsa de espaguetis	Guarnición de ensalada	Pasta	Aceite de oliva en la pasta y la ensalada
Hamburguesas de queso	Ensalada de lechuga, tomates y frutas	Panecillo	Mayonesa y rodajas de aguacate
Ternera picada en sopa	Tomates y verduras variadas en sopa	Pan de ajo	Mantequilla en el pan de ajo

Planificar las comidas juntos también nos ayuda a apreciar otras preferencias. Este proceso requiere un poco de toma y daca que nos enseña a estar abiertos a alimentos nuevos o diferentes, al mismo tiempo que nos ayuda a aprender a ser respetuosos con los demás y sus preferencias alimentarias. Simplemente recuerda que debes probar un alimento varias veces antes de poder formarte una opinión sobre él, como le ocurre a Leslie con los espárragos. Siempre bromea con que, cuando forman parte del menú, debe sacrificarse por el equipo. No le entusiasman demasiado, aunque los ha probado de un millón de formas diferentes, pero se los come porque a su familia le gustan. Si formas parte de una familia, habrá muchísimas preferencias que hay que tener en cuenta. Por ejemplo, al planificar las comidas, mamá añade un estofado al menú. Lucy sugiere palitos de pechuga de pollo rebozados acompañados de *tortellinis* para un día mientras que papá añade pan de maíz con chili al plan de comidas. Cada miembro de la familia aporta sus ideas mientras se planifica el menú para los siguientes días. He aquí un ejemplo:

Comida preferida de mamá	**Comida preferida de papá**	**Comida preferida del niño**
Estofado	Chili con carne picada	Palitos de pechuga de pollo rebozados con queso parmesano
Zanahorias, apio, cebolla	Guarnición de ensalada	Judías verdes
Patatas	Pan de maíz	*Tortellinis* de queso
Mantequilla en las patatas	Aliño en la ensalada	Aceite de oliva en las judías verdes y los *tortellinis*

Cuanto más practiques, más fácil será. Te lo prometemos. Al igual que ocurre con la mayoría de los hábitos, hace falta tiempo para pillarle el tranquillo a planificar menús. Además, hacer que los niños se impliquen en los preparativos y la elaboración de las comidas desde una edad temprana les enseña habilidades valiosas para la vida, como comprender las preferencias de los demás a la vez que satisfacen sus propias necesidades y planes. Cuidar de uno mismo, y de los demás, por medio del acto de planear y preparar alimentos es un componente fundamental para llevar una vida independiente, saludable y feliz.

Referencias del capítulo 12

1. Hammons, A. J., y Fiese, B. H., «Is frequency of shared family meals related to the nutritional health of children and adolescents», *Pediatrics*, 2011, vol. 127, n.º 6, págs. e1565-e1574, DOI: 10.1542/peds.2010-1440.
2. Shuster, K. A.; Brock, K. L.; Dysko, R. C.; DiRita, V. J., y Bergin, I. L., «Polytetrafluoroethylene Toxicosis in Recently Hatched Chickens (*Gallus domesticus*)», *Comparative Medicine*, febrero de 2012, vol. 62, n.º 1, págs. 49-52. Fecha de acceso: 15 de agosto de 2016, <https://www.ncbi.nlm.nih.gov/pmc/articles/PMC3276392/>.

13. El plato de aprendizaje

Las mejores personas son siempre aquellas a las que les encanta comer.

JULIA CHILD

Leslie odiaba los champiñones desde que tenía memoria, pero eso cambió cuando estaba en el último curso de instituto. Los había probado varias veces durante su infancia, pero sencillamente no le gustaban. En cierta ocasión, mientras estaba de vacaciones con una amiga, los probó de nuevo y le gustaron. A pesar de que no creía que fuera así, y solo los había probado por cortesía, disfrutó del sabor y la textura. Los champiñones estaban salteados y tenían una textura suave y carnosa. A partir de entonces, Leslie siempre buscaba champiñones preparados de esa manera en todos los menús. Si estamos dispuestos a seguir intentándolo, los gustos y las preferencias pueden cambiar.

Cada bocado que comemos puede enseñarnos algo nuevo. Ese aprendizaje (o proceso creativo) es aún mayor para un niño pequeño, pero, sinceramente, nunca dejamos de aprender acerca de la comida, independientemente de nuestra edad. Ya se trate de un nuevo color (no todos los tonos de púrpura son iguales), una nueva textura (desde un champiñón a una ramita de canela) o un nuevo sabor (desde el cilantro al chocolate negro), es fácil comprobar cómo evolucionan nuestros paladares y cómo tenemos siempre la oportunidad de sentarnos ante un plato de aprendizaje, adultos y niños por igual. Cada comida es una oportunidad.

¡Cuántos colores y texturas!

Todos hemos oído la expresión que afirma que «comemos con los ojos», y es verdad. El color es el factor individual más importante para predecir si a una persona le va a gustar o no una comida.[1] Como dietistas, y amantes de la buena comida, pensamos en cosas como que las zanahorias y los boniatos son del mismo color. Podríamos cambiar el boniato por una patata asada solo para asegurarnos de que el plato incluye variedad de colores, así como variedad de alimentos. Los colores influyen en la planificación de menús y la aceptación de alimentos. ¿Consideras que tus platos son coloridos o monocromáticos? Este simple cambio puede fomentar que tu familia acepte un plato o coma más frutas y verduras. Si con solo echarle un vistazo, tu hijo decide no probar la comida, presta atención a lo que le has servido. A continuación, busca el modo de diversificar un poco las cosas.

Además del color, a la mayoría de nosotros nos gustan gran variedad de texturas. Mientras que algunas texturas pueden resultar sumamente repugnantes para nuestros sentidos, otras pueden transportarlos a un lugar más placentero. Nuestros hijos no son diferentes en ese aspecto. Las texturas se refieren a la dureza, la blandura, la rugosidad o la suavidad de un alimento. Plantéate servir tantas texturas como te sea posible desde que son pequeños para incrementar la aceptación oral de diversas texturas más adelante en la vida.[2] Descubre qué texturas entusiasman o repugnan a tu pequeño comedor y procura complacerlo al mismo tiempo que continúas ofreciéndole nuevos desafíos. Por ejemplo, puedes darle algo resbaladizo, algo crujiente y algo suave con frecuencia, puede que incluso en la misma comida.

Todos los alimentos triturados, que no consideramos sólidos, tienen una textura similar, ya que son homogéneos, tiernos y fáciles de tragar. Imagínate por un momento que, durante meses, solo has comido algo homogéneo y, de repente, te ofrecen un plato con alimentos grumosos, crujientes o duros. Podría resultar confuso y chocante para los sentidos. Los estudios sugieren que una introducción temprana a diversas texturas influye más adelante en las preferencias de los niños.[3] Si la textura habitual suele ser homogénea, es muy probable que la transición o aceptación de texturas lleve más tiempo. Este tema es importante porque la cantidad de sabores y alimentos que puedas introducir al principio puede condicionar que un niño acepte o esté dispuesto a probar diversos alimentos más adelante en la vida. A algunos niños podría costarles incluso más tiempo adaptarse a diferentes texturas, haciendo que el progenitor se sienta frustrado al intentar servir más alimentos en casa, al salir a comer fuera o al tratar de desarrollar las habilidades de su hijo para comer y usar utensilios. Es importante proporcionar una amplia variedad de texturas desde el principio; por este motivo, consideramos que el *baby-led weaning* brinda una gran hoja de ruta para una oportuna aceptación oral de los alimentos en los bebés que se han desarrollado lo suficiente.[4] En la sección de iniciativas relativas a la salud de la página web oficial de la Academia Estadounidense de Pediatría, también se señala la importancia de exponer a bebés y niños a una amplia variedad de sabores y texturas. Somos conscientes de que es necesario exponer a muchos bebés y niños pequeños a los alimentos varias veces antes de que lleguen a aceptarlos. Recuerda que esto puede suponer diez, veinte e incluso más exposiciones; no te rindas. Lo mismo se aplica también a los adultos. Los padres pueden ser la mayor influencia que puede tener un bebé o un niño. Aunque rematar un sándwich con una carita sonriente o cortar los alimentos con formas simpáticas tiene cabida para hacer divertida la comida, tener en cuenta las texturas y los sabores desempeña un papel importante en el desarrollo del paladar de un bebé.

El poderoso sentido del gusto

Nuestro sentido del gusto es un importante predictor de qué alimentos decidimos que nos gustan y cuáles no. Poseemos cinco receptores claves del gusto en nuestra lengua: umami, amargo, salado, dulce y ácido. Los bebés nacen con la capacidad de saborear. Sus receptores sensoriales son tan sensibles que pueden oler a su madre al instante.[5] El único sabor que los bebés pueden no tener al nacer es el salado; se calcula que este sentido surge alrededor de los cuatro meses de edad.[6]

Como se mencionó en el capítulo 8, el zinc desempeña un papel importante en el desarrollo del nervio olfativo, un nervio craneal implicado en nuestro sentido del olfato. Si un bebé padece deficiencia de zinc, sus sentidos del gusto y el olfato podrían verse afectados. Puedes poner a prueba el paladar de un bebé sirviéndole un jugoso trozo de bistec con salsa de champiñones (umami: el sentido que percibe los sabores carnosos con una textura aterciopelada), una rodaja de limón (ácido) con una tajada de sandía (dulce), remolachas asadas o una aceituna en rodajas (que son saladas por naturaleza) y, para rematar, un trocito de chocolate negro (amargo). ¡*Voilà*, acabas de servir un menú completo que pone a prueba y estimula los sentidos de tu familia!

Para chuparse los dedos

Rico. Buenísimo. Sabroso. Asqueroso. Puaj. Aunque empleemos estas palabras con frecuencia para referirnos a los alimentos, no llegan a describir realmente las complejidades de la comida. No es que esperemos que te pongas a explicarle a tu bebé de ocho meses todo lo relativo al sabor umami de la salsa de tomate, pero puedes empezar a hablarle pronto de sabores y texturas. Emplear palabras descriptivas potentes puede ayudarte como padre a hablarle a tu hijo de un nuevo alimento. Y esto, a su vez, puede ayudar a tu hijo a hacerte saber por qué va o no va a comerse un alimento. Estos términos relativos a los sabores y las texturas pueden capacitar a toda la familia a la hora de describir los alimentos que les gustan o no. También pueden ayudarlos a analizar de forma más crítica por qué les gusta o no les gusta un alimento. Con el tiempo, esto conduce a las preferencias alimentarias. Estos son solo algunos ejemplos de las numerosas palabras con las que se pueden describir las texturas y los sabores.

Textura	Sabor
Crujiente	Azucarado/dulce
Sedosa	Ahumado
Crocante	Mantecoso
Tostada	Picante
Resbaladiza	Rancio
Tierna	Fuerte
Dura	Terroso
Fría	Quemado
Caliente	Fresco
Grumosa	Salado

No te desanimes si tu hijo muestra desagrado por un alimento. También sería aconsejable evitar alegrarse cuando no le gusta lo mismo que a ti (por muy tentador que resulte). Tu pequeñín podría rechazar tu plato favorito o despreciar algo que tú esperabas que le gustase. Esto forma parte del proceso de preferencia. Todos hemos tenido alimentos que no nos gustaban de niños, pero que ahora siendo adultos podemos tolerar o incluso nos gustan (como la historia de Leslie con los champiñones). Desde el brócoli a las coles de Bruselas, la gente suele superar sus aversiones alimenticias de la infancia cuanto más lo intenta. Wendy Jo odió el chocolate (¡increíble!) hasta los veintitantos años. También le hacía ascos a las cebollas, los pimientos, las coles de Bruselas, las palomitas y el regaliz y prefería los espaguetis separados de la salsa de carne en el plato. La escuela de gastronomía supuso un reto para ella cuando sus papilas gustativas se vieron expuestas a coles de Bruselas frescas, salteadas suavemente en aceite de oliva acompañadas de *pancetta* salada y, como toque final, un chorrito de zumo de naranja fresco (sí, por favor). Ahora le encantan las coles de Bruselas y las incluye en su menú navideño.

Hoy en día, Wendy Jo es una auténtica sibarita dispuesta a comer o probar casi cualquier cosa. Ha superado sus aversiones de la infancia y ha seguido avanzando. Curiosamente, sus padres no dejaron de introducirle estos sabores de niña. Su madre seguía cocinando pimientos y cebollas, comía palomitas con frecuencia a modo de tentempié y servía coles de Bruselas blandas. Que a su hija no le gustaran ciertos alimentos no iba a impedirles a sus padres disfrutar de ellos, ni a ti tampoco. Sirve estos alimentos y hazlo a menudo. El paladar de Wendy Jo superó enseguida sus percepciones anteriores. ¡A la mayoría de nosotros nos sucede lo mismo!

Calidad antes que cantidad

A lo largo de los años, nuestra cultura de la dieta ha hecho hincapié en las cifras en lugar de en la calidad de la comida propiamente dicha. Supongamos que alguien está contando calorías y ha optado por un cuenco de (insertar cualquier sucedáneo de alimento sin grasas y sin azúcar) basándose en esa cifra. Existe la percepción de que cuanto más baja sea la cifra, mejor. Esta persona puede haber pasado por alto un alimento más nutritivo por temor a que el de más calorías fuera peor opción. Nosotras discrepamos completamente y les sugerimos a todos nuestros pacientes que se centren más en la calidad de los alimentos que consumen en lugar de en las calorías que contienen. No olvides que los seres humanos llevan viviendo perfectamente sin esas cifras desde hace miles de años.

Una historia en tres bocados

Puede que haya ocasiones en las que nos encontremos comiendo por comer. Piensa en los dulces de Halloween o en cuando te comes un tentempié estando distraído con la televisión. Resulta complicado identificar los sabores o las texturas que nos gustan cuando no estamos prestando atención. Por otro lado, es posible que ni siquiera nos demos cuenta de que estamos comiendo algo que no nos gustaría si le estuviéramos prestando atención de verdad.

Uno de nuestros experimentos favoritos con los pacientes se llama la «actividad de los tres bocados». El objetivo de esta actividad es enseñarnos a bajar el ritmo, conectar y saborear cada bocado. Y si descubres que no te gusta lo que estás comiendo, puede ayudarte a darte cuenta de que no tienes que seguir comiéndotelo.

La actividad de los tres bocados funciona a la perfección con un trozo de chocolate negro de mejor calidad y un dulce de chocolate de menor calidad o un dulce recubierto de chocolate. Te harán falta tres de cada o darles tres bocados a cada uno. En esta actividad, céntrate en el sabor, la textura y el paladar general de los alimentos.

Allá vamos...

Bocado 1: Toma el dulce. Durante el primer bocado, concéntrate únicamente en el sabor. Cierra los ojos y pregúntate qué palabras usarías para describir el sabor del dulce.

Bocado 2: A continuación, céntrate en la textura. ¿Es crujiente? ¿Suave? ¿Qué texturas percibes?

Bocado 3: Tómate 30 segundos para masticar el último bocado. Cierra los ojos y saboréalo todo junto.

Antes de dar tu valoración final, prueba el mismo proceso con un trozo de chocolate negro.

Uno. Dos. Tres...

Ahora piensa en la impresión general que te produjeron ambos alimentos. ¿Cuál te satisfizo más? ¿Por qué? Este mismo principio se puede aplicar a cualquier alimento y durante cualquier comida, siempre y cuando bajemos el ritmo lo suficiente para dedicarle toda nuestra atención.

Echémosle un vistazo a un trozo de tu tipo de tarta favorita: de zanahoria, manzana, bizcocho, chocolate o lo que sea. Si saboreas un sabroso trozo de tu tarta favorita, es posible que una cantidad menor pueda aportarte mayor satisfacción, sobre todo cuando te concentras en cada bocado. Ambas hemos experimentado con pacientes (e incluso personalmente) el hecho de comer algo diseñado para ser más saludable pero que carecía de los componentes saciantes que aporta la comida. Poco después, nosotras, y nuestros pacientes, necesitábamos comer más y más porque no nos saciaba o no lo considerábamos comida «de verdad». Las grasas presentes de forma natural en los alimentos o en las recetas cumplen un propósito importante. Las grasas crean una sensación aterciopelada y suave en la boca que a muchos nos resulta agradable. La grasa también proporciona una sensación de saciedad que puede ayudarnos a reconocer que ha llegado el momento de dejar de comer.

La actividad de los tres bocados puede ayudar a los padres *baby-led weaning* a establecer una conexión con lo que están comiendo, probando y saboreando para que puedan enseñarles a sus hijos a hacer lo mismo con el tiempo. Esto también te da la facultad de elegir hacer a un lado cualquier alimento que no justifique ese tercer bocado. ¡Tú decides siempre qué comer! Esperamos haberte proporcionado información de calidad que rumiar para que puedas tomar la mejor decisión para ti y tu familia.

Trazar un plan

En el capítulo 11 tratamos las percepciones y las decisiones alimenticias que debemos tomar al elegir alimentos para nuestras familias. En el capítulo 12 hablamos del arte de elaborar un menú y ahora, en el capítulo 13, de añadir sabor y variedad al plato. Ha llegado el momento de juntarlo todo. Aunque no recomendamos hacer dieta ni seguir un estricto plan de comidas, comprendemos que a la gente le gusta ver cómo es la planificación de menús y tener ejemplos. Antes de embarcarnos en este plan de menús, prométenos que no te sentirás obligado a seguirlo a rajatabla ni te sentirás culpable si no lo haces. Esto no es más que nuestro propio ejemplo, que nos gustaría compartir contigo si estuvieras sentado frente a nosotras en nuestras consultas. Y si ese fuera el caso, lo modificaríamos para adaptarlo específicamente a tu familia y a ti. Este plan de menús de ejemplo es simplemente nuestra forma de proporcionarte ideas, mostrarte cómo añadimos variedad a nuestros menús diarios y resaltar cómo incluir más alimentos naturales para nutrir a nuestras familias.

Día / Menú	**Alimentos ricos en proteínas**	**Verduras y frutas de acompañamiento**	**Hidratos de carbono de acompañamiento**	**Grasas**
		Día 1		
Desayuno	Huevos revueltos	Salsa y fresas	Tostada	Mantequilla
Tentempié	Palitos de queso	Uvas		
Almuerzo	Pollo a la parrilla (tal vez sobras de la noche anterior)	Ensalada (lechuga, tomates, pepinos, zanahorias, alubias rojas, corazones de alcachofa en lata)	Picatostes	Vinagreta (aceite de oliva y vinagre de vino)
Tentempié	Crema de cacahuetes	Rodajas de manzana		

Día / Menú	**Alimentos ricos en proteínas**	**Verduras y frutas de acompañamiento**	**Hidratos de carbono de acompañamiento**	**Grasas**
Cena	Enchiladas de pollo (pág. 299)	Judías verdes al vapor y tomates en rodajas	Tortillas de trigo (usadas en la receta)	Queso (usado en la receta)
		Día 2		
Desayuno	Leche	Manzana rallada (mezclada con la avena)	Avena	Crema de cacahuetes o frutos secos troceados (mezclados con la avena)
Tentempié	Huevos duros		*Pretzels*	
Almuerzo	Ensalada de atún (pág. 274) o sobras	Lechuga	Galletas con pocos ingredientes o pan	Mayonesa
Tentempié	Yogur	Bayas		
Cena	Bistec a la parrilla	Salsa de champiñones (para el bistec) y guarnición de ensalada	Patata horneada	Mantequilla y vinagreta
		Día 3		
Desayuno	*Frittatas* sencillas y versátiles (pág. 255)	Espinacas (en la variante de las *frittatas*) y plátano		Beicon y queso (en la variante de las *frittatas*)

Día / Menú	Alimentos ricos en proteínas	Verduras y frutas de acompañamiento	Hidratos de carbono de acompañamiento	Grasas
Tentempié			Tostada	Crema de cacahuetes
Almuerzo	Bistec (sobras)	Ensalada «de la despensa» con quinua (pág. 277)	Quinua (en la ensalada)	Aceite de oliva (rociado sobre la carne con *tabulé*)
Tentempié	Palitos de queso	Tajadas de sandía		
Cena	Salmón a la parrilla (pág. 247)	Rodajas de limón y judías verdes salteadas	*Baguette* crujiente	Mantequilla

Empleamos con frecuencia alimentos como mantequilla y beicon porque, para nosotras, representan adiciones deliciosas y saciantes para cualquier menú. Nuestra filosofía es que se trata de cómo emparejas los alimentos en el plato en lugar de considerar un alimento en particular como bueno o malo. Puedes saborear un par de porciones de *pizza* y emparejarlas con una guarnición de ensalada y un aderezo de calidad. ¡Nosotras lo hacemos! También nos encanta preparar huevos con beicon y emparejarlos con un tazón de bayas frescas. Creemos firmemente que todos los alimentos tienen cabida; todo depende de lo que los acompaña en el plato.

Esperamos que puedas emplear los consejos sobre planificación de menús, organización de la despensa y fomento de la confianza en el cuerpo que aparecen en esta parte del libro para implicarte y mostrarte más proactivo en lo relativo a la comida. Cuando no nos abruma decidir qué servir, podemos dedicar más energía mental a disfrutar de un menú cuidadosamente planeado. No pretendemos decir que cada momento del día o cada comida deba estar detallado al segundo, pero, por propia experiencia, tener un plan hace que las comidas resulten menos estresantes. Nosotras también somos personas reales y, a veces, incluso nosotras nos limitamos a engullir la comida (¡sorpresa!). No obstante, la mayor parte del tiempo, nos esforzamos por planificar y mostrarnos proactivas en lo relativo a los alimentos y las comidas.

Estar menos estresados puede permitirnos implicarnos más en nuestra comida y nuestras familias. Deseamos que tú y tu familia *baby-led weaning* podáis disfrutar de la comida, de la compañía de los demás y de la energía que proporciona todo ello. Implicarnos en nuestra comida y durante el tiempo pasado en familia es un valor del método que consideramos que presenta beneficios duraderos. ¡Buen provecho!

Referencias del capítulo 13

1. Spence, C., «On the psychological impact of food colour», *Flavour*, 2015, vol. 4, n.º 21, DOI: 10.1186/s13411-015-0031-3.
2. Biswas, D.; Szocs, C.; Krishna A., y Lehmann, D. R., «Something to Chew On: The Effects of Oral Haptics on Mastication, Orosensory Perception, and Calorie Estimation», *Journal of Consumer Research*, agosto de 2014, vol. 41, n.º 2, págs. 261-273, DOI: 10.1086/675739.
3. Harris, G., y Coulthard, H., «Early Eating Behaviours and Food Acceptance Revisited: Breastfeeding and Introduction of Complementary Foods as Predictive of Food Acceptance», *Current Obesity Report*, 2016, vol. 5, n.º 1, págs. 113-120, DOI: 10.1007/s13679-016-0202-2.
4. Lundy, B.; Field, T.; Carraway, K.; Hart, S.; Malphurs, J.; Rosenstein, M.; Pelaez-Nogueras, M.; Coletta, F.;

Ott, D., y Hernandez-Reif, M., «Food Texture Preferences in Infants Versus Toddlers», *Early Child Development and Care*, 1998, vol. 146, n.º 1, págs. 69-85. Fecha de acceso: 5 de octubre de 2016, <http://www2.fiu.edu/~pelaeznm/pdfs/24%20Food%20texture%20preferences.pdf>.

5. Nishitani, S.; Miyamura, T.; Tagawa, M.; Sumi, M.; Takase, R.; Doi, H.; Moriuchi, H., y Shinohara, H., «The calming effect of a maternal breast milk odor on the human newborn infant», *Neuroscience Research*, 2009, vol. 63, n.º 1, págs. 66-71, DOI: 10.1016/j.neures.2008.10.007.
6. Stein, L. J.; Cowart, B. J., y Beauchamp, G. K., «The development of salty taste acceptance is related to dietary experience in human infants: a prospective study», *American Journal of Clinical Nutrition*, enero de 2012, vol. 95, n.º 1, págs. 123-129, DOI: 10.3945/ajcn.111.014282.

Parte 4

La cocina *baby-led weaning*

La petición más común que nos hacen cuando ayudamos a pacientes o amigos a emprender la aventura de la alimentación al estilo *baby-led weaning* es que les contemos nuestras recetas familiares favoritas y cómo modificamos esos platos para un bebé. Comprendemos perfectamente la frustración y la confusión que pueden conllevar el inicio de este viaje, sobre todo si no te defiendes bien en la cocina. A lo largo de estos capítulos finales compartiremos nuestros primeros alimentos favoritos, desayunos rápidos y sencillos, nuestras comidas para llevar y tentempiés favoritos y los platos que servimos con más frecuencia en las comidas familiares. Aunque Wendy Jo tiene un don para idear platos sofisticados, ambas coincidimos en que las recetas deben ser sencillas. La mayoría de las familias con un bebé a bordo no están por la labor de sumar una receta de treinta ingredientes a lavar la ropa, hacer la compra, planificar menús, cambiar pañales y encontrar tiempo para sentarse siquiera. Lo entendemos.

Además de las recetas fáciles, desglosaremos cómo servir una comida normal para tu comedor principiante, novato y avanzado. Consideramos que esta es una de las partes más desconcertantes a la hora de emplear un enfoque de alimentación autónoma. Busca la sección «Bocados de bebé», donde se detallarán sugerencias para servir los alimentos basadas en los niveles de habilidad del niño. Si necesitas un recordatorio rápido de los niveles de habilidad, repasa los capítulos del 5 al 9.

Para que el aburrimiento no haga acto de presencia, hemos añadido formas de transformar muchas de las recetas en ingeniosas comidas para llevar y darle otro toque a una receta básica con diferentes especias, hierbas y sabores. Si buscas sugerencias para ahorrar tiempo, echa un vistazo a las guías de congelación de muchas de nuestras comidas favoritas.

> ¿Sabías que la mayoría de las familias siempre repiten los mismos doce platos durante todo el año? Puedes darles un cambio radical a tus platos favoritos simplemente modificando las especias y las hierbas que se emplean en una receta. Transforma un pastel de carne básico en una obra maestra de inspiración mexicana o griega simplemente cambiando el tipo de especias.

14. Nuestros primeros alimentos favoritos

> El propósito de la vida es vivirla, saborear la experiencia al máximo, buscar con entusiasmo y sin temor experiencias más nuevas e intensas.
>
> ELEANOR ROOSEVELT

Emprender el viaje de la alimentación autónoma fue (sinceramente) un tanto estresante para Wendy Jo. Su marido acababa de volver a casa después de estar desplegado en el extranjero y decidieron que su regreso suponía el momento perfecto para compartir su primera comida juntos como familia. Teniendo en cuenta los problemas en las comunicaciones mientras estaba fuera, Wendy Jo no pudo preparar adecuadamente a su marido para el enfoque de la alimentación autónoma y a él le preocupaba desviarse de la senda tradicional de la comida para bebés.

Una vez transcurridas un par de semanas, comenzó a relajarse y pudo comprobar por sí mismo los avances en las habilidades para comer de la pequeña A. Para entonces, el marido de Wendy Jo alardeaba ante todos sus amigos de lo bien que comía su hija y que sabía chupar un bistec jugoso o devorar un aguacate.

Por aquel entonces Wendy Jo solo contaba con el apoyo de dos amigas y colegas dietistas que empleaban este método (gracias, Leslie y Rebecca) y sus cuentas en las redes sociales. Por desgracia, las redes sociales no siempre proporcionan consejos precisos o seguros. Existen innumerables preguntas a las que todos debemos hacer frente al embarcamos en este viaje de la alimentación autónoma acerca de cuándo introducir los sólidos, con qué alimentos empezar, cómo cocinarlos, cómo cortarlos, dónde servirlos, etcétera. Nuestro equipo se percató enseguida de lo importante que sería este capítulo, junto con el capítulo 5, para todos los que adoptamos este método. Esperamos que estas recetas y consejos te resulten útiles y más fáciles de lo esperado durante las primeras semanas dedicadas a fomentar que tu bebé aprenda a comer solo.

Este supone el emocionante, aunque aterrador, comienzo del viaje de tu bebé hacia la alimentación autónoma. Como explicamos en el capítulo 5, cada bebé es diferente y es importante que tengas en cuenta sus habilidades y niveles de interés a medida que progresas. Incluso nosotras nos ponemos nerviosas. Un día, al principio, la pequeña A le dio un gran bocado a un trozo de pollo y tuvo arcadas, lo que hizo que mamá se preocupara un poco. Huelga decir que Wendy Jo se ciñó a verduras blandas, bistecs, salmón y ensalada de pollo hasta que estuvo lista para pasar a los filetes de pollo a los ocho meses. CC tuvo arcadas unas cuantas veces, pero nada digno de mención.

Cada bebé es diferente, y tú eres quien mejor conoce a tu pequeñín. Sigue probando cosas nuevas y quédate con lo que te haga sentir más a gusto. Este capítulo no trata de elaborar comida para bebés, sino de preparar alimentos naturales que suponen un modo excelente de introducir los sólidos en la alimentación del bebé además de formar parte del menú de toda la familia.

Este capítulo incluye:

Alimentos que presentan alto riesgo de atragantamiento y cómo modificarlos 233
Huevos duros 236
Verduras al vapor 237
Bistec a la plancha al gusto de CC 240
Pollo entero asado en olla de cocción lenta al gusto de Anya 242
Hamburguesas y palitos de carne 245
Salmón a la parrilla 247
Lomo de cerdo asado con glaseado de albaricoques y mostaza Dijon 249
Parfaits de plátano y frutos secos 251

Antes de meternos de lleno con las recetas, echemos un vistazo a los alimentos que presentan alto riesgo de atragantamiento y cómo podemos servirlos con seguridad o evitarlos para mantener a tu bebé a salvo en este viaje hacia la alimentación autónoma.

Alimentos que presentan alto riesgo de atragantamiento

Seamos realistas: un bebé puede atragantarse con cualquier cosa, y le corresponde al progenitor o cuidador hacer que un alimento sea seguro para que pueda roerlo, masticarlo o tragárselo. Como ya hemos mencionado, el protocolo BLISS creó una excelente guía de alimentos que presentan alto riesgo de atragantamiento para los participantes en su estudio. También observamos que los resultados del estudio indicaban que los participantes les sirvieron este tipo de alimentos con frecuencia a sus bebés. Además, consideramos que era importante compartir ciertas formas de hacerlos más seguros para los nuevos comedores. No hay prisa por darle estos alimentos a tu bebé, pero cuando decidas que está preparado, aquí tienes algunos consejos para que comiences con paso seguro.

Alimentos con alto riesgo de atragantamiento	**Modificación de los alimentos con riesgo**
Zanahorias crudas	Rállalas con el ajuste más fino del rallador y sírvelas mezcladas con alimentos jugosos, tales como yogur, aceite de oliva o aguacate machacado.
Apio crudo	Rállalo con el ajuste más fino del rallador y sírvelo mezclado con alimentos jugosos, tales como yogur, aceite de oliva o aguacate machacado.
Ensalada o verduras de hoja (espinaca, lechuga, rúcula...) crudas	Enrolla las hojas, córtalas en rodajas finas (o en chifonada) y saltéalas o cuécelas.
Manzanas crudas o peras duras	Utiliza un rallador y sírvelas con yogur o avena o en rodajas finas horneadas o salteadas para ablandarlas hasta que adquieran una textura fácil de triturar.
Tortitas de arroz, patatas fritas, *snacks* de maíz	Evítalos; si lo deseas, usa otro tipo de tentempiés más suaves o que se puedan ablandar.
Frutos secos enteros	Evítalos; sin embargo, se puede añadir un poquitito de crema de cacahuetes a otros alimentos jugosos para exponer a los bebés a los frutos secos (por ejemplo, yogur, avena, sémola cocida...). También se pueden usar frutos secos picados muy finos o en harina (como la harina de almendras, por ejemplo).
Frutas deshidratadas (pasas, arándanos, albaricoques, mango...)	Remójalas en agua caliente durante 5 minutos y córtalas en trocitos pequeños.
Cerezas frescas	Úsalas congeladas y luego descongélalas; a continuación, córtalas en cuartos o pícalas.

Alimentos con alto riesgo de atragantamiento	Modificación de los alimentos con riesgo
Uvas	Evítalas hasta que el bebé sea un comedor más experto, luego córtalas en cuartos (desde el pedúnculo hasta la parte inferior, no alrededor de la parte central) y luego progresa a mitades (haciendo un corte desde la parte superior a la inferior) a medida que la habilidad del bebé mejore.
Fresas	Utiliza fresas congeladas, descongeladas y cortadas en rodajas o frescas cortadas en tiras largas y finas.
Frambuesas	Úsalas congeladas y luego descongeladas o muy maduras y blandas. Sírvelas cortadas por la mitad.
Moras	Úsalas congeladas y luego descongeladas o frescas cortadas en cuartos.
Tomates *cherry*	Lo mejor es cortar los tomates en rodajas, pero también puedes cortarlos en cuartos.
Guisantes cocidos	Córtalos por la mitad; úsalos frescos o congelados y luego descongelados.
Maíz cocido	Sírvelo en la mazorca o corta los granos por la mitad.
Salchichas redondas o para perritos calientes	Evítalas o córtalas en rodajas y luego en cuartos.
Cualquier fruta o verdura dura que no se pueda estrujar o triturar con facilidad usando el pulgar y el índice. Las pieles duras también pueden hacer que los alimentos sean peligrosos.	Evítalas o utiliza las técnicas mencionadas anteriormente para hacer que las frutas y las verduras tengan una textura o forma seguras para tu bebé. Pélalas según sea necesario.

Huevos duros

Los huevos cocidos son un alimento básico en nuestras casas. Es importante aprender a cocer huevos, ya sea para preparar ensalada de huevo, ensalada de atún, huevos rellenos o simplemente servirlos duros. Los platos de nuestras hijas incluyeron desde el principio rodajas de huevo duro. Se trata de una proteína perfecta para nuestros pequeños (y para los tentempiés de la familia) que aporta vitamina B12, vitamina D y otros muchos nutrientes.

Tamaño de la ración: 1 rodaja (niños), 1-2 huevos duros (adultos)
Tiempo de preparación: 0 minutos
Tiempo de cocción: 18-22 minutos

Ingredientes:
Huevos crudos con cáscara

Elaboración:
1. Coloca los huevos en un cazo de 4 litros y cúbrelos con agua fría.
2. Calienta el agua a fuego alto y llévala a ebullición. En cuanto comience a hervir, tapa el cazo de inmediato y baja el fuego. Fija el temporizador en 12 minutos.
3. Escurre el agua caliente y coloca los huevos bajo el chorro de agua fría durante 1 minuto.
4. Pélalos y cómetelos o refrigéralos para consumirlos más tarde.

Variantes:
- Si quieres que los huevos estén más blandos, hiérvelos durante 10 minutos, o, para que queden más firmes, espera 14 minutos.

> Los huevos más viejos (es decir, los que llevan una semana o dos en tu frigorífico), son más fáciles de pelar, así que reserva una docena para hervirlos.

Bocados de bebé:

Principiante	Novato	Avanzado
Sírvelo en cuñas divididas en cuatro partes o en ensalada de huevo, picado con yogur griego o aguacate.	Sírvelo entero y deja que el bebé lo vaya mordisqueando o en cuñas. Si le cuesta sujetar el huevo entero, plantéate pasarlo por harina de almendra o cortarlo por la mitad.	Troceado, entero o en cuñas.

Verduras al vapor

La pregunta del día (todos los días) es cuánto tiempo hay que cocer las verduras. Esta tabla te ayudará a empezar. Los tiempos se han calculado para lograr la textura adecuada para un principiante. Los tiempos de cocción varían dependiendo de las ollas que se empleen, de la rapidez con la que el quemador pueda calentar el agua y del grosor con el que se hayan cortado las verduras. Acuérdate de probar las verduras aplastándolas con suavidad entre el índice y el pulgar o presionando el paladar con la lengua. La verdura debe poder estrujarse con facilidad para dársela a un principiante. Para los comedores más avanzados o los padres, recorta un par de minutos.

Verdura	Tamaño	Tiempo de cocción al vapor (en minutos)
Boniatos	Pelar y cortar en trozos del tamaño de un meñique	12-16
Brócoli	Tallos de 5 cm	12-14
Calabacín	Trozos del tamaño de un dedo	5-8
Coliflor	Cogollos de 5 cm	10-14

Verdura	Tamaño	Tiempo de cocción al vapor (en minutos)
Espárragos	Dejar enteros	13-15
Guisantes	Dejar enteros y servirlos cortados por la mitad	4-6
Judías verdes	Dejar enteras	10-12
Remolacha	Entera. Pelar y cortar en cuartos después de la cocción.	30-50 dependiendo del tamaño; compruébala con un tenedor a los 30 minutos
Zanahorias	Del tamaño de zanahorias *baby*	12-14

Para cocer verduras frescas al vapor, introduce una vaporera en una cacerola o vierte 3 centímetros de agua en el fondo, hiérvela a fuego lento, tápala y cuece las verduras el tiempo adecuado. A continuación, sumerge las verduras de inmediato en agua helada durante 1 minuto para detener el proceso de cocción y conservar un color brillante y vibrante. Recuerda que los distintos tipos de cacerolas y quemadores influyen en el calor que reciben las verduras, por lo tanto, haz pruebas y realiza los ajustes necesarios según tus necesidades.

Si prefieres usar un microondas, asegúrate de comprobar el temporizador. Cada microondas es diferente y la potencia afecta al tiempo de cocción, por lo que nos pareció adecuado mencionarlo, pero no hacer un listado de los tiempos de cocción estimados para un microondas. No obstante, en términos generales, se tarda aproximadamente la mitad de tiempo que en una cocina. Para cocer al vapor en un microondas, puedes colocar en un recipiente las verduras congeladas con una cucharada de agua, cubrir con una tapa apta para microondas y luego calentar. La mayoría de las verduras están listas al cabo de unos 5 u 8 minutos. Las verduras congeladas compradas en los supermercados incluyen los tiempos de cocción en el envase. Asegúrate de añadir más tiempo si se necesita una textura más blanda, y comprueba siempre si hay zonas calientes en los alimentos para que tu bebé no se queme la boca.

Opciones de presentación:

- Al igual que nosotros no comemos verduras al natural constantemente, tampoco creemos que tu bebé deba hacerlo. Las verduras cocidas al vapor saben deliciosas si se les añade aceite de oliva, mantequilla, ralladura de limón, zumo de limón, parmesano rallado fresco o hierbas frescas. Deja volar tu imaginación.

Opciones de congelación:

- Para congelar verduras cocidas al vapor, enfríalas completamente, sécalas con suavidad y colócalas formando una sola capa sobre una bandeja para hornear cubierta con papel de horno. Congélalas durante 4 horas y luego guárdalas en un recipiente apto para el congelador de 1 a 3 meses. Para evitar quemaduras por congelación y prolongar la vida útil de los alimentos, utiliza una envasadora al vacío.

Bocados de realidad

La mayoría de la gente considera los melocotones blandos un alimento fácil para muchos bebés. Sin embargo, la pequeña A experimentó sus mejores respuestas al reflejo de arcada con los melocotones cocidos. De más está decir que Wendy Jo optó por otras frutas durante los primeros meses hasta que estuvo lista más adelante para probar de nuevo con las rodajas de melocotón: en esa ocasión, la pequeña A masticó los melocotones como una campeona con sus nuevos dientes sin una sola arcada. Vale la pena prestar atención y no asumir que nuestros hijos no tendrán problemas con ningún alimento. Enseguida averiguarán la mejor forma de masticar un alimento o escupirlo. Después de todo, nacieron con el impulso de comer.

Bistec a la plancha al gusto de CC

Leslie todavía se acuerda de la expresión de sus vecinos cuando entraron en el comedor y CC, que en aquel entonces tenía siete meses, tenía un trozo de bistec agarrado con el puño. En cuanto Leslie les explicó el proceso de alimentación autónoma, comentaron: «Eso tiene mucho sentido. ¿Nos sirves un poco de bistec también a nosotros?».

Sin lugar a dudas, esta es nuestra receta más popular para los nuevos comedores autónomos porque proporciona nutrientes tan necesarios como hierro, zinc y proteínas, entre muchos otros. La mayoría de nuestros amigos y pacientes quieren empezar con los bistecs, pero les inquieta porque no están seguros de cómo cocinarlos o servírselos a un bebé. Esta es una receta excelente para emprender el viaje de alimentación autónoma. Si no puedes encontrar bistecs de aguja, puedes utilizar esta receta perfectamente con bistecs de solomillo.

Tamaño de la ración: 1 filete (niños), 4-5 filetes (adultos)
Para unas 5-6 raciones para adultos
Tiempo de preparación: 15 minutos + 30 minutos para marinar (opcional)
Tiempo de cocción: 20 minutos

Ingredientes:

2 bistecs de aguja (de ½ kg)
2 cucharadas de aceite de oliva virgen extra
Sal y pimienta al gusto, u omitir si se desea

Elaboración:

1. Retira los bistecs de aguja (o de solomillo) del embalaje y colócalos en una fuente de unos 20 × 30 cm.
2. Rocía los bistecs con el aceite de oliva de manera uniforme y agrega sal y pimienta al gusto.
3. Deja reposar los bistecs a temperatura ambiente durante unos 30 minutos. ¡Si tienes prisa por servir la comida, puedes saltarte este paso!
4. Calienta la plancha a 200 °C (calor medio-alto). También puedes emplear una sartén o un asador a fuego medio-alto.
5. Asa la carne de 6 a 8 minutos por cada lado, dándole la vuelta solo una vez. El grosor de los bistecs varía, así que busca el nivel de cocción que desees.

6. Deja reposar el bistec durante 5 minutos antes de cortarlo contra la veta.

Variantes:

- ¡Decorar un bistec es muy fácil! Remátalo con champiñones salteados, un poco de mantequilla con ajo, romero y sal u otro chorrito de aceite de oliva.

Ideas para llevar:

- Completa una ensalada con trozos de bistec.
- Trocea un bistec y añádelo a un burrito o a una quesadilla.
- Recaliéntalo o sírvelo frío para el almuerzo de un bebé o un niño pequeño.

Sugerencia:

Corta contra la veta: observa la dirección de las vetas y luego utiliza un cuchillo afilado para carne para cortar el bistec en un ángulo opuesto a ellas.

Bocados de bebé:

Principiante	Novato	Avanzado
Córtalo contra la veta en forma de palitos más largos que el puño del bebé y de 1 o 2 dedos de ancho, lo que le resulte más fácil de agarrar.	Córtalo como lo harías para un principiante y luego divídelo por la mitad para crear dos palitos más pequeños.	Corta el bistec y luego divídelo en trozos del tamaño de un bocado.

¿Tu bebé principiante ya tiene dientes? Si es así, puedes cocinar su carne de medio-bien a bien hecha (de este modo es difícil cortar la carne con un cuchillo y los dientes del bebé no pueden arrancar un trozo) y servirle una ración de dos dedos de ancho para que no pueda arrancar un bocado todavía. El objetivo inicial es que chupe el bistec, obteniendo nutrición de los jugos, y roa la carne con las encías a medida que aprende a masticar.

Pollo entero asado en olla de cocción lenta al gusto de Anya

Un modo estupendo de preparar carne para toda la semana es hacerlo a la vez. Nos encanta preparar comida para toda la semana, y no hay nada mejor que meter carne en una olla de cocción lenta, dejar que se cocine a lo largo del día y tener carne para el resto de la semana. Al principio, Wendy Jo preparaba un montón de pollo así; su marido estaba desplegado en el extranjero y a ella no le parecía buena idea acercar al bebé a una cocina caliente, así que esta olla se convirtió en un elemento fundamental en su encimera. Un pollo entero cocinado con una olla de cocción lenta puede llegar a saber igual que uno asado al horno o en un asador. El truco para asar en este tipo de ollas es no añadir líquidos, regar periódicamente con su propio jugo y condimentar el pollo. ¡Las verduras situadas en la base del plato también adquieren una textura perfecta para un comedor principiante!

Tamaño de la ración: 1 pechuga o muslo (niños), 85-140 g (adultos)
Para unas 4-6 raciones para adultos
Tiempo de preparación: 15 minutos
Tiempo de cocción: 6-8 horas

Ingredientes:

5 zanahorias, lavadas y cortadas en trozos de 8 cm
5 tallos de apio, lavados y cortados en trozos de 8 cm
1 cebolla, cortada en aros
10 patatas nuevas, lavadas
1 limón
1 cucharada de sal (omitir si se desea)
1 cucharadita de pimentón
1 cucharadita de tomillo seco
1 cucharadita de cilantro molido
1 pollo entero de 1,5-2 kg

Elaboración:

1. Coloca las verduras cortadas en el fondo de una olla de cocción lenta.
2. Mezcla las especias (sal, pimentón, tomillo y cilantro) en un cuenco pequeño.
3. Retira los menudillos (suelen encontrarse en una bolsa en la cavidad del cuerpo). Enjuaga y seca el pollo con suavidad (asegúrate de limpiar el fregadero después). Frota el pollo seco con la

mezcla de especias, introduciéndola en todos los pliegues, también la cavidad interior.
4. Corta el limón en cuartos. Coloca dos cuñas en la cavidad del pollo y las otros dos encima de las verduras.
5. Deposita el pollo sobre las verduras, cubre con la tapa y cocínalo a fuego lento durante 8 horas o a fuego alto de 4 a 6 horas. Riega el pollo (viértele encima los jugos que va soltando) cada hora si es posible, aunque no es necesario.
6. Retira el pollo con cuidado, ya que estará muy tierno y se desprenderá del hueso. La carne del muslo está tierna y jugosa, lo cual es genial para un principiante. Puede comer tanto pechuga como muslo, siempre y cuando la carne esté blanda y jugosa. Desecha la piel y cualquier hueso o cartílago.

Variantes:

- Las mezclas de especias pueden cambiar el estilo del plato: mexicano (comino, cilantro, chile en polvo y naranja), griego (orégano, cilantro, comino y aceitunas) o indio (*curry*, lima y anacardos picados muy finos).

Opciones de congelación:

- Se puede trocear y congelar lo que sobre para usarlo más adelante en diversos platos, como enchiladas, ensalada de pollo o pastel de pollo.

Sugerencias:

- Añádele sus propios jugos o aceite de oliva a la carne si está demasiado seca para tu bebé.
- Las sobras de pollo son perfectas para elaborar ensalada, quesadillas, enchiladas, pastel ... o cualquier otra receta que requiera pollo cocido.

Bocados de bebé:

Principiante	Novato	Avanzado
Un palito de muslo o pechuga o pollo troceado y machacado con un poco de yogur griego, aceite de oliva o mayonesa para elaborar ensalada de pollo. Las verduras estarán muy tiernas. Sírvele un palito de zanahoria y otro de apio y trocea la patata sin piel.	Corta el pollo en bocados pequeños. Sirve las verduras enteras o troceadas.	Déjale probar un muslo entero, mostrándole cómo comérselo, o pícale cualquier parte del pollo. Sirve las verduras en trozos pequeños.

Hamburguesas y palitos de carne

A Leslie y su familia les gusta comer hamburguesas. Así que, naturalmente, cuando CC era pequeña, prepararon hamburguesas y se preguntaron cómo podría comerlas ella también siendo una principiante. Y así surgieron los palitos de carne.

Tamaño de la ración: 1 palito de carne (niños), 85-140 g (adultos)
Para unas 4 raciones para adultos
Tiempo de preparación: 10 minutos
Tiempo de cocción: 20 minutos

Ingredientes:

½ kg de ternera picada
⅛ de cucharadita de pimienta negra molida
⅛ de cucharadita de sal, omitir si se desea
1 tomate en rodajas
1 aguacate en rodajas
4 hojas de lechuga verde
1 cebolla en rodajas finas
4 panecillos de hamburguesa

Elaboración:

1. Mezcla en un cuenco la ternera picada con sal y pimienta a tu gusto. Usando las manos, mezcla con suavidad pero a conciencia. Forma cuatro hamburguesas (de algo más de un centímetro de grosor) y 1 o 2 palitos de carne.
2. Coloca las hamburguesas sobre la parrilla a fuego medio. Ásalas a fuego medio en una parrilla de gas precalentada, con la tapa bajada, de 7 a 9 minutos o hasta que el termómetro de lectura instantánea insertado en horizontal en el centro indique 70 °C, dándoles la vuelta de vez en cuando. Si prefieres emplear la cocina, calienta una sartén seca y pesada a fuego medio-alto. Coloca en su interior las hamburguesas y los palitos de carne (evitando amontonarlos) y tápalos. Cocina la carne tapada durante 7 minutos, dale la vuelta y cocínala de 3 a 5 minutos más o hasta que el termómetro indique 70 °C.
3. Coloca cada hamburguesa en un panecillo y cúbrela con lechuga, tomate, aguacate y rodajas de cebolla.

Variantes (nota: si lo deseas, omite la sal en la ración del niño):

- A la barbacoa: mezcla la carne con salsa Worcestershire, sal y pimienta y sirve con salsa barbacoa, cebollas fritas y encurtidos.

- A la mexicana: mezcla la carne con aliño para tacos y sirve con salsa picante, queso *cheddar* y lechuga cortada en juliana.
- A la italiana: mezcla la carne con sal y pimienta y sirve con *mozzarella* fresca, tomate y albahaca.
- A la griega: mezcla la carne con sal, pimienta, orégano seco, cilantro y queso feta desmenuzado y sirve con rodajas de pepino, espinacas y pimientos rojos asados.

Sugerencias:

Si te inquieta que tu bebé manipule un palito de carne, puedes trocearlo y mezclarlo con aguacate y luego depositar raciones de esta mezcla sobre la bandeja de la trona. ¡Haz lo que te haga sentir más cómodo!

Bocados de bebé:

Principiante	Novato	Avanzado
Sirve un palito de carne que no esté caliente junto con una rodaja de tomate y un trozo de aguacate, separados unos de otros.	Igual que el principiante.	Forma una hamburguesa pequeña y sirve como si fuera una minihamburguesa, igual que te la comerías tú o con los demás ingredientes aparte.

Salmón a la parrilla

Todo el mundo habla sin parar de la importancia de los ácidos grasos omega-3, sobre todo para los bebés. El salmón es una gran fuente de omegas para los bebés. En el capítulo 5 tratamos los pescados y mariscos seguros, y el salmón está en la lista. Además del salmón a la parrilla, compartimos la receta para llevar favorita de Wendy Jo de medallones de salmón. Si en tu zona solo tienes acceso a salmón enlatado, salta directamente hasta la receta para llevar. El principiante puede morder el salmón con facilidad. Empareja el salmón a la parrilla con brócoli al vapor y puré de patatas para obtener un menú sencillo y completo.

Tamaño de la ración: 2 cucharadas de salmón desmenuzado (niños), 85-140 g (adultos)
Tiempo de preparación: 10 minutos
Tiempo de cocción: 16 minutos

Ingredientes:

700 g de filetes de salmón
1 limón rallado y cortado en cuñas
1 cucharada de eneldo fresco picado o 1 cucharadita de eneldo seco
2 dientes de ajo picados
2 cucharadas de aceite de oliva
½ cucharadita de sal marina (solo para las raciones de los adultos)

Elaboración:

1. Coloca los filetes de salmón en una bandeja para hornear cubierta con papel de horno o de aluminio. En un cuenco pequeño, mezcla la ralladura de limón, el eneldo, el ajo y el aceite de oliva. Rocía de manera uniforme los filetes, por ambos lados, con la mezcla. Sazona los filetes para los adultos con sal marina.
2. Calienta una parrilla a fuego medio-alto.
3. Cuando la parrilla haya alcanzado 200 °C, cocina los filetes de 6 a 8 minutos por cada lado o hasta que adquieran la textura deseada. Sírvelos con cuñas de limón.
4. Si prefieres cocinar dentro de casa, calienta el horno a 200 °C y hornea el salmón 20 minutos o hasta que esté a tu gusto.

Variantes:

- Al estilo asiático con salsa *hoisin* y semillas de sésamo espolvoreadas por encima. Servir con cuñas de lima fresca.

Para llevar:

- Para elaborar medallones de salmón: Mezcla sobras de salmón cocido (2 tazas) con ¼ de taza de pan rallado, ½ cebolla mediana (troceada fina), ¼ de taza de mayonesa, 1 huevo, un chorrito de mostaza y una pizca de hierbas frescas picadas (perejil, eneldo, tomillo o albahaca). A continuación, forma medallones con la mezcla y colócalos en una bandeja para hornear. Rocía los medallones con aceite de oliva en espray y hornéalos durante 20 minutos. Esta receta está riquísima con yogur griego natural mezclado con ajo picado, ralladura de limón y zumo de limón. Si quieres darle un toque picante a la versión de los padres, agrega un chorrito de salsa *sriracha* a la mezcla.

> El salmón enlatado se puede mezclar fácilmente con huevos revueltos, servirlo en una ensalada o transformarlo en medallones. ¡No menosprecies los enlatados!

Bocados de bebé:

Principiante	Novato	Avanzado
De 1 a 2 cucharadas de salmón cocido desmenuzado o 1 medallón pequeño de la receta para llevar.	De 3 a 4 cucharadas de salmón cocido desmenuzado o 1 medallón pequeño cortado en bocados de la receta para llevar con salsa.	De ¼ a ⅓ de taza de salmón cocido desmenuzado o 1 medallón pequeño cortado en bocados de la receta para llevar con salsa.

Lomo de cerdo asado con glaseado de albaricoques y mostaza Dijon

Nos encanta una combinación dulce y deliciosa. Y no hay ninguna razón para que nuestros pequeños no puedan disfrutarla también. Este lomo de cerdo asado lleva mermelada de albaricoque y un poco de mostaza Dijon. Puedes saltarte el glaseado si quieres y prepararlo al natural. Se trata de una forma versátil y sabrosa de cocinar un tipo de carne económico.

Tamaño de la ración: 1 filete (niños), 85-140 g (adultos)
Tiempo de preparación: 5 minutos
Tiempo de cocción: 60 minutos

Ingredientes:

1 lomo de cerdo (de 1 o 1,3 kg)
1 tarro de mermelada de albaricoque o melocotón
2 cucharadas de mostaza Dijon
1 cucharada de aceite de oliva
Sal y pimienta al gusto, omitir si se desea

Elaboración:

1. Precalienta el horno a 175 °C.
2. Coloca el lomo en un asador pequeño o una bandeja de horno.
3. Mezcla la mermelada, la mostaza y el aceite de oliva en un cuenco pequeño. Extiende la mitad de la mezcla sobre el lomo e introdúcelo en el horno durante unos 60 minutos o hasta que los jugos salgan claros. La temperatura interna debe alcanzar unos 60 o 70 °C.
4. Una vez cocido, déjalo enfriar 10 minutos antes de cortarlo. Desecha la salsa cocida y los jugos. Rocía las rodajas de asado con la salsa sin cocer restante. Sazona las raciones de los adultos con sal y pimienta al gusto.

Variantes:

Esta receta también funciona bien con compota de manzana en lugar de mermelada. A un principiante se le puede servir compota de manzana sin edulcorantes. Esta era una de las combinaciones de sabores favorita de CC.

Bocados de bebé:

Principiante	Novato	Avanzado
Sírvelo en un corte del tamaño de un meñique sin salsa adicional.	Sírvelo cortado en bocados con la salsa a un lado o sobre un par de trozos.	Sírvelo cortado en bocados con salsa por encima o a un lado, según prefiera el niño.

Parfaits de plátano y frutos secos

Una forma estupenda de introducir los frutos secos en la dieta de un comedor principiante consiste en mezclar crema de cacahuetes en el yogur. En esta receta, emparejamos la dulzura de los plátanos con crema de cacahuetes y yogur griego para crear una deliciosa mezcla matutina. Hemos potenciado los omega-3 añadiéndole semillas de chía. No te pases con las semillas de chía: basta con un poquito. Las semillas de chía crecen y se expanden, por lo que una cucharada es suficiente para esta receta.

Tamaño de la ración: 2-4 cucharadas (niños), 1 taza y ¼ (adultos)
Raciones: 1 de adulto y 1 de niño
Tiempo de preparación: 5 minutos
Tiempo de cocción: 0 minutos

Ingredientes:

1 taza de yogur griego natural elaborado con leche entera
1-2 cucharadas de crema de cacahuetes o almendras
1 plátano en rodajas finas
1 cucharada de semillas de chía (opcional)

Elaboración:

1. Vierte el yogur griego y la crema de almendras en un tazón y bátelos hasta que queden bien mezclados (aproximadamente 1 minuto).
2. A continuación, coloca una capa de la mezcla de yogur, después plátano y luego semillas de chía. Repite el proceso en un cuenco y ¡buen provecho!

Variantes:

- Mangos congelados y descongelados (en trozos pequeños) + yogur de coco sin edulcorantes + crema de anacardos.
- Cerezas congeladas troceadas + yogur griego natural + crema de almendras.
- Fresas congeladas y descongeladas (troceadas) + yogur griego natural + crema de semillas de girasol.
- Agrega una fina capa de avena, galletas *crackers* trituradas o frutos secos picados para añadir texturas (según el grado de habilidad).

Opciones de congelación:

- Para elaborar un helado para aliviar los dolores de la dentición, coloca las capas de mezcla en una taza pequeña (de 60 ml), inserta un palito en el centro y congela durante 4 horas o toda la noche antes de servir.

Sugerencia:

Las frutas congeladas no suelen llevar edulcorantes, pero asegúrate de revisar las etiquetas antes de comprarlas. Tienen una textura estupenda para los comedores principiantes. Si a tu hijo le están saliendo los dientes, roer un trozo de fruta ligeramente descongelada puede ayudarlo a aliviar las molestias de las encías.

> Tú eres quien mejor conoce a tu hijo. Confía en ti mismo a la hora de tomar las decisiones más convenientes y seguras en cuanto a la alimentación de tu pequeño comedor autónomo. Si un alimento te hace sentir incómodo, no hay motivos para insistir o poner en duda tu intuición. Omítelo y vuelve a probar cuando consideres que tu hijo pueda gestionarlo. Dale tiempo para aprender con alimentos seguros, luego ve progresando a medida que veas que va dominando las habilidades necesarias para pasar al siguiente nivel.

Bocados de bebé:

Principiante	Novato	Avanzado
Sirve de 2 a 4 cucharadas, igual que harías para ti, pero plantéate usar un babero y algo bajo la trona, y luego deja que se ponga a pintar..., es decir, a comer.	Sirve de 2 a 4 cucharadas, como hemos descrito. Un babero puede resultar útil para facilitar la limpieza.	Sirve como hemos descrito. Las frutas pueden ir en trozos grandes o pequeños.

15. Interrumpir el ayuno

Las comidas compartidas enaltecen el hecho de comer de un proceso mecánico para abastecer el cuerpo a un ritual familiar y comunitario, de la mera biología animal a un acto cultural.

MICHAEL POLLAN,
autor superventas, periodista y profesor
en la Universidad de Berkeley

¿A alguien le apetecen espaguetis para desayunar? Durante los dos primeros meses de aprendizaje de la pequeña A, Wendy Jo sirvió la cena en el desayuno y el desayuno en la cena. Desde el principio, la pequeña A fue una chica madrugadora que se mostraba más perspicaz, hábil y dispuesta a aprender a las 7 de la mañana. Puesto que sabía que su hija necesitaba excelentes fuentes de hierro y proteínas en el desayuno, Wendy Jo solía intercambiar los menús. El desayuno es un momento estupendo para que los principiantes coman y trabajen sus habilidades, pues con frecuencia los bebés están descansados, atentos y dispuestos a aprender por las mañanas. Wendy Jo solía optar por servir platos propios de la cena en el desayuno para ayudar a su hijita a dominar sus habilidades. Jane Grey, nuestra querida amiga y colega dietista, se sentía frustrada con su hijo porque este comía de todo en el desayuno y el almuerzo, pero tenía problemas a la hora de la cena. Así que ella también decidió intercambiar los menús. No existen normas acerca de a qué hora debes comer y qué alimentos puedes escoger en un momento determinado del día, así que elige lo que le vaya mejor a tu familia en el momento que sea.

En este capítulo hemos incluido algunos de nuestros platos sabrosos y (sutilmente) dulces favoritos para el desayuno que son perfectos en cualquier comida, pero especialmente al interrumpir el ayuno.

Este capítulo incluye:

Frittatas sencillas y versátiles 255
Avena en remojo con mermelada y dátiles al gusto de Leslie . . 258
Muffins de queso *cottage* y naranja al gusto de Wendy Jo 260
Bocaditos de calabaza al gusto de Janet 262
Palitos de creps de huevo. 264
Hamburguesa de desayuno 266

Recomendamos omitir los azúcares añadidos para los menores de un año y bajo ningún concepto darles nada de miel debido al riesgo de contraer *Clostridium botulinum* (una intoxicación alimentaria grave). A modo de recordatorio: nada de miel incluye los alimentos horneados. Si una receta incluye miel, opta por sirope de arce o melaza en su lugar.

Frittatas sencillas y versátiles

Los alimentos a base de huevo son una excelente manera de aumentar la ingesta de vitamina D, proteínas, ácidos grasos esenciales (para la salud del cerebro) y otros muchos nutrientes. Además de su alto valor nutritivo, los huevos también son fáciles de agarrar y sostener para los bebés. Los huevos se consideran un alimento muy alergénico, por lo que se les recomienda a los padres introducirlos pronto y con frecuencia a menos que su pediatra les aconseje lo contrario. Los pasteles a base de huevo son populares en todo el mundo, pero en el Mediterráneo se los suele denominar *frittatas*. Aquí tienes una *frittata* sencilla con algunas sugerencias de verduras para agregar según la habilidad de tu hijo. Tanto Wendy Jo como Leslie les preparaban *frittatas* a sus hijas.

Tamaño de la ración: 1 palito (niños), ⅛ de frittata (adultos)
Para 8 raciones de adulto
Tiempo de preparación: varía según las verduras utilizadas; la receta básica se prepara en 10 minutos
Tiempo de cocción: 23 minutos

Ingredientes:

Espray de cocina
2 cucharadas de aceite de oliva
8 huevos grandes
½ taza de leche o nata
¼ de taza de cebolleta en rodajas finas
1 taza de espinacas frescas (ver notas más abajo)
½ taza de queso *cheddar* finamente rallado

Elaboración:

1. Precalienta el horno a 175 °C. Cubre con espray de cocina una sartén de 20 centímetros apta para el horno.
2. Calienta la sartén a fuego medio con aceite de oliva.
3. Mezcla y bate los huevos, la leche, las cebolletas y las espinacas. Vierte la mezcla en la sartén caliente y revuelve de vez en cuando durante 5 minutos. Agrega el queso *cheddar* y retira del fuego.
4. Coloca la sartén en el horno y hornea durante 18 minutos o hasta que el centro esté cuajado.
5. Retira del horno y pasa un cuchillo alrededor del borde de la *frittata*, levantando ligeramente los bordes, para ayudar a despegarla de la sartén. Puedes servirla directamente en la sartén

(el método de Leslie) o retirarla (el método de Wendy Jo). Si prefieres la segunda opción, coloca un plato encima de la sartén y, usando las dos manos (y manoplas), dale la vuelta a la *frittata* para que caiga en el plato. No retires la sartén. Deja reposar la *frittata* en esta posición durante 5 minutos antes de apartar la sartén. Córtala en raciones apropiadas según las habilidades para comer de tu hijo.

Variantes:

- Patatas cocidas a medias y cortadas en rodajas finas.
- Tomates *cherry* en cuartos.
- Rodajas finas de calabacín.
- Espárragos en rodajas finas.
- Hierbas frescas.
- Salmón ahumado troceado.
- Jamón picado.
- Beicon desmenuzado.
- Cogollos de brócoli.

> Los sartenes de hierro fundido se calientan de manera uniforme y pueden pasar perfectamente de la cocina al horno. Asegúrate de que esté bien aceitada antes de usarla. Si te preocupa el hierro o si tu bebé está tomando el suficiente, ¡asegúrate de emplear una sartén de hierro fundido!

Sugerencias:

- Al darle la vuelta a un alimento sobre un plato, es útil que este sea más grande que la sartén. También puedes usar una tabla de cortar si no tienes un plato lo bastante grande para la *frittata*.
- No es aconsejable introducir sartenes antiadherentes en un horno, ya que podrían llegar a calentarse demasiado, lo cual no es seguro para la sartén. Las de acero inoxidable son estupendas para las *frittatas*.
- Un cortapizzas o cortapasteles simplifica el proceso de cortar la *frittata*.
- Las *frittatas* también se pueden hornear en moldes para *muffins* y congelar para consumir más adelante. Congélalas en recipientes herméticos durante 1 mes. Para recalentarlas, envuélvelas en papel de cocina húmedo e introdúcelas en el microondas du-

rante 30 segundos, dales la vuelta y ponlas en el microondas otros 30 segundos o hasta que estén bien calientes (el tiempo puede variar dependiendo de la potencia del microondas).

Bocados de bebé:

Principiante	Novato	Avanzado
Espinacas en chifonada (enrolladas y cortadas en rodajas finas).	Espinacas troceadas.	Las espinacas se pueden servir enteras o troceadas.
Sirve palitos de *frittata* de 1,5-2,5 cm x 7,5 cm (de uno en uno para evitar abrumar al bebé).	Sirve en forma de palitos o en bocados de 1,5 cm según la preferencia del bebé y su agarre de pinza.	Sirve en bocados (de 1,5 cm) y anima al niño a usar tenedor o cuchara.
Utiliza únicamente verduras que puedas machacar con facilidad apretando la lengua contra el paladar. Usa solo las flores del cogollo de brócoli.	Las verduras todavía deben estar tiernas y cortadas en trozos o rodajas finas (p. ej., tomates *cherry* en cuartos, calabacín escaldado y cortado en rodajas finas, cogollo de brócoli escaldado y troceado y patatas cocidas a medias y cortadas en rodajas finas).	Las verduras todavía deben estar tiernas, pero se pueden utilizar verduras crudas como calabacín, cogollos de brócoli y tomates para mejorar las habilidades de masticación.
Cuece a medias o al vapor las verduras que vas a emplear en la *frittata* para ayudar a que el bebé pueda roerlas con seguridad.		

Avena en remojo con mermelada y dátiles al gusto de Leslie

Este tipo de avena ha sido un alimento básico en casa de Leslie desde hace muchos años. Añadir diferentes sabores a frutas mediante mermeladas te permite cambiar el sabor y obtener el toque de dulzor adecuado. La avena en remojo, sobre todo cuando se prepara con leche, proporciona proteínas saciantes y grasas esenciales para empezar el día de un modo sabroso. Disfruta de esta receta con dátiles troceados, pasas, mermelada o cualquier combinación.

Tamaño de la ración: 2 cucharadas (niños), ¼ de la receta (adultos)
Para 4 raciones de adulto
Tiempo de preparación: 5 minutos
Tiempo de cocción: 0 minutos

Ingredientes:

2 tazas de copos de avena (ni instantánea ni cortada a máquina)
2 tazas de leche entera
2 cucharaditas de extracto de vainilla
½ de taza de dátiles secos o pasas picados finos
¼ de taza de mermelada con 100 % de fruta (de cualquier sabor)

Elaboración:

1. Mezcla los tres primeros ingredientes en un cuenco grande. A continuación, añade los dátiles y la mermelada y mézclalo todo bien. Vierte la mezcla en un recipiente con tapa.
2. Refrigera el recipiente toda la noche y hasta un máximo de 3 días.
3. La avena dejada en remojo se puede comer caliente o fría. Leslie calienta su ración entre 30 y 60 segundos en el microondas. Comprueba la temperatura antes de servírsela a tu hijo.

Variantes:

- Añade 1 cucharada de semillas de chía.
- Reemplaza la mermelada de fruta por bayas frescas troceadas, manzanas cocidas o compota de manzana.
- Añade 1 o 2 cucharadas de crema de cacahuetes a la mezcla.

Mezclas para triunfar:

- La mezcla favorita de Wendy Jo es mermelada de cerezas, plátanos en rodajas, semillas de chía y crema de almendras.
- La combinación favorita de Leslie es compota de manzana y canela.

En esta receta, la avena cortada a máquina no es una buena sustituta para los copos de avena. La avena cortada a máquina consiste en avena entera ligeramente troceada, mientras que los copos de avena han sido cocidos al vapor, prensados, cocidos de nuevo y tostados hasta quedar planos (se trata de un alimento procesado, pero magnífico). Existen pocas diferencias nutricionales entre los dos productos. Elige lo que os funcione mejor a tu familia y a ti y la textura que prefiráis.

Bocados de bebé:

Principiante	Novato	Avanzado
Coloca 1 o 2 cucharadas en un plato para el bebé (prueba diferentes temperaturas para comprobar cuál prefiere y para exponerlo a los cambios de sabor que se producen al calentarla). También puedes ofrecerle una cuchara y ayudarlo a llenarla.	De 2 cucharadas a ¼ de taza de avena tibia, fría o ambas.	De ¼ de taza a ½ taza de avena tibia o fría según prefiera el niño.

Muffins de queso *cottage* y naranja al gusto de Wendy Jo

El queso *cottage* es una estupenda fuente de proteínas que puedes agregar a una receta de *muffins* o creps. Si tu hijo prefiere las creps, opta por elaborar esta receta así y, si lo deseas, sirve la mermelada de naranja como si fuera sirope.

Tamaño de la ración: ¼ de muffin *(niños), 1-2* muffins *(adultos)*
Tiempo de preparación: 15 minutos
Tiempo de cocción: 22 minutos

Ingredientes:

2 tazas de harina
½ cucharadita de levadura en polvo
½ cucharadita de bicarbonato
¼ de cucharadita de sal
¼ de taza de azúcar granulado (omitir para bebés menores de 1 año)
1 naranja rallada
1 taza de queso *cottage* de cuajada fina y elaborado con leche entera
1 barra (½ taza) de mantequilla sin sal, ablandada
1 huevo grande
1 cucharadita de extracto de vainilla
Mermelada de naranja con el 100 % de fruta para el glaseado

Elaboración:

1. Precalienta el horno a 175 °C y cubre 12 moldes para *muffins* con fundas de aluminio (o de papel rociadas suavemente con espray de cocina para ayudar a despegar los *muffins* del envoltorio).
2. Bate la harina, la levadura, el bicarbonato y la sal en un cuenco grande.
3. En un cuenco pequeño, mezcla el azúcar, la ralladura de naranja, el queso *cottage* y la mantequilla.
4. Haz un hueco en los ingredientes secos y vierte dentro los ingredientes jugosos. Remueve hasta que se mezcle toda la harina, durante aproximadamente 1 minuto. Evita mezclar demasiado la masa.
5. Deposita ¼ de taza de masa en cada funda o divídela a partes iguales.

6. Hornea los *muffins* durante 22 minutos o hasta que la parte superior se dore y el centro se cuaje.
7. Mientras se hornean los *muffins*, calienta ligeramente la mermelada de naranja en un recipiente apto para microondas durante 30 segundos.
8. Inmediatamente después de retirar los *muffins* del horno, rocía la parte superior con el glaseado de naranja para permitir que penetre. Si es necesario, haz unos agujeritos en la superficie de los *muffins* para ayudar a que el sirope se absorba. Sirve inmediatamente. Recomendamos guardar las sobras en el frigorífico.

Variantes:

- Añade pacanas troceadas o virutas de chocolate negro para los comedores avanzados.
- Los arándanos deshidratados también son estupendas adiciones. Remójalos en agua hirviendo durante 5 minutos antes de usarlos para los comedores principiantes.

Opciones de congelación:

- Los *muffins* pueden permanecer congelados hasta 1 mes en un recipiente hermético. Se pueden descongelar en el frigorífico o en el microondas (sin la funda de aluminio) durante 20 segundos.

> ¿Te ha sobrado un poco de requesón después de hacer lasaña? El requesón y el queso *cottage* se pueden usar de manera indistinta. ¡Ñam!

Bocados de bebé:

Principiante	Novato	Avanzado
Omite el glaseado de naranja y sirve ¼ de *muffin*.	Corta el *muffin* en bocados pequeños y sirve el glaseado aparte.	Corta el *muffin* en cuartos (para evitar desperdiciarlo) o sírvelo entero con glaseado.

Bocaditos de calabaza al gusto de Janet

¡Las calabazas no son solo para el otoño! Las calabazas están repletas de vitaminas, fibra y sabor. Nuestra colega dietista, amiga, madre y fan de *Todo sobre el baby-led weaning* compartió esta receta que suele prepararle a menudo a su pequeño comedor.

Tamaño de la ración: 2-3 bocaditos (niños), 1 muffin *(adultos)*
Raciones: 36 bocados o 12 muffins
Tiempo de preparación: 10 minutos
Tiempo de cocción: 8 minutos

Ingredientes:

¼ de taza de agua hirviendo
½ de taza de dátiles troceados
2 tazas y ¼ de copos de avena
1 taza de puré de calabaza
2 huevos
1 cucharada de extracto de vainilla
¼ de taza de crema de cacahuetes o de almendras
¼ de taza de leche entera
1 cucharadita de levadura en polvo
½ cucharadita de bicarbonato
½ cucharadita de sal
1 cucharadita de canela

Elaboración:

1. Precalienta el horno a 175 °C.
2. En un recipiente apto para altas temperaturas, vierte el agua hirviendo sobre los dátiles troceados y déjalos reposar 5 minutos.
3. Cubre una bandeja para hornear con papel de horno.
4. Coloca todos los ingredientes, incluyendo los dátiles con agua, en una batidora o un robot de cocina y mezcla durante 1 minuto o hasta que adquiera una textura homogénea.
5. Usando una cuchara, haz 36 montoncitos sobre el papel de horno ligeramente separados. Hornea durante 8 minutos o hasta que estén dorados.

Variantes:

- Añade ½ taza de frutos secos picados o virutas de chocolate negro para los comedores avanzados. Los frutos secos también se pueden ablandar en agua hirviendo para los novatos.
- ¿Prefieres *muffins*? Puedes hornearlos como si fueran *muffins*; simplemente ajusta el tiempo de horneado a 22 minutos.

Opciones de congelación:

- Estos bocaditos son perfectos para congelar y suponen un sencillo tentempié para llevar. En cuanto la bandeja se enfríe, introdúcela en el congelador durante 1 hora. Coloca los bocaditos congelados en un recipiente apto para el congelador y consúmelos antes de 3 meses.

Bocados de bebé:

Principiante	Novato	Avanzado
Hornea en forma de palitos para que sean fáciles de agarrar; sirve 1 o 2 cada vez.	Sirve de 2 a 4 bocaditos.	Sirve de 3 a 6 bocaditos.

Palitos de creps de huevo

Es muy probable que ya hayas visto por ahí alguna receta similar a esta. ¡Es fácil y popular! Si tienes poco tiempo, y un plátano maduro y dos huevos a mano, esta es una estupenda receta para tener en cuenta. Sirve estos palitos de creps con yogur griego mezclado con un toque de crema de cacahuetes para completar el plato. Heather, otra mamá y amiga sibarita, afirma que su hija de seis meses, Teagan, no dejó ni un trozo cuando se los preparó. ¡Es estupendo que también fueran todo un éxito en su casa!

Tamaño de la ración: 1-3 palitos (niños), 8-12 palitos (adultos)
Tiempo de preparación: 5 minutos
Tiempo de cocción: 10 minutos

Ingredientes:

2 huevos
1 plátano grande y maduro
¼ de taza de harina de trigo, avena o harina de almendras
⅛ de cucharadita de canela
2 cucharadas de aceite de coco o mantequilla

Elaboración:

1. Mezcla los huevos y el plátano en un cuenco mediano durante 2 o 3 minutos o hasta que la mayor parte de los grumos grandes hayan desaparecido. Agrega la harina que prefieras y la canela.
2. Calienta una sartén grande antiadherente o una sartén de hierro fundido a fuego medio. Añade 1 cucharada de aceite de coco (o mantequilla). En cuanto el aceite de coco (o la mantequilla) se haya fundido, forma palitos de masa en la sartén y cocínalos hasta que aparezcan burbujas en la superficie, aproximadamente a los 3 minutos. Dales la vuelta y espera a que se doren, en un par de minutos más.
3. Derrite el aceite de coco (o la mantequilla) restante y cocina el resto de la masa.

Bocados de bebé:

Principiante	Novato	Avanzado
Sirve de 1 a 3 palitos de creps con 2 cucharadas de yogur griego mezclado con 1 cucharadita de crema de cacahuetes.	Sirve de 3 a 5 palitos de creps servidos con ¼ de taza de yogur griego mezclado con 1 cucharada de crema de cacahuetes.	Sirve como cualquier crep normal.

Hamburguesa de desayuno

Esta hamburguesa de desayuno supone una magnífica inyección de proteína y hierro por la mañana. Wendy Jo duplica la receta y prepara pan relleno al día siguiente o congela las sobras para usarlas más tarde. Enrolla la carne picada en una tortilla de trigo junto con huevos revueltos para crear un desayuno o almuerzo sencillo y completo.

Tamaño de la ración: 1-2 cucharadas o 1 palito (niños), ½ taza o 1-2 hamburguesas (adultos)
Raciones: ~ 3 tazas y ½ de carne picada u 8 hamburguesas
Tiempo de preparación: 5 minutos
Tiempo de cocción: 12 minutos

Ingredientes:

½ kg de ternera picada
1 cucharadita de orégano seco
1 cucharadita de ajo en polvo
1 cucharadita de comino en polvo
½ cucharadita de cilantro en polvo
½ cucharadita de sal

Elaboración:

1. Combina la ternera picada y las especias en un cuenco grande, mezclándolas con suavidad pero a conciencia.
2. Para hacer hamburguesas o palitos, divide la mezcla en cuatro hamburguesas (de 1 cm de grosor). Calienta una sartén antiadherente grande a fuego medio. Cuando esté caliente, añade las hamburguesas y cocínalas de 10 a 12 minutos o hasta que el termómetro de lectura instantánea insertado en horizontal en el centro indique 70 °C, dándoles la vuelta de vez en cuando.
3. Para preparar como carne picada, calienta una sartén antiadherente grande a fuego medio. Cuando esté caliente, añade la mezcla de carne y cocínala de 8 a 10 minutos. Divídela en bocados removiendo de vez en cuando hasta que esté bien cocida.

Opciones de congelación:

– Las sobras de carne cocinada se pueden congelar durante 3 o 4 meses. Para usarla, calienta una sartén antiadherente grande a fuego medio. Cuando esté caliente, añade la carne picada congelada y cocínala de 6 a 9 minutos o hasta que alcance unos 75 °C, removiéndola de vez en cuando.

Bocados de bebé:

Principiante	Novato	Avanzado
De 1 a 2 cucharadas de carne picada o 1 palito de carne.	De 2 a 4 cucharadas de carne picada o 1 palito de carne.	⅓ de taza de carne picada o 2 palitos de carne.

16. Comida para llevar

> No se puede pensar bien, amar bien ni dormir bien si no se ha comido bien.
>
> VIRGINIA WOOLF

Seamos realistas: cualquier alimento puede considerarse comida para llevar. Ya se trate de sobras de la cena de la noche anterior o si tienes un antojo al mediodía, todos los alimentos tienen cabida. Benditos sean los que crean esas adorables fiambreras de estilo japonés con formas y estilos diversos: son realmente adorables. Para combinar estas ideas no es necesario ser un artista ni hábil siquiera: simplemente coloca los alimentos en un recipiente y listo. En este capítulo desglosamos algunos de nuestros almuerzos favoritos para llevar y tentempiés aptos para toda la familia. ¡No te compliques la vida! No tiene sentido agobiarse por culpa del contenido de una fiambrera. Sigue esta guía para emparejar alimentos sin tener que comprar un paquete excesivamente procesado de galletitas con fiambre. ¡Estas ideas son igual de fáciles y mucho más saludables!

Este capítulo incluye:

Ensalada de pollo y aguacate al gusto de CC. 271
Ensalada de huevo y yogur griego 273
Ensalada de atún claro 274
Ensalada diseccionada al gusto de Wendy Jo 275
Ensalada «de la despensa» con quinua 277
Quesadillas 279
Kebabs de fruta 281
Salsa para mojar a base de yogur griego con manzana
y canela 283
Láminas de fruta deshidratada caseras 285

Ensalada de pollo y aguacate al gusto de CC

A CC le encantan (no, le apasionan) los aguacates, y ha sido así desde que los probó por primera vez a los seis meses. Todos queremos encontrar la forma de reforzar los alimentos dándoles un maravilloso giro nutricional y usar aguacate en lugar de mayonesa es una manera estupenda de añadir deliciosos ácidos grasos omega, potasio, fibra, ácido pantoténico, y la lista continúa. Por algo los aguacates son uno de nuestros primeros alimentos favoritos para los bebés. Cuando Leslie necesita apostar sobre seguro con el almuerzo, esta es su receta favorita de ensalada de pollo. Sírvela sola o con galletas, envuelta en una tortilla, en un sándwich o simplemente en una ensalada verde.

Tamaño de la ración: 1-2 cucharas (niños), ½ taza (adultos)
Raciones: 2 para adultos
Tiempo de preparación: 5 minutos
Tiempo de cocción: 0 minutos

Ingredientes:

1 taza de pechuga de pollo cocida desmenuzada o picada fina
1 aguacate maduro troceado
2 cucharadas de yogur griego o mayonesa
Sal y pimienta al gusto, u omitir si se desea

Elaboración:

Mezcla todos los ingredientes en un cuenco mediano asegurándote de machacar el aguacate. Si lo deseas, puedes dejar grumos para los comedores avanzados.

Variación:

- Añade una pizca de *curry* en polvo, manzana rallada, zanahoria rallada muy fina, apio rallado o picado o frutos secos troceados muy finos (lo más pequeños que se pueda para los comedores principiantes y novatos) o todo lo anterior junto para crear una versión más sofisticada de ensalada de pollo al *curry*.

Sugerencias:

Si tienes una batidora con base, puedes colocar la pechuga de pollo asada directamente en el recipiente accionando la paleta a velocidad baja. ¡La desmenuzará en un momento! A continuación, simplemente añade el resto de los ingredientes. ¿El tiempo apremia? Puedes usar sobras de pollo asado para preparar esta mezcla en un abrir y cerrar de ojos.

¡No te asustes!

Esta receta aporta bastante grasa. La grasa es una parte importante de una dieta saludable. También ayuda a mantener los niveles de saciedad para que tu bebé (y también tú) afronte el día lleno de energía.

Bocados de bebé:

Principiante	Novato	Avanzado
Trocea el pollo muy menudo y mezcla la ensalada (omitiendo la sal); sírvele 1 o 2 montoncitos en la bandeja para que le sea fácil de agarrar.	Trocea el pollo muy menudo y sírvele de 3 a 5 cucharadas en la bandeja, con galletas blandas o envuelto en una tortilla (como si fuera un rollito).	Sirve igual que para ti o como prefiera el niño.

Ensalada de huevo y yogur griego

Si a tu hijo le cuesta sujetar un huevo, una alternativa fácil es la ensalada de huevo. Hemos reforzado esta ensalada con probióticos, calcio y zinc por medio del yogur griego. Este es un primer alimento estupendo para emprender la introducción temprana de lácteos y huevos.

Tamaño de la ración: 1 cucharada (niños), 1 huevo (adultos)
Para 1 ración de adulto
Tiempo de preparación: 5 minutos
Tiempo de cocción: 0 minutos

Ingredientes:

1 huevo duro pelado
1 cucharada de yogur griego elaborado con leche entera (o mayonesa)
Sal y pimienta al gusto, omitir si se desea

Elaboración:

Usa un tenedor para triturar el huevo en un cuenco pequeño. Añade el yogur griego y mézclalo todo batiéndolo un momento con el tenedor.

Variantes:

- Los aguacates pueden sustituir al yogur y son una excelente alternativa sin lácteos.

Bocados de bebé:

Principiante	Novato	Avanzado
Sírvele 1 cucharada o 3 cucharaditas en el plato. También puedes ofrecerle una cuchara y ayudarlo a llenarla.	Sírvele 1 o 2 cucharadas en una cuchara o con una galleta.	Úntala en galletas, como si fuera un sándwich (cortado en tiras), o como prefiera el niño.

Ensalada de atún claro

La ensalada de atún claro en lata es una práctica fuente de proteínas apta para bebés. Esta receta refuerza la nutrición y los sabores mediante zanahorias ralladas, cebollas y yogur griego.

Tamaño de la ración: 1-2 cucharas (niños), ½ taza (adultos)
Tiempo de preparación: 5 minutos
Tiempo de cocción: 0 minutos

Ingredientes:

1 zanahoria pequeña rallada muy fina
¼ de cebolla pequeña rallada muy fina
¼ de taza de yogur griego elaborado con leche entera (o mayonesa)
1 lata (de 225 g) de atún claro al natural, escurrido
Sal y pimienta al gusto, omitir si se desea

Elaboración:

1. Mezcla con un tenedor las zanahorias y la cebolla ralladas y el yogur griego en un cuenco pequeño.
2. A continuación, agrega el atún claro y remueve. Refrigera durante 1 hora antes de servir para obtener el mejor sabor o sirve inmediatamente si tienes prisa. Sazona las raciones para adultos y ¡buen provecho!

> ¡Es aconsejable servirles un poco de salmón o atún a nuestros hijos! Pueden tomar de 2 a 3 raciones adaptadas a su edad a la semana.

Bocados de bebé:

Principiante	Novato	Avanzado
Sírvele de 1 a 2 cucharadas en una cuchara o en la bandeja para que pueda agarrar la comida.	Sirve con una cuchara pequeña.	Sirve envuelta en una tortilla, untada en galletas o en forma de sándwich cortado en tiras o cuñas.

Ensalada diseccionada al gusto de Wendy Jo

Las ensaladas se pueden descomponer fácilmente en bocados aptos para bebés; ¡todo depende de cómo la sirvas! Las verduras crudas pueden resultar complicadas, pero si usas el ajuste más pequeño del rallador puedes agregar una pizca de verduras duras con una textura segura. Wendy Jo es una gran defensora de la introducción de verduras crudas, ya que su sabor es muy diferente del de sus homólogas cocinadas. Se trata de crear una textura segura. Introducir una pequeña cantidad cada vez puede servir para que entren en contacto con sabores distintos y fomentar la aceptación de alimentos más adelante.

Tamaño de la ración: ver más abajo (niños), ½ receta (adultos)
Raciones: 2 para adultos
Tiempo de preparación: 10 minutos
Tiempo de cocción: 0 minutos

Ingredientes:

4 tazas de lechuga romana troceada
2 huevos duros troceados
6 tomates *cherry* en cuartos
1 taza de carne o pescado picado (pollo asado fresco o enlatado, atún claro enlatado o pavo asado fresco)
½ aguacate troceado
1 zanahoria pequeña rallada
¼ de taza de queso *cheddar* rallado
½ taza de queso *cottage*
¼ de taza de semillas de girasol
¼ de taza de maíz enlatado, escurrido y enjuagado
½ taza de alubias rojas enlatadas, escurridas y enjuagadas
⅓ de taza de aceite de oliva virgen extra
¼ de taza de vinagre de vino
½ cucharadita de orégano seco
⅛ de cucharadita de ajo en polvo
1 cucharadita de mostaza preparada
Sal y pimienta al gusto, omitir si se desea

Elaboración:

1. Coloca la lechuga a modo de base para la ensalada en una fuente o dos platos grandes.
2. A continuación, en el centro de la lechuga, deposita los huevos desmenuzados. A ambos lados de los huevos, coloca los tomates, después la carne o el pescado, el aguacate, la zanahoria y

luego los quesos. Espolvorea las semillas de girasol, el maíz y las alubias por encima.

3. En un cuenco pequeño, mezcla el aceite de oliva, el vinagre de vino, el orégano seco, el ajo en polvo y la mostaza. Rocía la ensalada al gusto y sazona las raciones para adultos con sal.

Sugerencias:
Si ves que tu hizo sufre arcadas con un alimento, simplemente apártalo de la bandeja en cuanto lo suelte. Evita reaccionar y sigue observándolo aprender y explorar distintas texturas.

Bocados de bebé:

Principiante	Novato	Avanzado
Sirve la ensalada completamente diseccionada en pequeños montículos: 1 cucharada de queso *cottage* mezclado con ½ cucharadita de zanahoria rallada muy fina, 1 cucharada de carne o pescado troceado muy menudo mezclado con aguacate triturado y 3 alubias rojas trituradas o cortadas por la mitad. Omite el aderezo o rocíalo únicamente con aceite de oliva.	1 cucharada de queso *cottage* mezclado con 1 cucharadita de zanahoria rallada muy fina y semillas de girasol, de 1 a 2 rodajas de tomate con un chorrito de aderezo, 1 palito de aguacate, 4 alubias rojas trituradas o cortadas por la mitad y de 1 a 2 cucharadas de carne o pescado troceado.	Cualquier combinación basada en las preferencias del niño: 1 tomate *cherry* en cuartos o troceado, 1 palito de aguacate, 4 alubias rojas cortadas por la mitad, de 2 a 4 cucharadas de carne o pescado troceado y 1 cucharada de queso *cottage* mezclado con maíz en lonchas, semillas de girasol, queso *cheddar* y zanahorias ralladas muy menudas.

Evita servirle demasiado: ver demasiada comida en el plato puede sobreestimular a los nuevos comedores. No te olvides de ofrecerle repetir por segunda e incluso tercera vez si es necesario. Disfruta de tu ensalada compleja y simplifícala para los más pequeños.

Ensalada «de la despensa» con quinua

Esta es una de las recetas esenciales favoritas de Leslie. Es fácil de preparar y sobrará bastante para los almuerzos de la semana. Hay un motivo por el que la denomina ensalada «de la despensa»: porque cualquier cosa que haya en la despensa tiene cabida. ¡Abre tu despensa e inténtalo!

Tamaño de la ración: 2 cucharadas (niños), ½ taza (adultos)
Raciones: 10-12 raciones para adultos
Tiempo de preparación: 10 minutos
Tiempo de cocción: 15 minutos
Tiempo de refrigeración: 2 horas

Ingredientes:

2 tazas de quinua deshidratada
4 tazas de caldo de pollo sin sal añadida, caldo de verduras o agua
1 cucharada de orégano seco
1 tarro (de 100-120 g) de pimientos rojos asados, escurridos y troceados
1 lata (de 400 g) de corazones de alcachofa, escurridos y troceados
¼ de taza de alcaparras o aceitunas escurridas y enjuagadas
1 paquete (de 120 g) de queso feta desmenuzado
Aceite de oliva virgen extra, ⅓ de taza (o más si se desea)
⅓-½ taza de hojas de perejil frescas, lavadas, secadas y picadas
Sal y pimienta fresca machacada al gusto (omitir para bebés menores de 1 año)

Elaboración:

1. Prepara la quinua según se indique utilizando el caldo como líquido (en lugar de agua para añadir más proteínas y sabor). Tras cocinarla, colócala en un cuenco grande y refrigérala durante 1 hora como mínimo.
2. Una vez fría, ¡ya puedes agregarle todos esos ingredientes sabrosos! No dudes en dejar de lado cualquier cosa que no te guste, pero el aceite de oliva no es negociable. Mezcla tus ingredientes preferidos y refrigera otra hora. Tienes para varios días. La ensalada se puede servir caliente o fría y rematarla con cualquier fuente de proteínas que tengas a mano.

Para ahorrar tiempo

Una vez preparada esta ensalada, dispones de muchísimas opciones para elaborar comidas para llevar. Por ejemplo, si le agregas pollo o ternera asada, ya tienes un almuerzo fácil. Esta ensalada está riquísima caliente o fría, así que es perfecta al ir al parque o a jugar con amigos. La pequeña A siempre se las arreglaba para lanzar los granitos por todas partes, por lo tanto, Wendy Jo hizo gala de su ingenio y empezó a mezclar cualquier grano pequeño (como quinua, arroz o *bulgur*) con humus o alubias machacadas para ayudar a apelmazar los granos y facilitar un poco la limpieza.

Quesadillas

Si te has aburrido de sándwiches o no te gusta el pan, opta por una quesadilla. Este plato constituye un almuerzo rápido que puede abarcar un montón de alimentos divertidos y nutritivos. La pequeña A la denomina *pizza* mexicana cuando Wendy Jo le coloca tomates frescos por encima. A CC le encanta la quesadilla rellena de sobras de carne y verduras. Esta es nuestra receta básica, pero las opciones son ilimitadas.

Tamaño de la ración: 1 palito (niños), 1 quesadilla (adultos)
Para 1 adulto
Tiempo de preparación: 5 minutos
Tiempo de cocción: 8 minutos

Ingredientes:

Espray de cocina
2 tortillas pequeñas de maíz o trigo
2 cucharadas de alubias negras o pintas machacadas o alubias refritas
⅓ de taza de queso *cheddar*, Monterey Jack o Colby rallado

Elaboración:

1. Rocía una sartén de 20 o 22 cm con espray de cocina.
2. Extiende alubias machacadas en un lado de una tortilla.
3. Calienta la sartén a fuego medio-alto. Coloca la otra tortilla en la sartén, cocínala durante 1 minuto por un lado y luego dale la vuelta y cocínala durante otros 30 segundos. Cúbrela con queso rallado y coloca la otra tortilla encima para hacer un sándwich. Dale la vuelta para calentar el otro lado hasta que el queso se haya fundido en su interior. Si es necesario, baja el fuego para que las tortillas no queden crujientes.
4. Deja que la quesadilla se enfríe y córtala según la habilidad del comedor.

Variantes:

- ¿Tienes a mano boniatos o calabaza cocidos? Machácalos y extiende una fina capa en un lado de la tortilla.
- Se puede mezclar ternera o pavo triturados con las alubias machacadas o el queso fundido para reforzar las fuentes de proteínas y hierro.

Sugerencias:

- Este es un buen plato para introducir divertidas salsas para mojar para los más pequeños. Comienza con guacamole, salsa suave o salsa de alubias.
- También supone una forma estupenda de utilizar sobras de fuentes de proteínas y verduras. Simplemente añade rodajas finas de carne, queso rallado y verduras troceadas a la tortilla y caliéntala en el microondas. Córtala en triángulos o en tiras y sírvela.
- Para ahorrar tiempo: Dobla la quesadilla por la mitad con los ingredientes en la mitad inferior y caliéntala en el microondas de 30 a 45 segundos, dependiendo de la potencia. Deja que se enfríe y córtala.

Bocados de bebé:

Principiante	Novato	Avanzado
Sirve 1 palito del tamaño de un meñique.	Sirve de 1 a 2 palitos.	Corta la quesadilla en cuatro y sirve de 1 a 2 trozos.

Kebabs de fruta

Es muy divertido arrancar con los deditos la fruta ensartada en un palito o mordisquearla. Sirve junto con la siguiente salsa para mojar a base de yogur griego para crear un tentempié lleno de proteínas.

Para 4 raciones
Tiempo de preparación: 5 minutos
Tiempo de cocción: 0 minutos

Ingredientes:
2 tazas de fruta de temporada (ver tabla más abajo)
Pajitas

Elaboración:
1. Lava y seca las frutas.
2. Empleando pajitas duras, flexibles o de acero inoxidable (según prefieras), ve clavando la fruta con suavidad, procurando no romper los trozos.

Sugerencias:
- Si te cuesta ensartar la fruta en la pajita o te preocupa romperla, puedes abrir primero el agujero con un palillo (¡guarda los que te den la próxima vez que pidas comida oriental para llevar!)
- Comprueba nuestra lista de frutas de temporada en el capítulo 11.
- Cuando cortes uvas para los más pequeños, recuerda hacerlo de punta a punta, no por el centro.
- Deberías lavar incluso las frutas con cáscara. Al cortar la cáscara, el cuchillo contaminará la fruta a menos que esté lavada.

Bocados de bebé:

Principiante	Novato	Avanzado
Sáltate el kebab con pajita y cíñete a las frutas para principiantes enumeradas a continuación.	Usa una pajita (es más fácil de agarrar y crea un agujero más grande en el centro para partir la fruta).	Usa una pajita (sigue siendo lo mejor para los más pequeños). Utiliza un palillo para abrir un agujero en las frutas más duras.

Principiante	Novato	Avanzado
Arándanos, fresas, frambuesas, plátanos (en rodajas de algo más de 1 cm) o cerezas en conserva o congeladas (asegúrate de que no tengan huesos).	Todas las frutas para principiantes + sandía (en cuadrados de 2,5 cm), trozos de melocotón (en rodajas de algo más de 1 cm y sin piel) y ciruelas (en rodajas de algo más de 1 cm y sin pelar).	Todas las frutas para principiantes y novatos + cantalupos (en cuadrados de 2,5 cm), mangos (en cuadrados de 2,5 cm), peras (en rodajas de algo más de 1 cm), uvas (partidas por la mitad) y ciruelas (con o sin piel).
Asegúrate de que la fruta esté lo bastante madura para que el bebé pueda roerla con facilidad con las encías.	Las frutas todavía deben estar maduras y blandas; sin embargo, tu bebé ya posee más habilidad y conocimientos para gestionar las frutas en la boca. En esta etapa, los bebés escupirán los trozos de alimento que no quieran masticar.	Las habilidades de tu bebé ya le permiten roer, masticar y machacar las frutas más duras.

Salsa para mojar a base de yogur griego con manzana y canela

El yogur griego no solo constituye una estupenda fuente de proteínas, sino que también proporciona probióticos esenciales para un intestino y un sistema inmunológico saludables. Esta receta suaviza la acidez de este lácteo fermentado y añade otro superingrediente: la canela. Esta salsa para mojar o untar se puede elaborar por adelantado y guardar varios días en el frigorífico. Puedes elaborarla a mano, pero una batidora puede hacer el trabajo perfectamente en un instante.

Raciones: 1-2 cucharadas (niños) o ⅔ de taza (adultos)
Para 4 raciones para mojar o 2 raciones para adultos
Tiempo de preparación: <5 minutos
Tiempo de cocción: 0 minutos

Ingredientes:

1 taza de yogur griego natural
¼ de taza de compota de manzana
⅛ de cucharadita de canela molida

Elaboración:

1. Mezcla bien todos los ingredientes en un cuenco pequeño.
2. Refrigérala hasta que vayas a usarla. Sírvela con fruta fresca, creps o sola.

Para ahorrar tiempo:

Ten a mano cuatro recipientes pequeños reutilizables. Reparte la mezcla a partes iguales en ellos y guárdalos en el frigorífico a modo de raciones prácticas.

Sugerencia:

Esta receta es perfecta para hacer helados. Llena un vaso de cartón pequeño con la mezcla de yogur, coloca una pajita en el centro y congélalo hasta que se solidifique (de 4 a 6 horas). Una vez congelado, despega el envoltorio de cartón y ya está listo para disfrutar o guárdalo en un recipiente apto para el congelador durante una semana como máximo. Es perfecto para los bebés a los que les están saliendo los dientes. Existen vasos de cartón pequeñitos (de 60 ml), ideales para los comedores principiantes.

Bocados de bebé:

Principiante	Novato	Avanzado
Perfecto para todos los niveles. Sí, este plato ensucia. Carga una cuchara y permite que tu bebé coma solo. Si le cuesta, también puedes congelarlo para hacer un helado y servírselo así; además, es muy útil para los dolores de la dentición.	Adecuado para todos los niveles.	Perfecto para todos los niveles.

Láminas de fruta deshidratada caseras

Si un día vas a estar por casa, esta es una manera estupenda de utilizar montones de frutas frescas antes de que se estropeen. Para los niños menores de un año, continuamos omitiendo los azúcares añadidos y, en su lugar, empleamos manzanas, peras o uvas para conseguir láminas de fruta más pegajosas, si es lo que prefieres. Prueba el puré de frutas antes de deshidratarlo para ver si cuenta con la proporción perfecta entre dulzor y acidez o si necesitas agregar algo dulce a la mezcla para corregir el equilibrio.

Tamaño de la ración: 1 tira (niños), 4-5 tiras (adultos)
Raciones: 2 bandejas de horno (~12 rollos largos)
Tiempo de preparación: 10 minutos
Tiempo de cocción: 6-8 minutos

Ingredientes:

3 tazas de fresas
½ taza de compota de manzana
2 cucharaditas de zumo de limón o lima

Elaboración:

1. Precalienta el horno a la temperatura más baja (60-75 °C). Es preferible usar un ajuste convencional en lugar de la convección, ya que el horneado por convección puede secar la mezcla demasiado rápido.
2. Coloca una lámina de silicona para hornear o papel de horno rociado con espray de cocina en una bandeja para hornear.
3. Mezcla con una batidora las fresas maduras (ver variantes más abajo) con la compota de manzana y el zumo de limón. Comprueba si está lo bastante dulce. Vierte una fina capa sobre la bandeja para hornear forrada, dejando los bordes libres de puré de frutas.
4. Hornea de 6 a 8 minutos o hasta que el centro ya no esté húmedo y se haya asentado.
5. Cubre una tabla de cortar con papel de horno o film transparente. Despega las láminas de fruta con cuidado, empezando por los bordes, y colócalas sobre un trozo limpio de papel de horno o film transparente. Con un cuchillo afilado o un cortapizzas, córtalas formando tiras largas, unas 6 por bandeja. Divide las raciones del tamaño que desees, enróllalas y guárdalas en un recipiente hermético durante 3 semanas como máximo.

Variantes:

- 2 tazas de fresas + 1 taza de melocotones + ½ taza de compota de manzana + 2 cucharaditas de zumo de limón
- 2 tazas de moras + 1 taza de compota de manzana + 2 cucharaditas de zumo de lima
- 2 tazas de frambuesas + 1 taza y ½ de peras + 2 cucharaditas de zumo de limón

Bocados de bebé:

Principiante	Novato	Avanzado
Evitar con los principiantes.	Servir de 2 a 3 tiras.	Servir de 3 a 5 tiras.

17.
Cenas en familia

> Cuando comer deja de ser divertido, la nutrición se resiente.
>
> Ellyn Satter, dietista

Si las personas se paran a pensar cómo eran las comidas familiares en su casa cuando eran pequeñas, y no solo los alimentos propiamente dichos, las inundan gran variedad de recuerdos. Se acuerdan de darle comida al perro a escondidas, de pelearse con su hermana en la mesa, de comer de camino al entrenamiento de fútbol o del plato favorito de la familia. Ya nos encontráramos en la mesa de la cocina, en el asiento trasero del coche, frente al televisor o ante los elegantes componentes de una carta que no sabíamos pronunciar, el recuerdo de una comida en familia (fuera la que fuera) deja una impresión duradera.

Las cenas familiares no son el momento adecuado para batallas a causa de la comida ni conversaciones estresantes. Se trata de compartir los recuerdos del día, dar gracias por la comida que tenemos en el plato y saborear uno de los pocos y valiosos momentos de calma del día. Wendy Jo se crio con un estricto régimen en cuanto a las cenas que consistía en terminarte el plato (o quedarte allí sentado toda la noche hasta que lo hicieras), poner la mesa como es debido, pedir permiso para levantarse de la mesa, usar servilletas de tela, usar los cubiertos correctamente, etcétera. Huelga decir que hay aspectos de nuestras cenas familiares que decidimos mantener y otros que decidimos descartar. Los mejores recuerdos de Wendy Jo incluían usar servilletas de tela, bendecir la mesa, escuchar las cosas emocionantes que sus hermanas habían hecho a lo largo del día y, por supuesto, el pollo frito o los espaguetis con salsa de carne de su madre.

Décadas después, todavía recordamos cómo eran las cenas en nuestros hogares. Leslie recuerda sentarse a la mesa de la cocina con su familia (y su perro) la mayoría de las noches de la semana. Recuerda que sus platos favoritos eran chili, espaguetis con guarnición de ensalada, ternera *stroganoff* y pastel de pollo. Aunque sus padres cocinaban un par de noches a la semana, muchas otras tomaban «*brinner*» (platos típicos del desayuno en la cena) o sobras. Por suerte, además de la comida, entre sus recuerdos más entrañables se incluyen los chistes de su padre. A veces eran tan malos que Leslie no podía evitar reírse.

Pensamos largo y tendido acerca de este capítulo. Queríamos aportar menús sencillos para familias ocupadas. Este capítulo está lleno de platos principales perfectos para llevar, platos combinados aptos para congelar, guarniciones sencillas y una guía práctica para asar verduras.

Este capítulo incluye:

Platos principales:

Pollo asado de cuatro estilos 289
Albóndigas de puercoespín al gusto de Jane Grey 292
Chili fácil 294
Pastel de pollo 296
Enchilada de pollo al horno 299
Pastel de carne sencillo 301

Guarniciones sencillas:

Patatas asadas superfáciles al gusto de Leslie 303
Palitos de calabacín 305
Coliflor o brócoli asado con parmesano 307
Guía de verduras asadas 309

Platos principales

Pollo asado de cuatro estilos

No se requiere una receta formal con un pollo asado. Simplemente compra uno en tu supermercado local y crea tu menú. Si no te apetece pollo asado en un asador (algunos vienen «al natural» con poco o nada de aderezo), no te olvides de la receta de pollo asado en olla de cocción lenta que vimos en el capítulo 14. Despreocúpate, lo tenemos todo previsto.

Cómo servirlo	Pollo al limón y macarrones con verduras	*Pizza* de pollo a la barbacoa	Salteado de pollo y verduras	Sopa de pollo con fideos básica
Qué necesitas	¼ de taza de aceite de oliva 1 calabacín mediano 1 cebolla pequeña 225 g de champiñones 225 g de macarrones cocidos 1 limón Parmesano al gusto Sal y pimienta al gusto	½ taza de salsa barbacoa 2 panes de pita ¼ de pimiento en rodajas ¼ de cebolla en rodajas ½ taza de queso *mozzarella* rallado	2 cucharaditas de aceite de sésamo 1 cucharadita de aceite de colza 1 bolsa (340 g) de verduras congeladas para saltear 1 cucharadita de salsa de soja 2 cucharaditas de semillas de sésamo (opcional) 2 tazas de arroz o quinua cocidos	6 tazas de caldo de pollo 1 bolsa (340-450 g) de verduras surtidas 170 g de pasta seca pequeña ½ cucharadita de pimienta negra molida 1 cucharada de perejil seco Parmesano fresco rallado (opcional)

Cómo servirlo	**Pollo al limón y macarrones con verduras**	***Pizza* de pollo a la barbacoa**	**Salteado de pollo y verduras**	**Sopa de pollo con fideos básica**
Elaboración básica	Sofríe el calabacín, la cebolla y los champiñones en aceite de oliva. Añade el zumo de un limón. Mezcla todos los ingredientes y añade parmesano rallado y sal y pimienta al gusto.	Precalienta el horno a 220 °C. Trocea el pollo. Mézclalo con tu salsa barbacoa preferida. Colócalo sobre una tortilla o un pan de pita. Cubre con queso rallado y rodajas de pimiento. Introdúcelo en el horno de 8 a 10 minutos, hasta que quede crujiente.	Calienta aceite en una sartén mediana a fuego alto, luego añade las verduras para saltear y el pollo y cocínalo de 5 a 8 minutos o hasta que esté bien hecho. Sazona con salsa de soja y semillas de sésamo y sirve sobre arroz o quinua cocidos.	Coloca el caldo, las verduras y la pasta en una olla sopera grande. Lleva la mezcla a ebullición a fuego alto y cuece hasta que la pasta esté tierna (consulta el tiempo necesario en el paquete). Cuando la pasta esté lista, baja el fuego y agrega un poco de pollo, pimienta negra molida y perejil seco. Sírvelo con queso parmesano rallado.

Bocados de bebé:

Principiante	Novato	Avanzado
Deconstruye el plato separando la carne de los cereales y las verduras. Asegúrate de que las verduras se puedan machacar y el pollo esté desmenuzado en trocitos pequeños. Se puede servir pasta tierna en esta fase.	Puedes deconstruir el plato o dejarlo tal cual basándote en las habilidades del niño. Corta los alimentos en bocados pequeños.	Sirve como lo harías para toda la familia y corta los alimentos en bocados.

Albóndigas de puercoespín al gusto de Jane Grey

Nuestra querida amiga, compañera dietista y mamá comedora nata de dos niños compartió la receta de albóndigas favorita de sus hijos, que está repleta de verduras y sabor. El arroz del interior de las albóndigas crea una textura divertida que recuerda a un puercoespín y, seamos realistas, ponerle un nombre gracioso a un alimento hace que a los pequeñines les resulte más divertido comérselo.

Tamaño de la ración: 1-2 albóndigas (niños), 8-10 albóndigas (adultos)
Para 4 raciones para adultos
Tiempo de preparación: 10 minutos
Tiempo de cocción: 40 minutos

Ingredientes:

½ kg de ternera picada
½ taza de sobras de arroz cocido (o sobras de quinua cocida)
½ cebolla pequeña picada menuda
1 zanahoria pequeña rallada
1 calabacín pequeño rallado
1 cucharadita de sal, u omitir si se desea
2 dientes de ajo picados
1 huevo
2 tazas de salsa de tomate
½ cucharadita de canela
½ cucharadita de cilantro
2 cucharadas de azúcar
2 cucharadas de salsa Worcestershire

Elaboración:

1. En un cuenco grande, combina la carne, el arroz, la cebolla, la zanahoria, el calabacín, la sal, el ajo y el huevo. Dale forma de bolitas a la mezcla, de unos 2,5 cm de ancho.
2. Calienta una sartén honda a fuego medio-alto y mezcla la salsa de tomate, la canela, el cilantro, el azúcar y la salsa Worcestershire.
3. Añade las albóndigas a la sartén y cuece a fuego lento de 30 a 40 minutos, hasta que las albóndigas estén bien hechas. Dales la vuelta a las albóndigas de vez en cuando y rehógalas con el líquido.

Variantes:

– ¡La mezcla de albóndigas también es perfecta para elaborar *muffins* de carne! Omite la salsa y, en su lugar, prepara la mezcla de carne, divídela en 12 moldes para *muffins* y remátala con un chorrito de kétchup antes de hornear. Hornea durante 25 minutos o hasta que la carne esté bien cocida, a 70 °C.

Opciones de congelación:

– ¡Esta receta también es perfecta para congelar! Haz una tanda, deja que se enfríen por completo tras cocinarlas y luego guárdalas en un recipiente apto para el congelador durante 2 meses como máximo. Para recalentarlas, coloca las albóndigas congeladas en una sartén, tápalas y cocínalas a fuego medio hasta que alcancen una temperatura de unos 75 °C, durante unos 25 minutos. Añade agua si la salsa se vuelve demasiado espesa.

Bocados de bebé:

Principiante	Novato	Avanzado
Machaca una albóndiga con mucha salsa.	Sirve de 2 a 3 albóndigas con salsa cortadas en bocados.	Sirve de 3 a 5 albóndigas con salsa cortadas por la mitad o en cuartos.

Chili fácil

¡Tanto a CC como a la pequeña A les encanta el chili! Este plato también figura entre nuestras 10 mejores cenas en familia de la infancia. El chili es estupendo, ya seas del sur, del norte, del este o del oeste. Es fácil de preparar y las sobras siempre están deliciosas. Es fácil porque la receta usa tomates y alubias enlatados (Leslie opta por alubias enlatadas y Wendy Jo pone en remojo las suyas..., mira por dónde). Puedes utilizar cualquier producto con el que te sientas cómodo, ya sea convencional u orgánico. Sirve esta receta de chili con pan de maíz, galletas o nachos de maíz.

Tamaño de la ración: 2-3 cucharas (niños), ~ 2 tazas (adultos)
Para 12 raciones para adultos
Tiempo de preparación: 10 minutos
Tiempo de cocción: 45 minutos o 6-8 horas con una olla de cocción lenta

Ingredientes:

1 kg de ternera picada
2-4 cucharadas de chile en polvo, según se prefiera
1 cucharada de ajo en polvo
2 cucharaditas de cebolla en polvo (o ½ cebolla mediana picada)
1 cucharadita de comino en polvo
2 latas (de 400 g) de alubias pintas, escurridas y enjuagadas
2 latas (de 400 g) de alubias rojas, escurridas y enjuagadas
2 latas (de 400 g) de tomate troceado

Coberturas divertidas:

Nata agria
Queso rallado
Cebolletas

Elaboración:

1. En una olla sopera grande o en una cacerola de hierro fundido, dora la carne a fuego medio-alto, hasta que esté completamente hecha, durante unos 12 minutos. Cuando esté lista, añade los condimentos a la carne y cuece durante 1 minuto.
2. Si deseas utilizar la olla de cocción lenta, traslada la carne en este momento, agrega los ingredientes restantes y cocina a fue-

go lento de 6 a 8 horas. De lo contrario, solo tienes que introducirlo todo en la olla sopera. Abre todas las latas de alubias y tomate. No te olvides de escurrir y enjuagar las alubias. Vierte las alubias y los tomates en la olla. Llévala a ebullición a fuego medio-alto, luego baja el fuego y déjala hervir a fuego lento durante 45 minutos como mínimo.

3. Sirve el chili con o sin cobertura.

Opciones de congelación:

– El chili es perfecto para congelar. Deja que se enfríe por completo y luego colócalo en recipientes aptos para el congelador y congélalo durante 3 meses como máximo. Recalienta la mezcla en la cocina hasta que el chili alcance unos 75 °C o en el microondas (el tiempo depende de la potencia del microondas).

Bocados de bebé:

Principiante	Novato	Avanzado
Machaca las alubias y corta la carne picada en bocados muy pequeños. Asegúrate de que los tomates estén tiernos. Ayuda al bebé llenándole la cuchara.	Corta las alubias por la mitad y la carne picada en bocados pequeños. Asegúrate también de que los tomates estén tiernos. Ayuda al bebé llenándole la cuchara.	Corta las alubias por la mitad y asegúrate de que la carne picada esté dividida en bocados. Sirve el chili con una cuchara.

Pastel de pollo

Una receta de comida casera donde las haya. Preparábamos este plato todos los meses en nuestras casas porque es perfecto para todas las etapas de aprendizaje y está absolutamente delicioso. ¡Haz uno para cenar y otro para congelar! Este es nuestro consejo número uno para esta receta: reúne todos los ingredientes y mídelos antes de empezar. En cuanto tengas la *mise en place*, esta receta irá como la seda y, al igual que nos ocurre a nosotras, ¡estarás deseando prepararla de nuevo! Es posible que no te plantees volver a comprar uno hecho después de probar esta receta.

Tamaño de la ración: 2-3 cucharas (niños), ⅙ de pastel (adultos)
Para 6 raciones para adultos
Tiempo de preparación: 10 minutos
Tiempo de cocción: 1 hora

Ingredientes:

1 base para pastel lista para refrigerar
½ kg de pechuga de pollo deshuesada y sin piel
6 patatas medianas nuevas troceadas
2 zanahorias medianas cortadas por la mitad a lo largo y en rodajas finas formando medias lunas
1 tallo de apio grande picado muy menudo
1 cucharada de caldo de pollo más 4 tazas de agua fría o 4 tazas de caldo de pollo
¼ de taza de mantequilla sin sal
¼ de taza de cebolla picada
¼ de taza de harina común
1 cucharadita de sal
¼ de cucharadita de pimienta negra
½ cucharadita de tomillo seco
½ cucharadita de ajo en polvo
1 taza de guisantes congelados
⅔ de taza de leche entera

Elaboración:

1. Rocía un molde para pastel de 22 cm o una bandeja de horno redonda con espray de cocina.
2. Introduce el pollo, las patatas, las zanahorias y el apio en una olla sopera de 4 litros. Vierte 4 tazas de agua fría sobre el pollo y las verduras y agrega el caldo (no te preocupes por disolverlo,

ya lo hará). Calienta a fuego alto. En cuanto la mezcla hierva, baja el fuego, tapa la olla y cocina a fuego lento durante 12 minutos.

3. Precalienta el horno a 220 °C.
4. Cuela el pollo y las verduras, reservando 1 taza y ¾ de caldo (la usaremos luego para la salsa). Trocea el pollo en bocados.
5. A continuación, funde la mantequilla a fuego medio en una sartén grande y luego saltea la cebolla durante 3 minutos. Usando un batidor, agrega la harina para preparar el *roux*. Deja que la mezcla se cocine a fuego medio-bajo 3 minutos o hasta que adquiera un tono dorado. Usando el líquido que dejamos en reserva, añade el caldo para preparar la salsa de carne. Añade el pollo troceado y las verduras y revuelve. Agrega los condimentos (sal, pimienta, tomillo y ajo en polvo). Añade los guisantes congelados y la leche. Calienta la mezcla durante 3 minutos.
6. Vierte la salsa en la bandeja preparada y cubre con una tapa de masa precocida. Pellizca los bordes y haz 5 cortes en la parte superior para que el vapor pueda salir durante la cocción.
7. Cubre la bandeja con papel de aluminio y hornea durante 15 minutos. Retira el aluminio y hornea durante otros 20 minutos o hasta que la corteza esté dorada.

Opciones de congelación:

– ¡Dobla la receta y prepara dos! Uno para comer ahora y otro para congelar. Plantéate usar una bandeja desechable para congelar el pastel. En cuanto el pastel se haya enfriado por completo, cúbrelo con film transparente y luego con papel de aluminio y congélalo durante 2 meses como máximo. Para calentarlo, sácalo del congelador y hornéalo a 190 °C durante 1 hora o hasta que la temperatura interna alcance unos 75 °C. Si la corteza se dora antes de que se caliente el interior, simplemente cúbrela con papel de aluminio y prosigue con la cocción.

Bocados de bebé:

Principiante	Novato	Avanzado
Corta los guisantes por la mitad, pica o machaca las patatas en la salsa y desmenuza los trozos de pollo. Asegúrate de que las zanahorias y el apio estén tiernos. Sírvele de 2 a 3 cucharadas en la bandeja. Omite la corteza para que al principio el bebé llene el estómago con alimentos más ricos en proteínas y nutrientes.	Corta los guisantes por la mitad, trocea las patatas en bocados, desmenuza el pollo en la salsa y asegúrate de que las zanahorias y el apio estén tiernos. Sírvele ¼ de taza en la bandeja y ayúdalo a llenar la cuchara. Servir corteza o no queda a criterio de los padres.	Corta los guisantes por la mitad, trocea las patatas en bocados y cubre trocitos de pollo con la salsa. Asegúrate de que las zanahorias y el apio estén tiernos. Sirve en un cuenco con una cuchara.

Enchilada de pollo al horno

Este sustancioso plato es cremoso y delicioso. Asegúrate de emparejar la enchilada al horno con una abundante guarnición de verduras, como una ensalada, judías verdes al vapor o brócoli.

Tamaño de la ración: 1-2 cucharadas (niños), ⅛ de fuente (adultos)
Raciones: 8 para adultos
Tiempo de preparación: 10 minutos
Tiempo de cocción: 40 minutos

Ingredientes:

- 1,3 kg de pechuga de pollo deshuesada y sin piel en dados
- 2 cucharadas de aceite de oliva virgen extra
- 12 tortillas de maíz tamaño taco
- 1 paquete (de 30 g) de queso para untar
- 1 taza de nata agria
- 4 tomates Roma troceados
- Sal
- Pimienta
- 1 cucharada de aderezo para tacos
- 1 lata (de 450 ml) de salsa para enchiladas
- 225 g de queso a elegir (Colby Jack, *cheddar* o Monterey Jack) rallado
- 1 lata (de 110 g) de aceitunas negras troceadas, escurridas y enjuagadas (opcional)
- ½ taza de cilantro fresco picado (opcional)

Elaboración:

1. Precalienta el horno a 175 °C.
2. Calienta el aceite de oliva a fuego medio en una sartén grande. A continuación, agrega el pollo en dados y cocina por completo, de unos 8 a 10 minutos. Mientras se cocina el pollo, rocía una fuente de unos 22 x 30 cm con espray antiadherente. Con un cortapizzas, corta las tortillas por la mitad y luego otra vez por la mitad. Deben quedar divididas en cuartos. Utiliza la mitad de las tortillas para cubrir el fondo de la fuente. Cuando el pollo esté listo, retíralo del fuego y añade el queso para untar, la nata agria, la sal, la pimienta, los tomates troceados y el aderezo para tacos a la sartén caliente. Revuelve bien hasta que el queso para untar y la nata agria se hayan mezclado completamente. Vierte la mezcla de pollo sobre las tortillas. Utiliza las tortillas restantes para cubrir la mezcla.

3. Vierte toda la salsa para enchiladas de manera uniforme por encima. Cubre con queso rallado y luego decora con aceitunas si lo deseas.
4. Hornea sin tapar de 25 a 30 minutos. Retira del horno y deja reposar de 5 a 10 minutos. Remata con cilantro fresco picado (opcional) y sirve con un buen plato de verduras.

Variantes:

- En esta receta se puede utilizar ternera picada o sobras de pavo asado en lugar de pollo.

Opciones de congelación:

- Deja enfriar el guiso. Cúbrelo con film transparente y papel de aluminio para evitar las quemaduras por congelación. Se puede mantener en el congelador 3 meses como máximo. Para recalentarlo, hornea a 200 °C de 45 a 60 minutos recién sacado del congelador o hasta que la salsa empiece a burbujear. Para poder servirlo, la temperatura interna debe marcar unos 75 °C.

Bocados de bebé:

Principiante	Novato	Avanzado
Retira los trozos de pollo y desmenúzalos muy finos añadiendo un poco de salsa o una cucharada de yogur griego. Sirve con una cuña de aguacate y rodajas finas de tomate.	Trocea el guiso en bocados pequeños y ayuda al niño a llenar la cuchara. Sirve con una cuña de aguacate y rodajas de tomate.	Trocea el guiso en bocados pequeños y sirve con una cuchara o un tenedor. Sirve con una guarnición de verduras.

Pastel de carne sencillo

Esta es otra de esas recetas que parece desalentadora a causa de la lista de ingredientes; sin embargo, si pones en práctica el método de la *mise en place* antes de ponerte a cocinar, se prepara enseguida. Si tienes poco tiempo, opta por puré de patatas congelado, refrigerado o deshidratado para que te resulte más fácil. Si tienes sobras de ternera asada, lomo de cerdo o carne picada, esta es una gran receta para preparar comida para llevar.

Tamaño de la ración: 1 corte de un dedo (niños), 1 taza y ½ (adultos)
Raciones: 4 para adultos
Tiempo de preparación: 10 minutos
Tiempo de cocción: 55 minutos

Ingredientes:

2 patatas medianas o 6 patatas nuevas lavadas
110 g de queso para untar
¼ de taza de leche entera
Sal y pimienta al gusto
1 cucharada de aceite de oliva
½ cebolla mediana troceada fina
2 zanahorias medianas troceadas finas
½ kg de ternera o cordero picado
1 cucharada de salsa Worcestershire
1 cucharada de concentrado de tomate o kétchup
1 taza de guisantes congelados
1 taza de judías verdes congeladas cortadas
½ cucharadita de sal, u omitir si se desea
½ cucharadita de pimienta negra molida

Elaboración:

1. Precalienta el horno a 200 °C.
2. Corta las patatas en trozos grandes o deja las nuevas enteras. Introduce las patatas en una olla sopera grande, cúbrelas con agua fría y calienta a fuego alto. En cuanto hierva, baja el fuego, tapa y cocina a fuego lento de 12 a 14 minutos o hasta que compruebes que estén tiernas con un tenedor. Escurre las patatas y tritúralas con queso para untar y leche. Sazona con sal y pimienta al gusto.
3. A continuación, calienta aceite de oliva a fuego medio-alto en una cacerola de hierro fundido o en una sartén grande. Añade la cebolla y las zanahorias y saltea durante 3 minutos. Agrega la carne picada y cuece hasta que esté listo, durante unos 12 mi-

nutos. Añade la salsa Worcestershire, el concentrado de tomate, las verduras congeladas, la sal y la pimienta. Cuece la mezcla 5 minutos a fuego medio.

4. Coloca la carne cocida en una fuente de unos 20 x 20 cm. Cúbrela con la mezcla de patatas de manera uniforme. Hornea el pastel de carne durante 25 minutos.

Variantes:

- Añade *cheddar* rallado encima de la mezcla de patatas para preparar una versión con queso.
- Omite el concentrado de tomate y la salsa Worcestershire y reemplázalos por 1 taza de salsa picante para obtener un rápido pastel de carne al estilo mexicano.

Opciones de congelación:

- Para congelar, hornea en moldes desechables o dobla la tanda dependiendo del tamaño de tu familia. ¡No es necesario hornear el que va a ir al congelador! Simplemente prepáralo, enfría por completo y cubre con film transparente antes de congelar. El pastel de carne se puede congelar durante 2 meses como máximo. Cuando estés listo para hornearlo, retira el film, calienta el horno a 175 °C y hornea durante 1 hora o hasta que se caliente por completo, cuando alcance una temperatura interna de unos 75 °C.

Bocados de bebé:

Principiante	Novato	Avanzado
Disecciona el pastel de carne en patatas, guisantes troceados, judías verdes trituradas y mezcla de carne con salsa. Asegúrate de que todas las verduras se puedan machacar con facilidad.	Disecciona o deja el guiso tal cual. Asegúrate de que los guisantes estén cortados y las judías verdes estén divididas en bocados pequeños. Ayuda al bebé a llenar la cuchara.	Corta los guisantes por la mitad y las verduras en bocados antes de servir con una cuchara.

Guarniciones sencillas

¡Las salsas para mojar pueden ser divertidas! Añadir salsas o aderezos para mojar puede lograr que probar nuevos alimentos sea una experiencia más agradable para los más pequeños.

Patatas asadas superfáciles al gusto de Leslie

Añadir patatas troceadas a muchos de nuestros platos es una técnica muy popular. A diferencia del arroz, la quinua y el cuscús, las patatas apenas ensucian. ¡Eh, incluso a nosotras nos gusta ahorrar papel de cocina a veces!

Tamaño de la ración: 2 patatas fingerling *o trozos de patata (niños), 4-8 patatas* fingerling *(adultos)*
Raciones: 4-6 para adultos
Tiempo de preparación: 10 minutos
Tiempo de cocción: 30 minutos

Ingredientes:

1 bolsa (de 700 g) de patatas pequeñas o *fingerling*
2 cucharadas de aceite de oliva
½ cucharadita de pimienta negra machacada
1 cucharadita de orégano seco
½ cucharadita de sal, u omitir si se desea

Elaboración:

1. Precalienta el horno a 200 °C.
2. Lava y seca las patatas. Usa una tabla para cortarlas por la mitad a lo largo. Coloca los trozos en un cuenco y agrega aceite de oliva, pimienta y orégano. Mezcla para cubrir las patatas de manera uniforme y viértelas sobre una bandeja para hornear, espaciándolas. Introduce en el horno de 25 a 30 minutos, removiendo una vez transcurrido la mitad del tiempo.

Variantes:

– Las patatas son muy versátiles. Puedes emplear una amplia variedad de mezclas de especias (mexicana: comino, orégano y cilantro; griega: ajo en polvo y romero; india: *curry* en polvo) o probar una versión baja en sodio asando las patatas simplemente con aceite de oliva y rociándolas antes de servir con zumo de limón recién exprimido y ralladura de limón.

– ¿Quieres más variedad? Sustituye las patatas por zanahorias, colinabos, nabos o cualquier calabaza dura.

> Si la patata tiene la piel dura, pélala para que al bebé le sea más fácil de comer. Las patatas *fingerling* tienen la piel muy fina, mientras que las rojas tienen la piel más gruesa.

Bocados de bebé:

Principiante	Novato	Avanzado
Retira la piel, si quieres. Comprueba la textura para asegurarte de que los trozos de patata se trituran con facilidad. Sirve 1 o 2 trozos cada vez.	Sirve 2 trozos cortados en bocados pequeños.	Sirve 3 o 4 trozos o trocea la patata en bocados.

Palitos de calabacín

Puedes preparar deliciosos palitos de calabacín, coliflor, judías verdes, boniatos o calabaza moscada simplemente empanando las verduras y horneándolas. Los palitos empanados de judías verdes y de calabacín son muy populares en casa de Wendy Jo y uno de los alimentos favoritos de la pequeña A. Prepara esta receta con cualquier verdura que quieras. Nosotras los servimos con mayonesa agria, yogur griego, zumo de lima y, para los que les gusta el picante, una pizca de salsa de *sriracha*.

Tamaño de la ración: 1 palito (niños), 4-5 palitos (adultos)
Tiempo de preparación: 20 minutos
Tiempo de cocción: 20-25 minutos

Ingredientes:

2-3 calabacines grandes
1 taza de harina
3 cucharaditas de sal, separadas
2 huevos grandes batidos
¼ de taza de leche entera
2 tazas de panko o pan rallado común
½ taza de harina
½ cucharadita de comino molido
½ cucharadita de pimentón
½ cucharadita de ajo en polvo
Aceite de oliva en espray

Elaboración:

1. Precalienta el horno a 220 °C. Cubre dos bandejas para hornear con papel de horno o de aluminio.
2. Corta y prepara las verduras (el calabacín en palitos de algo más de 1 cm, la coliflor en trozos del mismo tamaño o dividida en cogollitos, las judías verdes se dejan enteras).
3. Aplica la técnica de la *mise en place* preparando la zona de empanado con 1 plato grande para la harina y 1 cucharadita de sal, 1 cuenco grande para los huevos, la leche y 1 cucharadita de sal y 1 plato grande para el panko y las especias a las que hay añadir 1 cucharadita de sal.
4. Ve trabajando por tandas. Primero enharina todos los trozos de verdura, luego remójalos en la mezcla de huevo (dejando escurrir el exceso) y, por último, pásalos por la mezcla de panko. Traslada los palitos empanados de calabacín a la bandeja de horno preparada y rocíalos generosamente con espray de cocina.

5. Hornea las verduras de 20 a 25 minutos o hasta que estén doradas y tiernas.

Variantes:

– ¡Dales un toque divertido añadiendo queso parmesano rallado y sirviéndolos con salsa marinara para untar!

Bocados de bebé:

Principiante	Novato	Avanzado
Plantéate la posibilidad de escaldar primero las verduras introduciéndolas en agua hirviendo de 1 a 3 minutos y luego sumergiéndolas de inmediato en un baño de hielo para asegurarte de que se puedan triturar una vez cocidas.	Sirve de 1 a 3 palitos, asegurándote de que tengan una textura lo bastante tierna para morderlos.	Sirve de 1 a 3 palitos.

Coliflor o brócoli asado con parmesano

La coliflor o el brócoli, ambos alimentos muy nutritivos, son un tentempié perfecto para los pequeños comedores. En esta receta, la coliflor se corta en rodajas finas y, al asarse, se vuelve tierna y las especias y el parmesano le aportan sabor.

Tamaño de la ración: 1 rodaja (niños), 4-5 rodajas (adultos)
Tiempo de preparación: 5 minutos
Tiempo de cocción: 20 minutos

Ingredientes:

1 cogollo de coliflor o brócoli
½ taza de queso parmesano rallado
½ cucharadita de pimienta con limón
½ cucharadita de orégano o tomillo seco
Espray de cocina
Sal al gusto

Elaboración:

1. Precalienta el horno a 200 °C y cubre dos bandejas para hornear con papel de horno o de aluminio.
2. Retira el centro fibroso de la coliflor o el tallo denso de brócoli. A continuación, corta las verduras en rodajas de unos 60 cm (sí, rodajas). Colócalas en la bandeja para hornear. Espolvorea las rodajas de verdura con queso parmesano, pimienta con limón y orégano seco de manera uniforme. Rocíalas con espray de cocina.
3. Hornea de 15 a 20 minutos o hasta que el queso adquiera un tono dorado y las verduras estén tiernas con los bordes ligeramente dorados. Sazónalas con sal al gusto y sírvelas.

Variantes:

– ¿Te has quedado sin parmesano? Mezcla *cheddar* rallado con pan rallado y espárcelo por encima. Omite la pimienta con limón y utiliza tomillo para sazonar.

> Antes de tirar a la basura los gruesos tallos de brócoli, plantéate pelar la parte gruesa y fibrosa para dejar al descubierto el tallo tierno.

Bocados de bebé:

Principiante	Novato	Avanzado
Sirve de 1 a 2 rodajas de coliflor, asegurándote de que tengan una textura lo bastante tierna para machacarlas.	Sirve de 2 a 3 rodajas de coliflor.	Sirve de 2 a 5 rodajas de coliflor.

Guía de verduras asadas

Asar las verduras es un método estupendo para asegurarte de que estén tiernas y sabrosas. Ambas usamos verduras asadas en nuestros menús semanales y preparamos un montón para las sobras. Están riquísimas solas o se pueden agregar a otro plato, como nuestra *frittata* versátil. Las normas generales para asar verduras son las siguientes:

1. Precalienta el horno completamente y ásalas a 220 °C.
2. Espacia las verduras un poco en lugar de amontonarlas en la bandeja.
3. Asa juntas las verduras de textura similar con tiempos de cocción parecidos, como las zanahorias y las patatas.
4. Sé generoso con el aceite (puedes utilizarlo en ensaladas más adelante, si quieres).
5. El tiempo necesario para asar las verduras dependerá de lo pequeñas o grandes que las cortes. Intenta mantener el tamaño uniforme.
6. Fíjate en si los bordes están tostados y comprueba si están tiernas para determinar cuándo están listas.

Ahora que ya has aprendido lo básico, desglosemos en la siguiente tabla los tiempos de horneado para la mayoría de las verduras:

Verduras	Corte	Tiempo de horneado
Patatas, boniatos, zanahorias, remolachas o calabazas duras	Cortar en palitos o dados grandes	25-45 minutos
Espárragos, judías verdes, pimientos o calabacín	Enteras o en tiras	10-20 minutos
Brócoli, coliflor, repollo o coles de Bruselas	Recortar o despegar los tallos fibrosos y cortar por la mitad o en cuartos	15-20 minutos

Verduras	Corte	Tiempo de horneado
Tomates	Cortar por la mitad o en cuartos	20-25 minutos
Cebollas	Cortar en rodajas o aros de algo más de 1 cm	30 minutos

Sugerencias:
Cuando hornees o ases alimentos, procura que los trozos tengan un tamaño similar para garantizar una cocción uniforme.

Conclusión

Cuando te embarques en este viaje para crear una familia *baby-led weaning*, esperamos que consultes este libro con frecuencia a modo de guía. Deseamos que lo consideres un estupendo recurso que os servirá de ayuda a tu pequeñín y a ti en los años venideros. Cada bocado de alimento tiene el potencial de nutrir a un bebé y una familia seguidora del método. Recuerda los valores fundamentales que cimentan la filosofía *baby-led weaning*:

1. Comer alimentos naturales siempre que sea posible, desde que el bebé se ha desarrollado lo suficiente hasta la edad adulta.
2. Respetar y apoyar la autorregulación de las necesidades alimenticias del cuerpo.
3. Cuando sea posible, comer en familia.
4. Implicarse y mostrarse proactivo con la comida.
5. Fomentar la salud de nuestro cuerpo demostrándole fe, confianza y gratitud.

Si hay momentos en los que sientes que te has quedado estancado o necesitas ayuda adicional, consulta la página de recursos de nuestro sitio web: <www.BornToEatBook.com>. Los enfoques de la alimentación autónoma y el *baby-led weaning* cada vez reciben más apoyo por todo el mundo, así que nunca te sientas solo. Aunque las redes sociales pueden llegar a resultar abrumadoras, también cuentan con fantásticos grupos y páginas de apoyo en diversas plataformas sociales. Disponemos de una lista en nuestra página web para ayudarte a empezar.

Deseamos de todo corazón que la filosofía *baby-led weaning* haya prendido una chispa en ti que ayude a fomentar en toda tu familia la autorregulación y la confianza en el cuerpo. Porque, a fin de cuentas, todos nacimos para comer.

Agradecimientos

Sentir gratitud y no expresarla es como envolver un regalo y no entregarlo.

William Arthur Ward

A Jani Moore: si no fuera por Chris y tú, ni siquiera sabríamos de la existencia de este asombroso e increíblemente lógico modo de alimentar a nuestras hijas. Vosotros nos aportasteis el coraje necesario para ser audaces y hacer oír nuestra voz.

A nuestra editora, Nicole Frail: gracias por contestar nuestras interminables preguntas, aportarnos observaciones estupendas y ayudar a que *Todo sobre el baby-led weaning* se hiciera realidad.

A nuestro agente, Matt Wagner, de Fresh Books, Inc.: gracias por apoyarnos y por tu infatigable búsqueda de un hogar adecuado para *Todo sobre el baby-led weaning*.

A nuestros asombrosos revisores expertos que dedicaron su tiempo desinteresadamente para mejorar nuestro libro. Gill Rapley: sin ti, nunca habríamos conocido el *baby-led weaning*. ¡Eres una pionera y tus opiniones fueron muy útiles! Katja Rowell: tu apoyo y revisiones nos ayudaron a hacer de *Todo sobre el baby-led weaning* un gran recurso para todos los nuevos padres. Nos sentimos honradas de haber podido utilizar recursos de tus maravillosos libros en *Todo sobre el baby-led weaning*. A Jacqueline Henry: nos ayudaste a ver a través de los ojos de una disciplina diferente y nos ofreciste sugerencias estupendas para hacer que este libro les resultara más fácil de usar a los padres. Gracias a todas por ser las primeras críticas de *Todo sobre el baby-led weaning*. ¡Nuestra editora también os lo agradece!

A nuestra editorial, Skyhorse: os agradecemos muchísimo que nos dierais una oportunidad. Apreciamos todo lo que habéis hecho para que *Todo sobre el baby-led weaning* fuera exactamente como lo queríamos.

A nuestra diseñadora de portadas, Jenny Zemanek: te dimos un montón de detalles aleatorios y fuiste capaz de crear una portada preciosa y feliz que refleja justo lo que queríamos. ¡Gracias!

A nuestra ilustradora, Holly Kennedy: tus dibujos hicieron que nuestras palabras cobrasen vida y creaste imágenes divertidas y adorables para transmitir nuestras ideas. Apreciamos todo el tiempo que le dedicaste al proceso y nos encanta que también seas una mamá comedora nata.

A nuestras amigas y colegas que aportaron historias, probaron recetas, revisaron el borrador y nos apoyaron durante el proceso: Rebecca Scritchfield, Janet Borland, Blair Mize, Julie Hight, Jane Grey Bledsoe, Katie Ferraro, Sidney Fry, Lindsay Stenovec, Lindsay Livingston, Kristen Cook, Heather Wosoogh, Mimi Powell y Courtney Hansen. Nos entusiasma que todas contribuyerais a ampliar nuestros conocimientos, compartierais vuestros temores y experiencias con la alimentación autónoma, probarais recetas y confiarais en nosotras para seguir el método. Formáis un fuerte y potente grupo de mamás.

A nuestro asesor de investigación (el brillante y dulce marido de Leslie), Brian Schilling: tu habilidad en el campo de la investigación y tus conocimientos sobre el discurso científico nos resultaron tremendamente útiles, y te damos las gracias por ello.

A nuestras familias: siempre nos habéis alentado, amado y apoyado, incluso cuando no teníais ni idea de qué nos traíamos entre manos. ¡Muchas gracias!

A nuestras niñas: habéis cambiado nuestras vidas y nuestros mundos de la forma más hermosa. Nos habéis demostrado cuán grande es nuestro valor.

Tablas de conversión

Conversiones al sistema métrico e imperial

(Las cifras se han redondeado por comodidad)

Ingrediente	Tazas / Cucharadas / Cucharaditas	Gramos / Mililitros	Onzas
Avena	1 taza	150 gramos	5,5 onzas
Azúcar blanco	1 taza / 1 cucharada	200 gramos / 12,5 gramos	7 onzas / 0,5 onzas
Azúcar moreno, compacto	1 taza	200 gramos	7 onzas
Especias: canela, clavo, jengibre o nuez moscada (molida)	1 cucharadita	5 mililitros	0,2 onzas
Extracto de vainilla	1 cucharadita	4 gramos	0,2 onzas

Ingrediente	Tazas / Cucharadas / Cucharaditas	Gramos / Mililitros	Onzas
Fruta deshidratada	1 taza	120 gramos	4 onzas
Frutas o verduras trituradas	1 taza	245 gramos	8,5 onzas
Frutas o verduras troceadas	1 taza	de 145 a 200 gramos	de 5 a 7 onzas
Harina común	1 taza / 1 cucharada	125 gramos / 8 gramos	4,5 onzas / 0,3 onzas
Harina integral	1 taza	120 gramos	4 onzas
Líquidos: nata, leche, agua o zumo	1 taza	240 mililitros	8 onzas líquidas
Maicena	1 cucharada	8 gramos	0,3 onzas
Mantequilla	1 taza / 16 cucharadas / 2 barras	230 gramos	8 onzas
Miel, sirope de arce o sirope de maíz	1 cucharada	20 gramos	0,75 onzas
Queso para untar	1 cucharada	14,5 gramos	0,5 onzas
Queso rallado	1 taza	110 gramos	4 onzas
Sal	1 cucharadita	6 gramos	0,2 onzas

Temperaturas del horno

Celsius	Fahrenheit	Horno de gas
110 °C	225 °F	¼
120 °C	250 °F	½
140 °C	275 °F	1
150 °C	300 °F	2
160 °C	325 °F	3
180 °C	350 °F	4
190 °C	375 °F	5
200 °C	400 °F	6
220 °C	425 °F	7
230 °C	450 °F	8

Folleto: Puntos básicos del *baby-led weaning*

Los indicios de disposición según el desarrollo pueden incluir:

- Sentarse por sí mismo.
- Ausencia del reflejo de extrusión.
- Agarrar objetos con las manos con más control.
- Llevarse juguetes a la boca.
- Demostrar interés por los alimentos sólidos.

Lista de comprobación de medidas de seguridad

- Hemos realizado un curso de maniobras de RCP infantil.
- Comprendemos la diferencia entre un bebé que tiene arcadas y un bebé que se está atragantando.
- Estamos con nuestro bebé y comemos con él.
- El bebé está en un asiento seguro y recto mientras come.
- Hemos comprobado la temperatura y la textura de todos los alimentos que le ofrecemos.
- Permitimos que el bebé coma solo y no le metemos los dedos en la boca.

Consulta los capítulos del 5 al 9 para más información sobre etapas de alimentación, listas de comprobación y progresión en la introducción de alimentos.

División de responsabilidad

- El bebé decide: qué y cuánto.
- Tú decides: cuándo, dónde y qué se ofrece.

Contén tus expectativas

- Sé paciente con cada bocado y en cada comida.
- Ajusta las horas de comer para fomentar que tu bebé esté contento y alerta.
- Pueden hacer falta múltiples intentos para que un bebé acepte un nuevo alimento, así que no te rindas.
- No existe el alimento perfecto, el menú perfecto ni el comedor perfecto.
- No te preocupes por cuánto come el bebé: cada niño es diferente, así que lo que debes hacer es buscar indicios de hambre/saciedad y dejar que tu hijo lleve las riendas.

Cosas que hay que evitar

- Sugerir que dé otro bocado o animar al niño a comer más.
- Alimentos que pueden suponer riesgo de atragantamiento, como, por ejemplo, uvas enteras, frutos secos, cucharadas de crema de cacahuetes, verduras o frutas duras o frutas deshidratadas (en las páginas 234 y 235 de nuestro libro encontrarás una extensa lista de alimentos que presentan riesgos de atragantamiento y cómo hacer que sean más seguros para tu bebé).

Elaborando el plato del bebé

Alimentos ricos en hierro/proteínas + alimentos energéticos + frutas/verduras

Por favor, consulta el capítulo 14 de *Todo sobre el baby-led weaning* para más información sobre cómo preparar los alimentos de forma apropiada y sugerencias de presentación.

Índice temático

Aceite de oliva, 90, 132, 202, 211, 212, 220, 223, 225,234, 239, 240, 241, 243, 244, 247, 248, 249, 255, 275, 276, 277, 289, 290, 299, 301, 303, 304, 305
Aceitunas, 90, 132, 203, 218, 243, 277, 299, 300
Ácidos grasos omega-3, 108-110, 111, 142, 247, 251, 271
Agarre de pinza, 94, 103, 104, 105, 117, 122, 125, 136, 257
Agarre palmar, 94
Agua, 153
Aguacate, 34, 57, 65, 70, 72, 78, 81, 88, 89, 92, 95, 104, 115, 132, 161, 184, 188, 192, 210, 211, 231, 234, 237, 245, 246, 270, 271, 273, 275, 276, 300
Albóndigas, 58, 115, 131, 157, 288, 292
Albóndigas de puercoespín al gusto de Jane Grey, 288, 292-293
Alergias alimentarias, 31, 53, 56, 57, 85, 93, 95, 96-97, 98, 111, 158
Alimentación autónoma, definición, 19
Alimentación perceptiva, 31-32, 40, 59, 61,62, 116, 118
Alimento excesivamente procesado, 17-18, 26, 29, 45, 152, 158, 159, 190, 269
Alimento convencional, 182-184, 192, 194
Alimento de origen local, 185-186, 192
Alimento de temporada, 186, 187-188, 192, 199, 201, 204, 281
Alimento energético, 88-91, 322
Alimento natural, 18, 28-29, 182
Alimento orgánico, 167, 181, 182-184, 186, 190-191, 294

Alimento para bebés, 14, 18, 19, 23-26, 40, 52, 54, 63, 71, 72, 83, 129-130, 231
Alimento picante, 33, 112-113, 114, 211, 219, 246, 248, 302, 305
Alimento procesado, 17, 29, 111, 259
Alimento que presenta riesgo de atragantamiento, 42-43, 82, 94, 96, 106-107, 127, 148, 233-235
Alimento real, 18, 29
Alimento sólido, 78-80
Alimentos con los que tener cuidado, 206-208
Almacenamiento, 200-204
Almacenamiento en frío, 201
Almuerzo, 269-286
Alubias, 87, 90, 91, 103, 113, 118, 128, 129, 152, 154, 157, 209, 223, 275, 276, 278, 279, 280, 294-295
Anchoas, 109
Apio, 94, 107, 192, 201, 203, 212, 234, 242, 244, 271, 296, 298
Apoyo, 16, 60, 63, 64, 67, 98, 144, 172, 199, 232
Apoyo durante la alimentación autónoma, 66, 67
Arándanos, 94, 122, 125, 128, 131, 141, 161, 186, 188, 234, 261, 282
Arcada, 37, 40-43, 51, 53, 54, 70, 72, 94, 125, 232, 239, 276, 321
Arenque, 109
Atragantamiento, 39, 42-43, 53, 54-55, 60, 70, 81, 82, 94, 96, 106, 122, 127, 137, 144, 233-235, 321, 322
Atún, 26, 90, 97, 109, 130, 132, 224, 236, 270, 274, 275
Autoobservación, 169
Autorregulación, 14, 28, 31-32, 34, 35, 40, 42, 44, 45, 48, 61, 64, 69, 70, 72, 79, 88, 139-140, 143, 155, 159, 161, 163, 166, 167-169, 173-175, 311-312
Avena, 29, 43, 92, 138, 141, 157, 204, 234, 251, 254, 259, 262, 264, 318
Avena en remojo con mermelada y dátiles al gusto de Leslie, 258-259

Baby-led weaning (BLW), 27, 59-60, 63-65, 71, 84, 117, 217
Baby-led weaning versus alimentación autónoma, 27-28
Baldwin, James, 103
Batido, 149, 157, 161
Bebés prematuros, 78
Bebidas, 141-142
Berenjena, 187, 192
Bistec, 81, 87, 95, 210
Bistec a la plancha al gusto de CC, 240-241
Bocaditos de calabaza al gusto de Janet, 262-263
Boniato, 57, 81, 90, 91, 92, 95, 118, 131, 140, 143, 187, 204, 211, 216, 238, 279, 305, 309

Brócoli, 57, 88, 91, 94, 95, 96, 107, 114, 124, 143, 152, 154, 187, 203, 210, 211, 219, 237, 247, 256-257, 299, 307, 309
Brown, Brené, 63
Buñuelos de calabacín, 132

Caca, 105, 127-128, 151, 152
Calabacín, 132, 185, 238, 256, 257, 288, 289, 290, 292, 305, 309
Calabaza, 155, 187, 204, 254, 262, 279, 304, 305, 309
Calcio, 152, 154, 273
Calidad nutricional, 45, 47, 159, 160
Cangrejo, 109
Cantidad de comidas sólidas al día, 55-56, 98, 105
Cartas a los cuidadores, 67, 69-70
Cebollas, 192, 203, 204, 212, 219, 220, 242, 245, 248, 274, 289, 290, 292, 294, 296, 297, 301, 310
Cena, 278-310
Cerdo, 90, 115, 157, 207, 210, 233, 249-250, 301
Cereales enriquecidos, 83-84, 86-87
Cerezas, 122, 141, 188, 192, 203, 234, 251, 259, 282
Child, Julia, 195
Chile, 112, 113, 202, 243
Chili fácil, 294-295
Chocolate, 87, 90, 132, 149, 216, 218, 219, 221, 222, 261, 262
Cocer verduras, 53, 58, 237-239
Coles de Bruselas, 210, 219, 220, 309
Coliflor, 88, 187, 192, 210, 238, 288, 305, 309
Coliflor / brócoli asado con parmesano, 288, 307-308
Color, 216-218
Comedor novato, 121-134
Comestibles no perecederos, 200-201
Comida familiar, 19, 23, 32-33, 81, 103, 104, 111-114, 195, 196-197, 229, 287-288
Comida para bebés, 23, 24, 63, 231
Compota de manzana, 43, 93, 131, 161, 249, 258, 259, 283, 285, 286
Confianza, 34-36, 40-43
Confianza en el cuerpo, 34-36
Congelación, 188-189, 239, 297
Congelador, 17, 189, 201-204, 263, 283, 293, 295, 297, 300, 302
Control, 138-140, 165-167
Cordero, 91, 207, 301
Crema de almendras, 89, 129, 131, 161, 251, 259, 262
Crema de cacahuetes, 30, 83, 88, 89, 95, 107, 127, 161, 200, 201, 204, 223, 224, 225, 234, 251, 258, 262, 264, 265, 322
Cuchara, 24, 38, 83, 93, 104, 105, 136, 138, 148, 149

Cuchillos, 148, 205, 208, 241, 281, 285
Cuidarse a uno mismo, 166-172

Dátiles, 254, 258, 262
Dentición, 123-125, 252, 284
Desayuno, 20, 55, 104, 125, 131, 133, 143, 196, 223, 224, 229, 253-254, 266
Descongelar, 90, 124, 207, 234, 235, 251, 252, 261
Despensa, 158, 200-204, 225, 277
Dieta, definición, 18
Dinero, 181, 184, 59
Duración de las comidas, 59

Edamame, 109
Einstein, Albert, 165
Emerson, Ralph Waldo, 121
Enchilada de pollo al horno, 224, 228, 299-300
Enchiladas, 112, 243
Ensalada de atún claro, 224, 274
Ensalada de huevo y yogur griego, 273
Ensalada «de la despensa» con quinua, 277-278
Ensalada de pollo y aguacate al gusto de CC, 271-272
Ensalada diseccionada al gusto de Wendy Jo, 275-276
Equilibrio, 142-143
Esconder comida, 165
Espaguetis, 58, 115, 131, 132, 211, 220, 253, 288
Espárragos, 70, 72, 130, 140, 176, 187, 192, 212, 237, 256, 309
Espinacas, 187, 192, 203, 204, 224, 234, 246, 255, 257
Estilo de crianza, 139
Estrés del padre reciente, 176-177
Etapa del comedor avanzado, 147-162
Etapa del comedor preavanzado, 135-145
Etapa del comedor principiante, 103-119
Etapa del principiante precomedor, 77-99
Expertos, 180
Exploración, 117

Fiambre, 96, 201, 202, 269
Fibra, 29, 152-153
Filete, 90, 247
Frambuesas, 70, 72, 88, 90, 91, 125, 131, 153, 179, 188, 235, 282, 286
Fresas, 88, 90, 91, 131, 140, 161, 187, 188, 192, 223, 235, 251, 282, 285, 286
Frescura, 185-186
Frigorífico, 96, 201, 202-204, 206, 207, 236, 262, 283
Frittatas, 224
Frittatas sencillas y versátiles, 255-257
Fruta, 157, 188, 234
Fruta deshidratada, 188, 201, 203, 234, 261, 270, 285-286, 317, 322
Frutero, 201-202, 205

Frutos secos, 29, 56, 83, 95, 107, 110, 127, 129, 138, 148, 152, 161, 200, 201, 202, 210, 224, 234, 251, 262, 271, 322

Galletas, 30, 53, 83, 90, 132, 147, 149, 158, 159, 160, 161, 183, 200, 201, 202, 207, 210, 224, 251, 271, 272, 273, 274, 294
Gambas, 95, 109, 130, 204
Grasa, 18, 30, 88, 89, 108, 222, 272
Gratitud, 28, 34-36, 311, 313
Guisantes, 94, 129, 152, 187, 192, 210, 235, 238, 296, 297, 298, 301, 302
Gusto, 93, 114, 215, 218

Hacer dieta, 17, 19, 165-168, 172-174, 220, 222
Hacer la compra, 180, 171, 180, 186, 187, 188, 189, 191, 200, 201
Hamburguesa de desayuno, 266-267
Hamburguesas, 26, 113, 149, 157, 170, 210, 211, 245-246
Henry, Jacqueline, 41, 83, 314
Hierro, 39, 43, 46-47, 55, 80-81, 84-92, 107-108, 110, 141, 155, 240, 243, 256, 266, 279, 322
Hígado de pollo, 87
Hitos, 122-123
Horticultura, 185
Hudnall, Marsha, 160
Huevo, 14, 29, 47, 56, 57, 81, 88, 90, 95, 98, 109, 110, 130, 133, 143, 157, 186, 198, 199, 207, 209, 223, 225, 248, 255, 260, 262, 264, 266, 292, 305
Huevos duros, 70, 72, 87, 90, 91, 95, 131, 132,157, 224, 236-237, 273, 275
Humus, 131, 157, 278

Implicarse, 26, 28, 33-34, 225-226
Índice de masa corporal (IMC), 44, 156
Indicios de disposición, 80, 321
Instruir, 33, 37, 70, 72, 98-99, 106
Introducción de alimentos, 56, 60, 78, 321
Introducción de varios alimentos, 57

Judías verdes, 90, 91, 125, 132, 137, 189, 203, 204, 210, 212, 224, 225, 238, 299, 301, 302, 305, 309

Kebab de frutas, 147, 157, 281
Kiwi, 88, 91, 95, 132, 188, 192, 201

Láminas de fruta deshidratada, 188, 201
Láminas de fruta deshidratada caseras, receta, 285-286
Landers, Ann, 51
Leche, 96
Leche de coco, 90

Leche de vaca, 96, 140
Leche materna, 19, 24, 27, 55, 60, 67, 79, 81, 85, 90, 96, 98, 105, 107, 109, 124, 127-130, 140, 154
Leche preparada, 19, 27, 47, 55, 60, 67, 79, 81, 85, 90, 96, 98, 105, 107, 110, 124, 127, 128-130, 140
Lechuga, 187-188, 204, 211, 223, 224, 234, 245, 246, 275
Lengua de signos, 118-119
Lentejas, 87, 90, 91, 132
Lomo de cerdo asado con glaseado de albaricoques y mostaza Dijon, 249-250

Maíz, 148, 187, 189, 192, 203, 204, 210, 212, 234, 235, 275, 276, 279, 294, 299, 318
Malt-O-Meal, 87
Mandarinas, 132
Mango, 88, 192, 203, 234, 251, 282
Manías alimentarias, 143-144, 158
Manzanas, 17, 43, 82, 93, 94, 107, 127, 131, 161, 165, 179, 188, 102, 201, 202, 204, 210, 222, 223, 224, 234
Marisco, 56, 97, 110, 130, 204, 209, 247. *Véase también* Pescado
Masticación, 40
Medidor de hambre y saciedad, 174-176
Melocotones, 188, 189, 192, 203, 210, 239, 249, 282, 286
Melón cantalupo, 192
Melón verde, 124, 188, 192, 208
Mercado agrícola, 184, 186-190
Método del plato, 142-143, 209
Mezcla de frutos secos, 201, 202
Microondas, 205, 207, 238, 256-257
Miel, 96, 254, 318
Moras, 132, 153, 188, 235, 286
Muffins, 157, 256, 262, 292-293
Muffins de queso *cottage* y naranja al gusto de Wendy Jo, 161, 260-261

Naranja, 88, 91, 138, 141, 154, 188, 201, 220, 243
Nueces, 109
Nutrición versus nutrientes, 140
Nutrientes en la etapa del comedor avanzado, 151-155
Nutrientes en la etapa del principiante precomedor, 84-87
Nutrientes en la fase del comedor novato, 128-130
Nutrientes en la fase del comedor principiante, 107-112

Olfato, 218
Ollas, 112, 195-196, 205-206, 237, 242, 289, 294
Ortorexia, 191

Palitos de calabacín, 305-306
Palitos de carne, 245-246, 266-267
Palitos de creps de huevo, 264-265
Papaya, 88, 192
Parfait, 161
Parfaits de plátano y frutos secos, 251
Pastel de carne, 203
Pastel de carne sencillo, 230, 301-302
Pastel de pollo, 58, 115, 132, 243, 288
Pastel de pollo, receta, 296-297
Patata, 26, 152, 158-159, 165, 184, 204, 210, 212, 234, 242, 244, 247, , 256, 257, 296, 298, 301, 302
Patatas asadas, 132, 155, 216, 224, 309
Patatas asadas superfáciles al gusto de Leslie, 303-304
Pavo, 90, 130, 161, 275, 279, 300
Pepino, 124, 132, 179, 187, 192, 223, 246
Peras, 37, 81, 90, 95, 132, 188, 201, 210, 234, 282, 285-286
Pescado, 90, 97, 110, 130, 201, 204, 205,207, 209, 210, 247, 275, 276
Pimiento, 88, 142, 187, 192, 203, 210, 220, 246, 277, 289, 290, 309
Piña, 88, 188, 192
Pizza, 31, 157, 175, 203, 225, 279
Pizza de pollo a la barbacoa, 289-290
Planificación de menús, 170, 171, 195-213, 216, 225, 229
Plátano, 81, 89, 124, 149, 155, 161, 201, 202, 203, 224, 251-252, 259, 264, 282
Plato, 53, 59, 65-66, 89, 91, 106, 113-114, 195, 209, 256, 259
Platos variados, 58, 88, 115, 131
Pollan, Michael, 253
Pollo, 26, 46, 90, 97, 130, 195, 209, 256, 259
Pollo al limón y macarrones con verduras, 289-290
Pollo asado de cuatro estilos, 289-291
Pollo entero asado en olla de cocción lenta al gusto de Anya, 196, 242-243
Pomelo, 188, 192
Posición reclinada, 54, 82, 121, 126
Potasio, 152, 155, 271
Preguntas sobre alimentación autónoma, 53-61
Preocupación por el peso, 44-45, 48, 115-117, 155-156
Presa, 90
Pretzels, 131, 161, 202, 224
Proactividad, 28, 33-34, 123, 225-226, 311
Probióticos, 95, 108, 111-112, 154, 273, 283

Quesadillas, 147, 157, 161, 241, 243, 279-280

Queso, 18, 30, 88, 90, 96, 111, 113, 131, 154, 201, 209, 224
Queso a la plancha, 132
Queso *cheddar,* 211, 246, 255, 275, 276, 279, 302
Queso *cottage,* 91, 132, 161, 260-261, 275, 276
Queso de cabra, 96
Queso feta, 96, 277
Queso *mozzarella,* 246, 289
Queso parmesano, 211, 212, 239, 289, 290, 306, 307

Rapley, Gill, 14, 27, 41, 60, 313
Reflejo de arcada, 40-43, 54
Remolacha, 187, 218, 237, 309
Repollo, 152, 192, 309
Requesón, 91, 129, 132, 261
Roosevelt, Eleanor, 231
Rowell, Katja, 37, 62, 116, 145, 158, 161, 162, 163, 313
Rúcula, 187, 204, 234

Salchichas, 83, 107, 127, 137, 235
Salmón, 90, 109, 110, 130, 232, 248, 256, 274
Salmón a la parrilla, 142, 225, 247-248
Salmón a la plancha, 132
Salsa para mojar a base de yogur griego con manzana y canela, 283-284
Salteado de pollo y verduras, 289-291
Sardinas, 109
Sartenes, 205-206, 245, 255-256, 264
Sartenes antiadherentes, 205-206, 256
Satter, Ellyn, 61, 133, 156, 287
Scritchfield, Rebecca, 15, 26, 54, 314
Seguridad alimentaria, 206-208
Seguridad en la etapa del comedor avanzado, 150
Seguridad en la etapa del comedor novato, 186
Seguridad en la etapa del comedor preavanzado, 137-138
Seguridad en la etapa del comedor principiante, 106-107
Seguridad en la etapa del principiante precomedor, 82-84
Seinfeld, Jerry, 151
Selenio, 128, 129-130
Semillas de chía, 90, 109, 251, 258-259
Semillas de girasol, 130, 155, 251, 275, 276
Semillas de sésamo, 248, 289, 290
Sillita para el coche, 121, 126
Smalley, Gary, 147
Solomillo, 87, 89, 91, 210
Sopa, 130, 149, 153, 157, 189, 211
Sopa de lentejas, 132
Sopa de pollo con fideos básica, 289-290
Suciedad relacionada con la alimentación autónoma, 38, 64-68, 71, 104
Szasz, Thomas, 77

Tablas de cortar, 205, 256, 285, 303

Tamaño de la ración, 53, 83, 87, 150
Tarjeta para fiambrera, 161-162
Ternera, 17, 18, 29, 47, 57, 58, 70, 72, 78, 87, 92, 103, 104, 110, 113, 129, 131
Textura, 14, 18, 33-34, 40-42, 58, 70, 72, 81-84, 90, 92-94, 97, 125, 218-219, 221
Tomate, 29, 88, 90,104, 113, 143, 179, 187-189, 192, 204, 211, 223, 224, 245-246, 257, 276, 279, 294-295, 299, 300, 310
Tomate *cherry,* 83, 107, 127, 132, 137, 161, 192, 235-236, 257, 275, 276
Tortitas de boniato, 131
Tostada, 53, 90, 95, 131, 143, 219, 223, 225
Tribole, Evelyn, 167, 173
Trucha, 90, 104

Uvas, 53, 82, 107, 127, 137, 184, 192, 223, 235, 281-282, 285, 322

Variedad, 160-161
Verduras, 26, 29, 35, 46, 83, 88-91, 126-127, 154-155, 157, 185, 188, 190, 192, 203-204, 208-210, 216, 223-225, 232, 234-235, 244, 257, 318, 322
Verduras, cómo cocinarlas, 53, 58
Verduras al vapor, 58, 237-239
Verduras asadas, 58, 309-310
Verduras de temporada, 29, 186-190, 199, 201
Verduras en la etapa del principiante precomedor, 88-91
Vergüenza, 67
Vitamina C, 129, 141-142
Vitamina D, 109-111, 154, 236, 255

Walsh, Matt, 23
Weinstein, Miriam, 197
Woolf, Virginia, 269

Yogur, 30, 43, 88-90, 95, 111-112, 129, 141, 153-154, 157, 201-202, 209, 224, 234, 257, 244, 273, 283

Zanahoria, 53, 57, 70, 72, 89, 94-95, 107, 139, 161, 179, 187, 201, 203, 223, 234, 238, 304, 309
Zinc, 108, 110, 128-129, 218, 240, 273
Zumo de arándanos, 141
Zumo de cerezas ácidas, 141
Zumo de frutas, 141, 153, 318
Zumo de naranja, 141, 220
Zumo de tomate, 292
Zumo de uva, 141

«*I cannot live without books.*»
«No puedo vivir sin libros.»
Thomas Jefferson

Tanto si tienes conocimientos de horticultura como si no, este libro te ayudará a que vivas una experiencia muy enriquecedora para toda la familia, de la que todos aprenderán mucho y que os hará descubrir la belleza de la botánica día a día.